하나님이 보내신 땅에서

초판인쇄	2008년 3월 20일
초판발행	2008년 3월 30일

편 집 인	양명득
편집위원	박노원, 최훈진
발 행 인	박노원
발 행 처	한국장로교출판사
주 소	110-470 / 서울 종로구 연지동 135 한국교회100주년기념관 별관
	전화 (02) 741-4381~2 / 팩스 741-7886
영 업 국	전화 (031) 944-4340 / 팩스 944-2623
등 록	No. 1-84(1951. 8. 3.)

ISBN 978-89-398-3357-9 / Printed in Korea
값 12,000원 / US $13.00

편집과장	이현주
본문편집	최종혜
표지디자인	김지수

※ 이 출판물은 저작권법에 의해 보호를 받는 저작물이므로 무단전재와 무단복사를 할 수 없습니다.

세계 속의 한인 디아스포라 교회와 신학

하나님이 보내신 땅에서

해외한인교회교육과목회협의회 편

한국장로교출판사

Church and Theology of Korean Diaspora in the World

ed., by
Council on Overseas Korean Church for Education & Ministry

Copyright © 2008 by Council on Overseas Korean Church for Education & Ministry

Publishing House
The Presbyterian Church of Korea
Seoul, Korea

인사의 글

1998년 제주에서 해외 한인교회 교육과 목회 협의회가 발족된 지 어언 10년이 흐른 시점에 제주, 시드니, 하와이, 토론토, 로스앤젤레스 대회의 족적을 더듬고 흩어져 살아온 한인교회의 고백과 비전을 후세대에 전달하기 위한 노력의 일환으로 본 협의회 자료집을 발간하게 된 것을 충심으로 축하하여 마지않는 바입니다. 더군다나 동경교회 창립 100주년을 기념하는 2008년 동경대회를 맞이하여 출간하게 되어 더욱 뜻 깊은 경사라 여겨집니다.

온 세계에 흩어져 살아가는 한인과 각 곳에 세워진 한인교회는 하나님의 섭리 속에 새로운 사명을 부여받은 공동체임을 믿으며 다양하고 복잡한 세계 속의 해외 한인교회와 모국교회가 협력하여 화해와 평화와 생명의 존엄과 정의의 실현을 위해 최선의 노력을 다함으로 뒤를 잇는 후세대에게 본이 되고, 아울러 신앙적 유산과 유구한 역사 속에 면면히 이어져 온 한국인의 얼과 뿌리를 전해 주는 데 도움이 되었으면 하는 바람을 안고 이 자료집을 출간하였습니다.

이 귀한 자료집은 보이지 않는 희생과 수고의 결실이요, 땀과 인내의 결정체입니다. 이 자리를 빌어 최훈진, 박노원, 양명득, 세 분 편집위원님들의 노고를 치하드리고자 합니다. 그동안 자료를 수집하여 전달하신 최훈진 목사님과 준비된 원고를 정리하여 완성품으로 출판하여 주신 박노원 목사님, 특히 전체 원고의 균형을 위해 짜임새 있게 부탁하고 독촉하고 최종 편집하느라 밤잠을 설치기까지 인내하신 양명득 목사님의 노고에 본 협의회를 대표하여 심심한 감사를 드리고자 합니다.

처음으로 발간되는 이 자료집이라 미비한 점도 있겠지만 앞으로 계속될 자료집 발간에 이정표를 세우는 귀한 작업이라 여기며, 지혜의 축적과 참여를 통하여 이 귀한 사업이 대를 이어 계속되도록 지도와 조언을 바라마지 않는 바입니다.

주님의 평강과 은총이 회원 여러분의 공동체 위에 항상 임하시기를 기원하오며 인사의 글을 마칩니다.

2008년 3월

소창길 목사
토론토 필그림 교회, 본 협의회 회장

발행인의 글

2008년 새 아침, 주님의 평화가 함께하시기를 기도합니다.

하나님의 은혜로 해외 한인교회 교육과 목회대회가 벌써 6회째를 맞이하였습니다. 금년에는 "하나님이 보내신 땅에서"(In the land God has sent to)라는 주제를 가지고 동경에서 모이게 되었습니다. 그간 우리 한민족 디아스포라 교회는 세상을 향한 비전과 소망의 싹을 전 세계에 뿌려 왔습니다. 우리는 자랑스럽게 일구어 온 이민교회의 선각자들이 뿌려 온 복음의 씨앗을 이 책에 담아 온 땅의 교회들과 성도 여러분께 전해 드리고자 합니다.

이 책은 제6회 대회의 주제와 같이하여 세계 속의 한인 디아스포라의 교회와 신학을 다루고 있습니다. 그동안 발표되었던 제1회 대회부터 제5회 대회까지의 주제들을 모아 놓았을 뿐만 아니라 기록으로 남김으로써 그 가치를 더욱 더 높일 수 있게 되었습니다.

여기에는 오늘날 이민목회의 현장을 세밀히 살펴보고, 우리의 다음 세대들에게 비전과 소망을 줄 수 있도록 전 세계에서 흩어져 사역하고 있는 목회자들과 신학자들의 글이 들어 있습니다. 오늘의 한국 교회와 해외 한인교회가 세계 교회와 목회를 이끌어 가야 할 절대적 사명을 가지고 있다고 확신합니다. 그런 의미에서 이 자료집을 통하여 우리의 교회와 한인 디아스포라가 성령님의 역사를 체험할 수 있기를 바랍니다. 또한 이 책은 지금까지 대회들을 총망라하여 집대성한 자료집으로써 이민교회의 상황(context)을 깊이 인식하고 다문화적인 삶의 현장에 대한 이해를 돕는 좋은 자료가 될 것입니다.

그동안 이 책의 발간을 위해 수고하신 편집위원 최훈진 목사, 양명득 목사와 좋은 글로 함께해 주신 집필자 여러분께 감사를 드리며, 편집을 위해 수고하신 한국장로교출판사 직원 여러분께도 감사를 드립니다.

2008년 3월

박노원 목사
한국장로교출판사 사장

편집인의 글

2000년이 막 시작될 무렵, 호주 시드니의 한 아름다운 바닷가에 있는 콜라로이 수양관에서 본 협의회가 두 번째로 모였었습니다. 이때 필자는 처음으로 이 모임에 참석하게 되었고, 사실 그 후로부터 이 모임은 나의 목회적이고 영적인 힘의 한 근원이 되어 왔었습니다.

오래 전, 호주로 이민할 무렵 한국의 한 친구로부터 받은 편지 내용 중에 "이민이란 구차한 단어인데 이민은 왜 갔는가?"라는 질문이 있었고, 그 후부터 이민, 정체성, 신앙, 그리고 신학 등은 나의 삶을 지배하며, 이런 주제들이 이야기되는 모임마다 기웃거리며 나를 고민하게 했습니다.

그러던 중 본 협의회에 참석하게 되면서 그런 주제에 대한 깊은 갈증들을 많이 해갈할 수 있었습니다. 협의회가 물론 여러 질문에 대한 정답들을 제시해 주어서가 아니라 각 대륙에서 온 이민자들과 함께 고민하고 연대할 수 있다는 위로, 이미 이런 기도제목을 가지고 교육하고 목회해 온 선배들을 한 자리에서 만날 수 있다는 기쁨, 그리고 서로 공감하는 비전을 가지고 후세들과 더불어 앞으로 나아갈 수 있다는 희망이 이 모임을 소중히 여기게 해 주었습니다.

이 책에는 이번 여섯 번째의 모임인 동경대회 때 발제될 내용을 포함해 그동안 열린 다섯 번의 대회에 대한 모임 성격과 그때 발표되었던 내용들을 담고 있으며, 주제별 특별원고도 몇 편 첨가되었습니다.

　그동안 발제해 주시고 글이 실릴 수 있도록 도와주신 여러분들께 감사드리며, 또한 특별히 글을 써 주신 필자들께 감사드립니다. 함께 편집팀이 되어 여러 자료 수집, 원고청탁, 그리고 책의 출판을 위해 수고를 아끼지 않으신 최훈진 목사님과 한국장로교출판사 사장 박노원 목사님, 기획편집국장 채형욱 목사님께 감사드리며, 이 일이 잘 진행되도록 뒤에서 도와주신 협의회 소창길 회장님, 박수길 총무님, 그리고 임원 여러분께 감사드립니다.

　해외 한인교회들에 대한 비전을 가지고 본 협의회를 창립하고 이끄신 여러 선배님들께 특별한 감사와 존경을 표하며, 하나님께 영광을 돌립니다.

2008년 3월

양명득 목사

호주연합교회주총회 다문화총무, 본 협의회 공동총무

- 인사의 글 | 소창길 ⋯⋯⋯ 4
- 발행인의 글 | 박노원 ⋯⋯⋯ 6
- 편집인의 글 | 양명득 ⋯⋯⋯ 8
- 축하의 글 1 | 박희민 ⋯⋯⋯ 12
- 축하의 글 2 | 김선배 ⋯⋯⋯ 14
- 협의회의 목적과 역사 | 최훈진 ⋯⋯⋯ 17

1부 | 한인교회의 교육과 목회 ⋯ 21

1. 새 시대 한인교회의 교육과 목회 패러다임 — 최창욱 22
2. 세계 디아스포라를 위한 교육목회 — 최기준 43
3. 21세기 이민교회의 교육 — 최훈진 60
4. 호주 한인교회의 목회와 지도력 — 홍길복 76
5. 전환기에 있는 미국의 한인 이민교회 — 김선배 93
6. 캐나다 이민교회가 나아가야 할 방향 — 송민호 106
7. 영국 한인교회의 실제와 전망 — 우구현 119
8. 뉴질랜드 장로교 아시아 교회들의 목회와 교육 — 김건일 129
9. 재일 한인교회의 목회와 교육 — 박수길 143
10. 한인 이민목회와 교육 출판자료 — 김춘자 155

2부 | 디아스포라 신학… 161

1. Jesus of Galilee and
   Asian American Theology − Sang Hyun Lee 162
2. 삼위일체 영성과 디아스포라의 삶 − 정성욱 181
3. 흩어진 나그네, 택하신 족속 − 이상철 191
4. 일본 디아스포라 교회의 선교와 신학 − 김성제 205
5. 호주 한인 디아스포라 신학을 말한다 − 양명득 225

3부 | 차세대들의 신앙과 삶… 241

1. 한인 이민교회 2세 사역을 위한 제안 − 노승환 242
2. 재일 코리언 차세대들의 신앙과 삶 − 박수길 254
3. The Heart of the Second Generation − Robin Yang 271
4. Missiological Issues of the 21st Century Diaspora Church
   − Sung Jae Kim 282
5. Singing The Lord's Song − Glen Davis 306

4부 | 해외 한인교회 교육과 목회대회… 309

1. 한국 제주도대회 − 310
2. 호주 시드니 대회 − 317
3. 미국 하와이 대회 − 326
4. 캐나다 토론토 대회 − 337
5. 미국 로스앤젤레스 대회 − 343
6. 일본 동경대회 − 352

축하의 글 1

할렐루야! 먼저 하나님께 감사와 찬양과 영광을 올려 드리며, 그동안 본 협의회가 지난 10여 년 동안 매 2년마다 개최하여 온 해외 한인교회 교육과 목회대회를 통해 발표한 자료들을 모아 한 권의 책으로 출판하게 된 것을 진심으로 기쁘게 생각하며 축하 드립니다.

비록 각 나라와 교단이 처한 상황이 조금씩 다르고, 다양한 삶의 시각에서 발표된 글들이지만, 현재 해외 한인교회들이 직면하고 있는 목회와 교육문제를 함께 이해하고 해결해 가는 데 도움이 되리라 믿습니다.

부디 이 자료들이 모국교회에서 목회하고 교육하는 목회자들이나 평신도들에게도 해외 한인교회를 이해하는 데 많은 도움이 되기를 바라며, 특별히 코리언 디아스포라 교회들이 직면한 목회와 교육적 문제와 과제들을 풀어 가는 데 필요한 도움과 지혜를 줄 수 있기를 기대해 봅니다.

그리고 후일 해외 한인교회들이 고민해 온 문제들이 무엇인가를 이해하는 데 좋은 역사적 자료가 되리라 의심치 않으며, 한걸음 더 나아가 코리언 디아스포라 교회들이 미래를 향해 힘차게 전진해 나갈 수 있도록 도전하며, 새로운 비전을 제시하므로 차세대들의 사역에 새로운 이정표를 마련하는 데 미력하나마 도움이 되기를 간절히 소원합니다.

그리고 이 책을 위하여 좋은 글을 써 주신 분들, 협의회 임원들, 그리고 책의 출판을 위해 많은 노고를 아끼지 않으신 편집팀의 최훈진 목사, 양명득 목사, 그리고 한국장로회출판사 사장 박노원 목사와 직원 여러분께 감사를 드립니다.

2008년 3월

박희민 목사

LA 영락교회 원로목사, 본 협의회 고문

축하의 글 2

해외 한인교회 교육과 목회 협의회가 출발한 지도 벌써 10년이 지났습니다. 1997년 3월 14일 오후 12시부터 켄터키 주 루이빌에 있는 미국 장로교 총회본부 2층 회의실에서 역사적인 첫 준비모임이 있었습니다.

참석하신 분들은 대한예수교장로회총회(통합)의 김봉익 목사, 최기준 목사, 기독교장로회총회의 성해영 목사, 호주연합교회의 홍길복 목사, 미주한인장로회총회의 우요한 목사, 캐나다장로교회총회의 폴 류 목사, 미국개혁교회의 김장환 목사, 재일대한기독교회총회의 강영일 목사, 미국장로교총회의 최훈진 목사, 김춘자 목사, 그리고 필자를 포함하여 모두 열한 사람이었습니다. 참석한 사람들은 해외에 있는 한인 이민교회의 목회와 교육 협력의 절실한 필요성에 대해 의견을 나누고, 지금까지 세계 각처에 흩어져 이민목회와 교육의 실제적 협력과 정보와 자료 나눔의 부재로 인해 외롭게 고군분투하던 해외 한인교회들이 이제는 상호협력하고 교류할 때가 왔다는 데 일치하였습니다.

특별히 미국장로교총회와 에큐메니칼 선교 협력관계를 가지고 선교협의회에 참석한 교단들을 중심으로 이 역사적인 운동을 시작한다는 데 동의하였고, 준비위원회를 구성하고 김춘자 목사가 회의소집 책임을 맡아, 그 첫 대회를 예장(통합)총회와 기장총회의 협력과 후원으로 1998년

8월 20일부터 22일 제주도 이기풍선교기념관에서 감격적으로 개최하게 되었습니다.

  작은 겨자씨처럼 시작된 이 카이로스적인 운동은 2000년 시드니 대회, 2002년 하와이 대회, 2004년 토론토 대회, 2006년 로스앤젤레스 대회를 통해 뿌리를 내리고, 이제 2008년 동경대회를 기다리며 새로운 도약을 준비하고 있습니다. 해외 한인교회 교육과 목회 협의회는 해외에 흩어져 있는 한인 디아스포라 교회들이 하나님 나라를 함께 세워 나가기 위한 창조적이고 생명적인 유기적 모임이고, 그리스도의 몸으로써의 운동입니다. 우리는 한인들을 땅끝까지 보내시고, 그곳에 장막을 치게 하시고, 하나님을 예배하게 하시며, 자녀들에게 하나님의 말씀과 교훈을 가르치게 하시며, 우리들이 살고 있는 나라와 백성들이 하나님을 섬기고 평안하도록 기도하게 하시는 하나님의 주권적 섭리와 통치에 응답하기를 원합니다.

  이제 해외 한인교회들도 한 세대를 지나 다음 세대로 이어지거나 이미 3세, 4세들이 활동하는 시대로 접어들었으며 동시에 계속해서 많은 한인들이 해외로 나가는 역동적이고 다양한 선교와 목회가 펼쳐지는 때를 맞이하고 있습니다. 그만큼 새로운 도전이 해외 한인교회들에게 파도처럼 밀려오는 시간입니다.

미국의 한인교회들과 한인사회는 이제 제4의 이민물결을 타기 시작하고 있습니다. 2008년부터 무비자시대가 열리면 이미 시작된 제4의 이민물결은 더욱 거세질 것이며, 미국뿐만 아니라 세계 여러 곳에 한인 디아스포라 교회와 사회가 새로운 변화와 도전을 맞이하게 될 것입니다. 이것은 우리에게 창조적인 기회입니다. 하나님의 부르심에 응답하여 아브라함처럼 고향과 친척과 아비의 집을 떠난 우리 해외 한인교회의 소명은 이제 더욱 크고 새롭습니다.

10년이면 강산이 아니라 이제는 세계가 변하는 시점에서 새로운 10년을 꿈꾸며 부르심에 함께 응답하는, 미래를 향한 우리 해외 한인교회 교육과 목회 협의회가 되기를 소원하며, 하나님의 무한하신 은혜가 여러분 모두에게 넘치시기를 기도합니다.

2008년 3월

김선배 목사

미국장로교총회 한인목회 총무, 본 협의회 고문

협의회의 목적과 역사

해외 한인교회 교육과 목회 협의회가 시작된 계기는 1997년 3월 12일에서 15일 미국 켄터키 주 루이빌에 있는 미국장로교 총회 본부에서 있었던 에큐메니칼 선교협의회(Mission Consultation)였다. 이 협의회는 한국교회와 선교협력 관계를 유지해 온 여러 교단 대표들이 모여서 한국 교회 선교에 대한 제반 사항을 의논하는 자리였으며, 여기에 참가한 교단들이 본 협의회를 탄생시키는 모체 교단들이 되었다.

흔히 받는 질문 가운데 왜 본 협의회는 특정 교단들만을 대상으로 하느냐 하는 질문에 대한 대답을 위해서라도 이 선교협의회(Mission Consultation)에 참여한 교단들을 기록해 놓는 것이 역사적 기초를 이해하기에 좋을 것 같다. 참가 교단들은 대한예수교장로회(the Presbyterian Church of Korea), 한국기독교장로회(the Presbyterian Church of Republic of Korea), 미국장로교회(the Presbyterian Church, USA), 호주연합교회(the Uniting Church in Australia), 재일한인기독교회(the Korean Christian Church in Japan), 캐나다장로교회(the Presbyterian Church in Canada), 미주한인장로교회(the Korean Presbyterian Church in America), 미주개혁교회(the Reformed Church in America)였으며, 특별히 한반도 통일 관계를 위해 조선그리스도련맹이

초청되었다.

　이 협의회에서 남북통일을 위한 선교협정이 중요한 의제였으나, 또한 한국 교회가 선교협력 관계를 가진 교단들과 그 지역에서 생긴 한인 이민교회와의 관계도 중요한 의제였으므로 이민교회 대표들도 초청을 받게 되었다. 이 협의회에서는 한인 디아스포라 선교를 위해 따로 모임을 가질 수 있었고, 여기에서 교단 정책과 목회자 관계, 교육자료 개발, 이민교회 지도자 개발, 여성 사역 등의 주제가 다루어지게 되었다. 이 주제들은 그 이후에 이어진 본 협의회의 3개 분과위원회의 모체가 된 주제들이었다.

　무엇보다도 중요한 결정은 이민교회의 대표자들이 이 선교협의회와는 별도로 모여 이러한 주제들을 지속적으로 다루어 가기로 한 것이다. 그 이유는 이 선교협의회 본연의 목적이 한국 교회를 중심으로 한 협력 선교 협의이며, 참가자들의 다수는 각 교단의 해외 선교 담당자들이므로 이민교회의 목회와 교육을 다루기 위해서는 목회와 교육을 담당하는 주역들이 참여해야 실제적 효과를 볼 수 있다는 합의에 도달했기 때문이었다.

　협의회 회기 중 1997년 3월 14일 각 교단의 한인목회를 담당하고 있는 실무자들이 모였는데, 이 회의에서 합의를 본 사항은 해외 한인교회들이 목회와 교육 분야에서 서로간의 상호협력의 필요성을 절실히 느끼고 가칭 "해외 한인교회 목회와 교육 협력 협의회"를 조직하기로 결의하고, 모국교단들에 모임을 주선해 주도록 요청하기로 했다. 거기에 참석한 예장과 기장의 대표들도 기꺼이 그 요청에 협조를 다짐하고, 두 모국의 교단들이 공동으로 첫 번째 모임을 한국에서 주선하기로 했다.

　해외교회들의 연락과 소집을 위해 준비위원장으로 미국장로교 김춘자 목사를 선출했으며, 해외에서는 김춘자 목사와 김선배 목사, 최훈진 목사가, 한국에서는 김봉익 목사, 최기준 목사, 성해용 목사가 주동이 되어 제주도 이기풍선교기념관에서 역사적인 제1차 대회를 가지게 되었다. 이를 계기로 제주도에서 1998년 8월에 '해외 한인교회 교육과 목회 협의회'(Council on Overseas Korean Churches for Education and Ministry) 창립을 결정하고, 임원을 각 교단의 한인목회와 교육 실무자 또는 대표로 구성하게 되었다.

제2차 대회를 호주교회의 초청에 의해 2000년 4월에 호주의 시드니에서 개최하게 되었다. 시드니 대회에서 비로소 협의회 정관이 만들어졌고, 채택된 본 협의회의 목적은 세 가지로 요약된다. 첫째로 해외 한인교회 상호 간의 유대를 강화하며 교육과 목회를 위한 공동의 관심사와 사업을 협의 수행하며, 둘째로 모국교회와 해외 한인교회의 교육과 목회를 위한 상호 협력을 강화하며, 셋째로 해외 한인교회의 교육과 목회를 위한 지도력, 자료 및 정보를 개발한다.

제3차 대회는 하와이 이민 백주년을 기념하기 위해 2002년 4월에 하와이에서 미국장로교 주관으로 개최되었다. 제4차 대회는 2006년 4월 캐나다 토론토에서 캐나다장로교회와 미주한인장로교회의 공동 주관으로 가졌는데, 영어권 2세들의 참여를 증진하기 위해 이중언어로 대회를 처음으로 시도했다. 제5차 로스앤젤레스 대회는 미주장로교회 주관으로 2006년 4월에 개최되었으며, 어느덧 본 협의회 10년이 되는 제6차 동경 대회를 2008년 4월에 바라보게 되었다.

제주도에서 출발하여 시드니, 하와이, 토론토, 로스앤젤레스를 거쳐 일본으로 10년 동안 해외 한인교회 교육과 목회 협의회가 끊임없이 모이게 된 것을 경험하며 한인교회가 세계로 뻗어 나가는 모습을 눈으로 보는 듯하다. 제주도대회에서부터 로스앤젤레스 대회까지 8년간 총무의 직분을 맡아 때로는 힘들기도 했고, 때로는 게으름을 피워 보기도 했지만, 하나님이 세계에 흩어 놓으신 한인교회가 연약함을 통해 더욱 온전해지며, 각각 처해진 사회 속에서 영적인 뿌리를 든든히 내리고 있음을 몸소 체험하는 기회가 되었다.

한인 디아스포라 교회는 하나님으로부터 역사적 사명을 받았고, 해외 한인교회 교육과 목회 협의회는 바로 하나님이 주신 이 사명을 세상 속에서 찾아 실천해 나가는 것이다. 이 사명을 이해하고 동역자가 되어 동참한 여러 해외 교단들과 물심양면으로 도와주는 모국 교단들에게 진심으로 감사를 드린다.

2008년 3월

최훈진 목사

미국장로교총회 아시안계지도자개발담당 총무, 본 협의회 공동부회장

1부
한인교회의 교육과 목회

1. 새 시대 한인교회의 교육과 목회 패러다임

최창욱 목사 | 콜롬비아 신학교 객원교수, 카이로스 목회연구원장

I. 교회 패러다임 전환의 당위성

한국 교회 패러다임 전환의 당위성을 나름대로 정리하여 말하려는 저의는 오늘의 급변하는 시대 속에 교회의 변화상에 대해 우리의 시각을 두어 관찰하고, 교회 사역에 개입된 문제들을 심도 있게 토의해 보려는데 있다. 토의를 통해 교회 미래상에 대해 반응적(reactive)으로가 아닌 사전 행동적(proactive)으로 대처할 수 있기를 희망해서이다.

1. 패러다임(Paradigm)의 정의

'패러다임 전환'(Paradigm Shift)이라는 말은 1962년 MIT 교수였던 Thomas S. Kuhn 박사가 그의 저서 *The Structure of Scientific Revolutions*(Uni. of Chicago, 1962, 23-51)에서 처음 사용한 현학적인 전문용어이다. 말의 어원은 라틴어로서 본래 '모형'(pattern)을 의

미했다. 패러다임은 한 조직의 움직임을 관찰하는 하나의 방도이다. 이것은 이치가 닿고 뜻이 통하는 하나의 방도이다(A way of viewing the working of a system. It is a method of making sense). 패러다임은 어떤 문제에 관해 사람들이 가지고 있는 통전적 가정이다(the integration of all the assumptions people make about issues). 이밖에 여러모로 정의하고 있다.

1) 공동체 구성원에 의하여 공유되는 신념, 가치, 기술의 전 체계이다(an entire constellation of beliefs, values, techniques and so on shared by the members of a given community).
2) 삶을 해석하고 이해하는 가치와 규칙의 골격이다(a grid of values and rules through which life is interpreted and understood).
3) 문제 해결과 전략을 위한 구조를 제공한다(provide structures for solving problems and stratagies for accomplishing goals).
4) 왜 사람들과 교회들이 일을 하며, 그리고 어떻게 일이 되어져야만 하는지를 믿는 것이다(why people and churches do things and how they believe things should done).
5) 세상을 보고 해석하는 렌즈이다(Lenses through the world is seen and interpreted).

2. 패러다임 전환(shift)이란 무엇인가?

'패러다임'이 일련의 가정(a set of assumptions)이라고 한다면 '패러다임 전환'은 어떤 개인이나 집단이 보유하고 있는 일련의 가정이 극적으로 바꾸어지는 것이라 정의할 수 있다. 예를 들면 존 네이스빗(John Naisbitt)이 발표한 미국 사회의 열 가지 대변동에서 보듯이 근본적인 대규모의 사회 흐름의 바뀜을 패러다임의 전환이라고 할 수 있다.

그는 사회의 경제가 오로지 산업에만 의존하던 것이 정보사회가 되면서 뒤집어진 충격을 최초로 입증한 사람이었다. 앨빈 토플러(Alvin Toffler)는 이러한 사회적인 흐름의 전환을 '제3의 물결'이라고 하며 다음과 같이 말했다.

"하나의 새로운 문명이 우리 생활에 나타나고 있다. 이 새 문명은 가정의 생활 형태와 변화된 노동과 작업, 사랑의 애정관계, 생활양식, 그 밖의 여러 가지 새로운 생활양상을 창출하고 있다. 따라서 수많은 사람들이 내일의 리듬(Rhythms)에 맞추는 생활을 이미 조정해 가고 있다. 새 문명의 여명이 우리가 사는 오늘의 최대의 유일한 폭발적인 사건이다."

사회뿐만 아니라 많은 기관들과 조직체들이 근년에 이르러 패러다임의 전환을 경험하고 있다. 사람들이 전에 익숙했던 여러 기관들에 대해 같은 느낌을 가지고 있지 않다. 거대한 사회적인 패러다임의 전환이 학교, 병원, 대학, 봉사기관 등에 막대한 영향을 끼치고 있는 것으로 교회만이 그러한 변화를 경험하는 것이 아니다.

3. 패러다임 전환의 주동자는 누구인가?

"패러다임 전환의 주동자는 게임(Game)의 규칙을 중시하며 점차적인 변화가 아닌 극단적인 변화를 설정하는 사람으로서 그는 진화론적인 것이 아닌 혁명적인 지도자인 것이다. 많은 사람들이 패러다임의 전환 주동자는 안에서가 아니라 밖에서 흔히 온다고 보고 있다. 극단적인 변화를 가져오는 데 주도적 역할을 하는 인물들은 조직이나 기관에 익숙하지 않은 사람으로 인해 처음에는 시작된다. 외부인, 외적 자극으로부터 주동되는 것이다.

가장 중요한 패러다임의 출현은 낡은 사고, 낡은 모델, 낡은 패러다임의 단절로부터 이루어진다. 교회 역시 낡은 사고, 낡은 모델, 낡은 패러다임을 단절하는 것이 절대적으로 필요하다. 옛 방법은 현대를 살아

가는 사람들의 필요의 시각을 채울 수가 없기 때문이다. 새 술은 새 부대에 담아야 한다.

4. 교회의 패러다임 전환은 어떤 것인가?

사회의 패러다임 전환이 교회 안의 패러다임의 전환을 촉진시키고 있다. 기본적인 패러다임 전환은 목적이나 기능에 대한 지엽적인 재고려나 프로그램의 재조정 정도로 이루어지는 것이 아니라 전적으로 새로운 일련의 가정(Assumption)을 채택함으로써만 이루어지는 것이다.
미국의 종교사회학자들은 오늘날 미국의 모든 교회의 환경이 소용돌이 속에 있다고 지적한다. 환경 변화가 서서히, 그리고 예측할 수 있었던 평온한 목회의 시절은 영원히 사라지고 다시 돌아오지 않을 것이라고 말한다. "미국의 종교는 절정의 시기를 지내고 있으며 새로운 패러다임 전환과정에 있다."고 해석한다.

5. 교회가 경험하는 변화 과정은 무엇인가?

1) 교회의 주변사회와의 관계에 있어서 사회가 무관심하거나 심지어는 적대시하는 처지에 있다. 이전에는 사회가 교회를 존경하고 우러러 보았는데 지금은 판도가 달라지고 있다.
2) 교회 성장을 한동안 수적, 물량적, 가시적 성장을 기준으로 성패를 가늠했는데 이제는 기준이 달라지고 있다.
3) 교회 간에 한때는 그리스도 안에서 한 형제자매로 여기던 사이가 극우, 극좌익으로 갈리며 서로 적대시하는 데 이르고 있다. 교회 쇠퇴의 원인을 극보수주의파에서는 보수주의자들로 인한 것이라고 머리를 돌린다.

6. 패러다임 전환이 왜 필요한가?

스펄전(Charles Haddon Spurgeon) 목사는 목사가 되기 전 19세 때 처음으로 영국 런던에 있는 Park Street Church에 갔다. 그 교회는 1천 5백 개의 좌석을 가진 큰 예배당인데, 참석한 교인은 2백 명 이하였다. 9년 후 스펄전 목사가 28세 때 그의 설교를 듣기 위해 몰려오는 사람들을 수용하기 위해 Metropolitan Tabernacle(예배처소)를 지었다. 그의 설교가 전 세계의 신문에 실렸다. 목사를 양성하기 위한 신학교가 세워졌다. 전도책자를 인쇄하기 위한 서적 출판사업이 시작되었다. 이때에 2만 3천 명이 그의 설교를 들었다고 전해지고 있다.

Metropolitan Tabernacle의 목사로서 38년간 목회하는 동안 예배 참석 교인이 6천 명이고, 1만 4천명의 교인이 있었다. Metropolitan Tabernacle은 19세기에 가장 영향력 있던 교회 중 하나였다.

스펄전 목사가 은퇴한 후, 75년이 지난 1972년 관광 갔던 몇 목사가 그 교회를 방문했더니 87명이 한구석에 모여 주일 아침 예배를 드리고 있었다. 이 광경을 보고 몹시 의아해하지 않을 수 없었다. 한때 세계적인 명성을 떨쳤던 교회가 어떻게 해서 그렇게 초라해졌을까?

대답은 간단하다. 영국이 변하고 런던이 변하고 사람들이 변했건만 교회의 사역은 변하지 않았기 때문이다. 그래서 사람들이 서서히 떠나기 시작하였고, 이는 결국 교회가 구원의 능력을 시대에 맞게 발휘하지 못했기 때문이었다.

오늘의 교회는 불가예측의 격변하는 시대에 놓여 있다. 오늘의 목회는 사람들의 필요가 무엇인지 파악도 못하고 있는데, 그들의 필요에 어떻게 응할 수 있겠는가? 우리는 영육간의 모든 문제에 대한 답을 가지고 있다고 말한다. 그러나 그들에게 질문조차 하지 않고 있다. 오늘 우리는 사람들의 머리는 만질 수 있어도 그들의 마음은 만질 수 없는 것 같다.

교회 사역은 예전의 사역과는 판도가 많이 달라졌다. 격변하는 사회는 교회사역의 정당성, 유효성, 당위성을 재검토하도록 강압하고 있다. 지난날의 우리는 가장 단순한 외길 사역을 해 왔지만 오늘의 상황은 전혀 다르다. 오늘날 교회가 어떻게 예수 그리스도가 세우신 그의 몸된 교회를 교회로서 유지하며, 그 기본 사명을 바르게 계승하며 적절하게 사역을 감당할 수 있을지를 냉철하게 분석하고 점검하지 않으면 우리도 서구의 교회처럼 낙후하게 될 것이다.

"개혁신학을 따르는 교회는 항상 개혁한다"(Ecclesia reformanta sempa reformanda).

II. 변화의 양상

누에가 고치 속에서 나비로 변하는 것과 같은 본질적인 변화가 오늘날 우리가 사는 사회에서 일어나고 있음을 모두가 경험하고 있다. 그래서 '급변'이라고 하기에는 그 심도가 과격하여 '격변'이라 말한다. 미래학자들이 상상할 수 없는 변화를 예고하고 있다. 기술계의 전문가들이 계속 변화를 시도하고 있다. 목사들이 변화에 대응해 나가고 있다. 교인들이 변화를 체험하고 있다. 극적인 움직임이 교회 안팎에서 일어나고 있다.

지금까지 해 오던 여러 가지 사역이 실용성을 잃어 가고 있다. 선교와 전도가 달라졌다. 설교가 달라지고 있다. 제자화가 달라졌다. 사람들의 교회에 대한 기대가 달라졌다. 교회를 찾아오는 필요가 전과 다르다. 교단과 교회에 대한 충성심이 전과 다르다. 모든 것이 달라져 가고 있다.

이러한 격변의 양상은 교회 독자적인 양상이 아니다. 사회의 변화가 교회에 파급되는 연쇄작용인 것이다.

1. 사회의 변화상

1) 정보화 시대

후기 산업화 시대는 서비스에 기초하여 인력, 생산, 에너지가 아닌 정보, 기술, 지식을 토대로 움직여 나가고 있다. 정보, 지식, 기술, 지식만이 미래행 급행열차를 탈 수 있는 티켓이라고 부르짖고 있으며, 정보, 기술, 지식만이 세계시장에서 살아남고 세계를 지배할 수 있는 무기라고 한다. 그래서 한 나라를 하나의 정보체계로 연결하는 정보고속도로가 개발되고 있다.

한국 노동 인구의 분포를 보면 1950년 한국 농촌 인구가 80%였으며, 1990년대의 한국 농촌 인구는 20%, 1965년대 서비스업에 종사하는 인구가 31%, 1984년대 서비스업 종사인구가 48.7%, 1990년대 서비스업에 종사하는 인구가 50%였다.

앨빈 토플러(Alvin Toffler)의 「제3의 물결」(The Third Wave)에 따르면 농업혁명의 제1물결은(3,000년간) 이미 퇴조했고, 공업혁명인 제2물결이 급히 파급되고 있다고 지적했다. 국제 통신망을 거미줄처럼 연결하는 매스 미디어의 제3의 물결은 경제, 정치, 문화 체재를 송두리째 휩쓸고 있으며 가족관계를 파괴함으로써 무규범, 몰가치의 상황(anomie)으로 몰아가고 있는 것이다.

모토로라(Motorola) 회사의 금속원소(Iridium system)는 77개의 소형위성을 낮은 궤도에 올려놓고 전 세계 어느 곳에서든지 휴대용 전화기를 통해 음성, 데이터(Data), 디지털(Digital) 영상을 송신할 수 있도록 한다는 것이다.

2) 세계화 시대

1962년 토론토 대학교의 마아샬 맥루한(Marshall McLuhan) 교수가 사용한 '지구촌'(Global Village)이 정보, 교통, 관광의 발달로 전 세계가 일일생활권화 되고 있으며, 하나의 시장으로 되어 가고 있다. 데이빗 헤이니(David Haney)는 이런 세계화 현상을 '시공의 압축'(Time-Space Compression)이라고 불렀다.

3) 탈현대주의 사조

17세기 계몽주의의 결실인 현대주의(Modernism)의 반동으로 일어난 탈현대주의(Post Modernism)가 현대인의 생각을 절대적으로 지배하고 있다. 획일적인 것으로부터 탈피하자는 것이다. 즉, 이성 중심으로부터 떠나 감성을 중요시하며, 이성의 보편성(University)에 기초한 진리의 개념에서 문화적 개별성(Particularity)에 기초한 다원적(Plularistic)인 진리를 용납한다.

4) 근본적 변화(Metamophosis)

전근대, 근대, 현대, 초현대가 시간과 공간 가운데 함께 일어나고 있다. 토마스 멕코믹(Thomas McComic)은 이것을 불가예측의 변화라고 불렀다. 정치, 경제, 사회, 문화, 모든 분야가 예측할 수 없는 소용돌이 속에 휘말려 가고 잇다.

헤겔(Hegal)의 정반합의 이론이 통하지 않는 시대인 것이다. 재래문화와 외래문화가 제3의 문화를 창출하지 않는 시대인 것이다.

그 한 예로 유전자 공학과 재생공학을 들 수 있다. 서리에 약한 토마토와 찬 바다에 견디는 가자미와의 유전자 결합으로 서리에 강한 토마토를 만드는 것처럼 생명공학(Biotechnology)은 하나님의 창조영역까지 넘보고 있다. 1970년대 초반 유전자를 마음대로 잘라내고 붙일 수 있는 유전자 조작기술을 찾아내면서 바야흐로 "유전자를 지배하는 자가 21세기를 지배하는 시대"라고 말하고 있다.

LMO(Living Modified Organism) 유전자 조작 생물체(유전자를 변형, 새로 합해 만든 동식물, 미생물 등)를 둘러싼 전쟁으로 "21세기 전쟁

터는 인체, 유전자, 정보가 승리의 핵"이라고 대서특필하고 있다.

또 한 예로 재생공학(Reproductive Technololgy)으로 대리부모가 유행하게 된다. 그렇다면 부모를 어떻게 정의할 것이며, 동결된 태아는 사람인가, 물건인가? 과연 부모가 자식을 알 권리가 있을 것인가?

실험실에서 만들어진 생명체가 특허를 받고 있다. 1990년에 13,384건의 기관이 이식되었다. 자동차 부품을 팔듯 인체 부품을 사고파는 시대가 도래했다.

선물을 백화점에 가지 않고 주문해 보내고, 안방에 앉아서 주식시세를 알고, 사고팔며, 상거래를 위해 굳이 해외출장을 가지 않아도 인터넷 화상으로 상담하고, 결혼 상대자를 고르는 인터넷 시대가 되었다. 마이크로 소프트 주주인 빌 게이츠(Bill Gate)는 「미래로 가는 길」(*The Road Ahead*)에서 상상조차 할 수 없는 근본적인 삶의 혁명을 지적하고 있다. 인터넷은 21세기의 금맥으로 떠오르고 있다.

2. 격변시대, 교회 전통의 붕괴

1) 전통의 붕괴

1920년, 교회의 구분은 신학적인 스팩트럼(Spectrum)에 따라서 근본주의, 자유주의, 정통, 이단으로 양분되었다. 2차 대전 이후 농촌, 도시교회로 분리되었으며, 현재는 다양화되어서 수백 개의 교파, 독립교회, 종족교회, 전파교회로 분리되었다. 신학 또한 근본, 자유, 해방, 희망, 여성, 민중, 이민 신학으로 다양해졌다.

신앙의 흐름도 초대 한국 교회는 율법주의적인 신앙을 강조했다. 노예적 복종을 미덕으로, 신앙의 자율성이 박탈당했으며, 하나님은 벌하시는 무서운 신으로 가르침을 받았다. 근대에 와서 기복주의적인 신앙이 고조되면서 예배, 헌금, 봉사 등의 행위적 가치를 문제시하지 않으면 안 되게 되었으며, 따라서 한국 교회 신학적인 입장을 문제시하게 되었다. 이것은 목회의 위기를 몰고 오기도 하였다.

2) 한국 교회 목회의 흐름

한국 교회에서는 하나님께서 '부흥회'를 통해 열풍을 일으키셨다. 부흥회를 통한 교회의 영적 성장과 교회의 열정은 괄목할 만한 것이었다. 그러나 부흥회만 열중하다 보니 가슴은 뜨거워도 머리가 빈 기현상이 일어나게 되었고, 그 약점을 보충하기 위해 '성경공부'가 시작되었다.

미국의 여러 가지 교재를 통해 성경공부의 열풍이 불기 시작해 전에 몰랐던 진리를 깨달았으며, 머리가 차기 시작했으며, 삶의 변화를 가져왔다. 그러나 역시 단점이 있었다. 피상적인, 머리만의 신자들이 속출하게 된 것이다.

다음 단계는 성경공부보다 하나님의 말씀을 묵상하는 것이 더 중요하다고 믿는 'QT' 열풍이 불었다. 실제로 마음의 변화와 큰 은혜를 받았다. 그러나 이것 역시 자기중심적인 약점이 있었다. 현 단계에서는 '경배와 찬양'으로 깊은 은혜를 체험하고 있다. 그러나 이 역시 감정적으로만 흐르는 경향이 있다. 이 모든 흐름이 다 중요한 요소이다. 그러나 문제는 피상적이고 나 중심일 때 하나님과의 인격적인 만남이 결여되는 데 있다. 신령과 진정으로 예배하는 하나님 중심과 말씀 중심에서 벗어나서는 안 될 것이다.

3) 대형화시대의 교회

현대는 모든 것이 대형화하는 시대이다. 금융기관, 기업, 항공회사, 자동차, 생산계, 통신계 등의 병합으로 대형화를 서두르고 있다. 동리마다 있던 철물점이 다 도산당하고 문방구점, 구멍가게들이 다 도산당했다. 치열한 경쟁과 생존을 위한 불가피한 조치인 것이다.

교회도 이렇게 대형화하는 시대에 있어서 앞으로 대형화하지 않으면 생존의 위협을 받게 된다고 한다. 다양한 프로그램, 우수한 교육, 수

준급의 음악, 친교, 넉넉한 주차장, 우아한 분위기, 부담감 없는 교회생활을 현대인들은 선호한다.

그렇다면 소교회는 전혀 생존의 가능성이 없다는 말이냐는 질문이 있을 수 있다. 물론 소교회도 생존할 수 있다. 그러나 재래의 형태와 목회 방법으로는 생존이 불가능하고 새로운 접근 방법을 시도하지 않으면 안 되는 때가 된 것이다.

4) 선택의 시대의 교회

보통 식료품 상점에는 3만 5천여 종의 식품이 진열되어 있다고 한다. 미국에서 출판되는 월간잡지는 1만 1천 종이나 된다. TV 채널은 1백 50개, 커피만도 65종이 된다. 풍요한 생활의 특징은 선택이다. 식품, 간행물, 오락, 여행, 모든 것이 선택이다. 교회도 선택에 따른다. 도시, 농촌에 있는 많은 교회 가운데 어느 교회를 선택하느냐 하는 것은 지금까지의 기준과 전혀 다르다. 요즘 교회가 2부, 3부 예배를 드리는 것은 시간의 기준이 아니라 내용이다. 전형적인 예배, 현대식 예배, 비공식 예배, 청·장년을 위한 예배, 영어 예배 등 선택의 기회가 주어지고 있다.

5) 능률 기준 시대의 교회

이전에 자동차는 'Made in USA'라야 좋은 것으로 정평이 나 있었다. 1960년대부터 독일의 Volks-wagen을 비롯하여 외제 자동차가 미국 시장에 들어오면서 미국은 자동차의 독점성을 상실하게 되었다. 일본제 자동차가 시장의 반을 차지하게 되고, 한국제 현대, 대우 자동차가 잘 팔리고 있다. 이제는 상표가 관심사가 아니라 능률과 값이 첫째 조건이 되어 있는 시대이다. 간판이 문제가 아니라 실속이 문제 되는 시대이다.

교회도 교단이나 연조나 건물의 크기나 명성이 아니라 사람의 종교적 필요를 얼마나 채워 줄 수 있느냐에 달려 있다. 목사 청빙도 학벌이나 저서, 출생지, 용모가 중요시되지 않고 목회의 실적과 능력과 현재의 지도 능력이 우선으로 지적되고 있다. 21세기의 목회는 탁월한 퍼포먼스(performance)가 최선의 공식이다.

6) 노령화시대의 교회

의학의 발달과 생활조건의 개선으로 인해 평균 수명이 전 세대보다 훨씬 길어져 가고 있다. 한국 보건사회부 보고서(1994)에 의하면, 1960년 한국인의 평균 수명은 55.3세였는데, 1990년 한국인의 평균 수명은 71.3세(30년 동안 16년이 연장), 2020년 한국인의 평균 수명은 77세로 예상되고 있다.

한국 고령 인구의 급증은 20세기의 특징으로 21세기 후반까지 계속될 것으로 보고 있다.

1960년 60세(140만 명 전체 인구의 5.5%)
1990년 60세(330만 명 전체 인구의 7.7%)
2000년 60세(500만 명 전체 인구의 10.7%)
2020년 60세(1000만 명 전체 인구의 19.5%)

한국 인구 증가는 1990~2020년까지 30년 동안에 5,100만 명으로 약 18%가 증가할 것으로 예상하는 데 비해 같은 기간 60세 이상의 인구 증가는 199%가 증가하여 전체 인구 증가율의 11배나 빠른 속도로 늘어날 것으로 예측된다.

노령화 과정에서 야기되는 문제를 단순히 육체적인 것으로만 이해해서는 안 된다. 심리적, 사회적, 경제적, 그리고 신앙적인 면의 돌봄이 필요하다. 그리고 노년을 부정적으로만 볼 것이 아니라 그들이 지닌 값진 인생 경험과 삶에서 터득한 지혜와 경륜을 차세대와 나눌 수 있는 귀한 자원임을 잊어서는 안 된다.

교회는 이 자원을 활용함으로써 노인들에게 스스로 마지막 기간이 얼마나 값진 것임을 확인시키고, 또 후세들에게 그들의 뜨거운 신앙을 전승시키도록 해야 한다.

3. 변화에 대한 교회의 반응

1) 반응 형태

총체적인 변화, 불가예측의 변화, 급격한 변화로 인해 현대인들은 끊임없는 불안과 압력을 느끼고 있다. 이러한 급변에 대해 두 가지 반응을 보이고 있다.

첫째, 변화에 자신이 적응하든지 둘째, 적응이 필요 없는 인위적 환경을 만들어 회피한다든지 한다. 즉, 교회가 세속화하든지 그렇지 않으면 현실을 도피하든지 하게 된다. 그러나 교회는 세속화해서는 안 되고, 그렇다고 세상을 등지고 중세 수도원 생활로 되돌아가서도 안 된다. 그것은 비성서적이고 예수 그리스도의 가르침에 위반되기 때문이다. 그렇다면 이 급변하는 상황에서 어떻게 처세하고, 어떻게 복음에 충성할 수 있겠느냐는 것이 하나의 과제가 된다.

예수님께서 좋은 본보기를 보여 주셨다. 예수님께서는 당시 히브리, 로마 문화에 타협하지 않으셨으며, 그렇다고 도피하지도 않으셨다. 예수님은 유대인이었다. 그는 유대교 전통문화 속에서 자라나셨다. 히브리 문화가 그의 관계상황(Context)이었다. 예수님께서는 자신과 관계상황을 함께 나눈 사람들에게는 거기에 맞게, 그의 관계상황, 즉 듣는 사람들의 언어와 풍습과 문화에 따라 메시지가 분명히 이해되도록 자신의 말씀과 행동을 바꾸셨다.

예수님은 주어진 상황에 대해 예민한 관찰과 그 상황에 맞도록 처신하였다. 사도 바울은 변화하는 시대에 맞는 지도력을 발휘했다. 사도 바울은 이렇게 말했다.

"나는 어느 누구에게도 얽매이지 않는 자유로운 몸이었지만, 많은 사람을 얻으려고 스스로 모든 사람의 종이 되었습니다. 유대 사람들에게는 내가 유대 사람을 얻으려고 유대 사람과 같이 되었습니다. 율법 아래에 있는 사람들에게는, 내가 율법 아래 있지 않으면서도, 율법 아래 있는 사람과 같이 되었습니다. 율법 없는 사람들에게는 내가 하나님의 율법이 없는 사람이 아니라 그리스도의 율법 안에서 사는 사람이지만 율법이 없이 사는 사람들을 얻으려고 율법이 없이 사는 사람과 같이 되었습니다. 믿음이 약한 사람들에게는 내가 약한 사람을 얻으려고, 약한 사람이 되었습니다. 나는 모든 사람에게 모든 모양의 인물이 되었습니다. 그것은 내가 어떻게 해서든지 그들 가운데 몇 사람이라도 구원하려는 것입니다"(고전 9 : 19 - 22, 표준새번역).

이것이 소위 말하는 관계상황화(Contextualization)이다. 오늘 교회 지도자들도 급변하는 상황을 관계상황화(Contextualization)하는 지혜의 능력을 가져야 한다.

Ⅲ. 현대교회의 새로운 패러다임

예배	
옛 패러다임	새 패러다임
성 금요일에서 부활의 아침을 바라보는 것	부활의 아침에서 성 금요일을 회상하는 것
의례적 성만찬 예배	감격적 성만찬 예배
머리 중심의 교회	머리와 가슴 중심의 예배
교인 중심의 교회	구도자에게 민감한 교회
설교 중심의 교회	전체적 교회

청각 교회	시청각 교회
피아노 / 오르간	앙상블(ensemble)
찬송	찬양
인습적 예배	예술적 예배
분리된 예배	관계성 예배
성가대	찬양팀
되는 대로의 예배	예습된 예배
단순히 계획된 예배	다양하게 준비된 예배

선교	
옛 패러다임	새 패러다임
해외선교	
해외 선교	균형된 선교
기관선교사	교회선교사
선교비 납부	선교개발
간접선교	직접선교
난립선교	조직선교
선교불신	관련선교
국내선교	
교회에 대한 신뢰	교회에 대한 불신
교회 내 사역에 주력	교회 밖 사역에 주력
교회 기구 확장	MASH형 교회
교인의 영적 보건	전인적 보건
한인지역 선교	타 종교 선교

전도	
옛 패러다임	새 패러다임
대결	관계
대중적	개인적
일반인	특수층
일회적	다양적
단일 방법	복합 방법
목적 : 결심	목적 : 제자화
동기 : 죄책	동기 : 가치와 사랑
전도지	멀티미디어
전도위원회	전도팀
부흥회	계속적인 생활 스타일
행사 위주	절차 위주
전도활동	교육활동

교육	
옛 패러다임	새 패러다임
내용 중심	생활 적용
커리큘럼과 선생 중심	피교육자의 필요 중심
단순한 성경공부	다양한 삶의 기술
시청교육	멀티미디어
필수과목	선택과목
교회 건물 내 교육	소그룹, 퇴수회, 단기세미나
지역성 무시	지역 문화성 고료
무평가	과거, 현재, 미래 교육의 평가

경험 떠난 장년 교육	경험 중심의 장년교육
장기 실행	단기 실행
형식 강조	기능 강조
엄격한 과정	신축적 과정
단일 교육시간	복합 교육시간
기관 기준	관계 기준
과목 중심	상황 중심

이민교육과 종족교육	
종족교육(Training)	이민교육(Mentoring)
연역적	귀납법
정적	역동적
암기	이해
편협	광범위
기계적	경험적
수동적	능동적
독단적	발견
반동적	활동적
단기	장기
규정	위험
주제적	종합적
패쇄적	공개적
상식적	상상적

리더십	
옛 패러다임	새 패러다임
반동적(Reactive)	사전행동(Proactive)
가능성 부여(Enabling)	갖추게 함(Equipping)
지식 평가	효과 평가
피동적 미래	창의적 미래
관리인(Care Taker)	모험가(Risk Taker)
정보 보관	정보 유통
'어떻게'로 지시	'무엇을'로 지시
두목(Boss)	스승(Mentor)
독주자	팀사역
리더십 요구	리더십 획득
나이에 따름	은사에 따름
직위	은사
물리적	화학적
계층적	평면적
직책우선	은사우선
성직자와 평신도	평신도와 사역자
계층	망상 조직

교회성장	
옛 패러다임	새 패러다임
수적 증가	건강 상태
편파적 교회	정직한 교회
동질성	다양성
과도한 자기 도취	원호적 교회

목회자 중심	교인 중심
비전의 결여	공감의 비전
교회 유지	필요에 응함
목사의 역할	
하나님 대변자	모형 제공
섬기는 종	영적 지도자
설교자	예언자 및 제사장
교회를 성장시키는 사람	준비시키는 사람
탁월한 행정가	돌보는 사람
평신도의 역할	
목사를 돕는 사람	목사와 함께하는 사역자
섬기는 사람	만인제사장의 하나
피동적	능동적
여론적	자주적

Ⅳ. 맺는 말

격변하는 시대에 사는 우리에게 두 가지 선택이 있을 뿐이다. "개혁이냐? 좌절이냐?"라는 양자택일의 문제뿐이다. 집에 불이 붙어 연기냄새가 풍기고 불길이 보인다. 급한 상황이다. "불을 끌 것이냐? 안 끌 것이냐?"가 문제가 아니라 "당장 불을 끄기 위해 어떻게 할 것이냐?"가 문제일 뿐이다. 망설일 여유가 없다.

한국, 캐나다, 호주, 미국, 저 북방 얼음산과 저 남방 산호섬에 이르기까지 미증유의 변화가 일어나고 있다. 이 변화의 돌풍은 고층건물에서부터 조그마한 구멍가게에 이르기까지 불어닥치고 있다. 피할 길이 없다. 다만 어떻게 직면하느냐 하는 것뿐이다.

1. 대체로 교회는 무엇을 이루려는 결과에만 깊은 관심을 쏟고 거기에 사로잡힌 것으로 보인다. 그 결과를 이룩하는 과정(Process)에는 흔히 소홀한 것 같다.

켄 브렌챠드(Ken Branchard)는 '득점 게시판'(Scoreboard)을 바라봄으로써 많은 점수를 올리지 못한다(The One-Minute Manager)고 했다. 게임은 운동장에서 이기고 지는 것이고, 득점 게시판은 그 결과만을 기록하는 것이지 점수를 어떻게 얻느냐에 대한 것은 아니다. 그러므로 점수를 올리려면 운동장에 주력해야지 득점 게시판에 관심을 두어서는 안 된다.

패러다임 전환은 '어떻게'(about how)에 관한 것이다. 이것은 하나의 과정(Process)이다. 이 과정에 대해 알지 못하면 결과(What)를 산출할 수 없다. 변화는 과정이지 목적은 아니다. 오늘 우리 교회 안에 진행되고 있는 중요한 과정은 어떤 것이며, 그것을 어떻게 유효적절하게 진행시킬 수 있느냐의 여부가 성패를 가늠할 것으로 보인다.

2. 불이 붙어서 타야 불을 끄려고 서두르며, 이가 아파서 견딜 수 없어야 치과에 가듯이 급한 일을 당하지 않고는 마음을 움직이지 않으려는 것이 사람의 습성이다. 그러므로 패러다임 전환도 그 긴급성을 일깨우지 않으면 안 된다. 긴급성은 행동의 연료이다. 어떻게 교회가 계속해서 긴급한 상황을 촉구할 것인지에 대한 조처가 긴급히 논의되어야 한다.

3. 대답을 주려고 하지 말고 질문을 하게 해야 한다. 질문이 없는 대답은 대답이 아니기 때문이다. 오늘 교회는 모든 문제에 대해 대답을 가지고 있다고 말한다. 그러나 질문이 없는데, 그 대답이 무슨 소용이 있겠는가? 교회가 쇠퇴하는 이유가 무엇이며, 교회가 문화를 이끄는 것이 아니라 뒤쫓아 가기도 어려운 이유가 무엇인가? 어느 교회는 젊은이

들이 모여드는데, 어느 교회는 젊은 세대들이 돌아서는가? 그 이유가 무엇인가? 질문을 통해서만 대답을 찾게 되고, 찾은 대답을 통해 발전은 이루어질 것이다.

"시대가 바뀌면 차를 바꿔 타야 한다."

─────────── 〈토론을 위한 제안〉 ───────────

1. 교회의 많은 지도자들이 엄청난 변화를 목격하거나 체험하고 있다. 그러나 변화의 양상과 대책을 교인들에게 말하지 않고 있다. 여러 가지 이유가 있을 것이다. 그 이유는 어떤 것이 있는가?

2. 패러다임 전환이 사회 각계각층에서 대규모로 촉진되고 있다. 이러한 현상을 모를 수도 있고, 알고 있다 하더라도 그것을 우리와는 전혀 상관이 없는 것으로 여길 수도 있다. 어떻게 하면 이러한 패러다임 전환을 의식하면서 대비할 수 있게 하겠는가?

3. 목사, 장로, 일반 교회지도자들이 이러한 패러다임 전환의 양상과 적용에 관한 한국어로 된 자료가 흔하지 않으므로 세미나, 워크숍, 공개토론을 할 수 없는 것이라 사료된다. 그렇다면, 그러한 자료를 연합적으로 개발할 수 있겠는가? 있다면 어떻게 할 수 있겠는가?

4. 아직도 많은 교회가 종적인 지도체제를 따르고 있어 일반 교인들의 의사발표와 그것을 받아들이는 창구가 넓게 열려 있지 않다. 만일 교인들에게 패러다임 전환을 교육시키지 않고 지도층에만 전환을 시도한다면 상당한 물의를 일으키게 될 것이다. 어떻게 하면 종적인 지도체제를 횡적인 지도체제로 바꾸게 하며, 패러다임 전환이 전교인적인 것으로 이룰 수 있겠는가?

2. 세계 디아스포라를 위한 교육목회

최기준 목사 | 대한기독교교육협회 부총무, 본 협의회 고문

I. 서론

디아스포라(Diaspora)는 민족분산 또는 민족이산으로 번역하며 흩어진 하나님의 사람 또는 흩어진 하나님의 백성들이라고 부른다. 민족집단 구성원들이 세계 여러 지역으로 흩어지는 과정뿐만 아니라 분산한 동족들과 그들이 거주하는 장소와 공동체를 가리키기도 한다. 처음에는 팔레스타인을 떠나 국외에 거주하는 유대인들에게만 적용, 지칭, 사용되었으나 오늘날에 와서는 유대인뿐만 아니라 다른 민족의 국제이주, 망명, 난민, 이주 노동자, 민족 공동체, 문화적 차이와 정체성 등 포괄적인 개념으로도 사용되고 있다. 디아스포라의 개념을 정리하면 다음과 같다.

첫째, 한 기원지로부터 많은 사람들이 두 개 이상 외국으로 분산되었고, 둘째, 정치적 경제적 기타 압박 요인에 의하여 비자발적이고 강제적으로 모국을 떠났으며, 셋째, 고유한 민족 문화와 정체성을 유지하

고자 노력했고, 넷째, 다른 나라에 살고 있는 동족에 대해 애착과 연대감을 갖고 서로 교류하고 소통하기 위한 조직과 네트워크를 만들려고 노력하였으며, 다섯째, 모국과 유대를 가지고자 노력하였다.

1. 디아스포라의 특징

디아스포라 유대인들은 팔레스타인의 유대인들보다 그리스 문화에 대해 훨씬 개방적이었고, 기독교에 끼친 문화적 영향은 지대하였다. AD 70년 예루살렘 파괴 전 이미 팔레스타인 내의 유대인보다 디아스포라가 더 많았으며, 자신들의 특별한 삶의 원리를 가지고 있었다.

1) 공동체생활을 했다
바벨론에 포로로 잡혀 간 유대인들은 개별적으로 흩어져 살지 않고 그발 강가 또는 텔아비브 같은 곳에 모여 가정생활을 하고 농사를 지으면서 살았다. 율법을 지키고 예배를 드리고 공동체생활을 했다.

2) 회당을 건축했다
예루살렘 성전에서 멀리 떠나 있는 디아스포라들은 더 이상 짐승을 잡아서 드리는 제사가 불가능하게 되었다. 그래서 그들은 말씀(율법)을 읽고, 듣고, 외우고, 기도하고, 시편으로 노래하는 제사를 회당에서 드리게 되었다.

3) 언어를 보존했다
유대인 디아스포라는 어려운 여건 하에서도 그들의 언어를 보존키 위해 필사적인 노력을 기울였다. 그 결과 히브리어가 보존되었고, 20세기 현대 히브리어가 부활되어 그들의 일상 언어로 사용할 수 있게 된 것이다.

4) 혈통을 보존했다

혈통 보존의 필요성은 유대인 종족을 보존키 위함이었고, 이방인과의 혼인으로 인하여 야웨 종교가 입을 손실을 막고자 함이다.

5) 문서작업과 교육활동의 중요한 시기였다

디아스포라 기간 중 예레미야, 에스겔, 제2이사야 등 예언자들이 활동했으며 그들의 활동과 예언은 문서로 정리되었다. 이어서 시편의 일부와 애가, 신명기 사가의 역사서, 제사문서, 연대기, 에스라, 느헤미야, 요엘, 학개, 스가랴, 말라기, 에스겔, 다니엘 등이 디아스포라의 작품이다.

6) 현지 지도자를 양성했다

고국을 떠나 포로로 잡혀 간 디아스포라들이 새로운 용기를 되찾을 수 있었던 것은 훌륭한 종교적 지도자가 거기에 있었기 때문이었다.

7) 디아스포라의 70인역 성경을 갖게 되었다

유대인 디아스포라들은 고국을 떠나 오랜 기간 동안 외국에서 생활함으로 당시 국제 언어인 헬라어를 사용하게 되었고, 구약성경이 쓰여진 히브리어 언어를 잊어버리게 되었다. 70명의 학자들이 모여 히브리어 구약성경을 헬라어로 번역해 냄으로 70인역이라고 하게 되었고, 디아스포라와 이방인들의 선교에 강력한 도구가 되었다.

8) 안식일을 준수했다

안식일은 하나님께서 이스라엘을 그의 백성으로 성결케 하신 표요, 영원한 언약의 표였다. 디아스포라의 안식일 준수는 이방의 제왕 문화에 대항하는 유대인의 주체성을 지키는 중요한 보루 역할을 했고, 당시 이방인들에게 깊은 인상과 감명을 주며 존경심을 불러일으켰고, 수많은 이방인들이 유대교로 개종하는 동기가 되었다. 그래서 디아스포라가 있는 곳에 개종 집단이 생기게 되었다.

2. 한인 디아스포라

중국인이나 일본인들 기타 아시아계 민족들 중에는 한국인보다 먼저 미국 등 타국으로 이민 갔으나 그들은 돈 벌기에만 급급했다. 중국인들은 식당으로, 일본인들은 소니와 도요타를 무기로 세계적인 장사꾼이 되었으나 한국인들은 제일 먼저 교회부터 설립했다. 마치 신앙의 자유를 찾아온 청교도들과도 흡사한 모습이었다.

한인 디아스포라들을 세계로 흩으신 하나님의 뜻을 발견하는 것이 대단히 중요하다. 나 중심으로나 인간적인 욕심의 눈높이가 아닌 하나님의 시각으로 한인 디아스포라를 바라보는 것이 중요하다. 하나님은 한인 디아스포라를 지난 140여 년 동안 세계 142개국에 흩어져 살게 하셨다.

한민족 디아스포라를 시대적으로 구분하면 다음과 같이 4기로 구분할 수 있다. 제1기는 1860년대 이전부터 1910년 한일합방이 일어난 때까지이다. 구한말의 농민 노동자들이 기근과 빈곤과 압정을 피해 국경을 넘어 중국, 러시아, 하와이로 이주하였다.

제2기는 1910년부터 1945년 일본 식민 통치로부터 한국이 독립한 해까지이다. 일제 통치시기이므로 토지와 생산수단을 빼앗긴 농민과 노동자들이 만주와 일본으로 이주하였고, 정치적 난민과 독립운동가들은 중국, 러시아, 미국으로 건너가 독립운동을 전개하였다.

제3기는 1945년부터 1962년 한국 정부가 처음으로 이민 정책을 수립한 해까지이다. 한국전쟁을 전·후로 하여 발생한 전쟁고아, 미군과 결혼한 여성의 혼혈아, 학생, 입양, 가족 재회, 유학 등을 이유로 미국 또는 캐나다로 이주하였다.

제4기는 1962년부터 현재까지이다. 1962년부터 한국 정부는 남미, 유럽, 중동, 북미로 집단이민과 계약이민을 시작했다. 국내 인구 증가를 줄이고, 디아스포라의 본국 송금으로 인한 외화를 벌기 위해서였다.

고등교육을 받은 지식층과 중산층의 미국과 캐나다 이민이 증가했고, 1997년 IMF 외환위기를 맞으면서 해외 이주가 증가했다. 이와 같이 지난 100년 동안 세계에서 가장 이민이 활발한 민족이 되었다.

3. 세계 속의 한인 디아스포라

1) 중국의 한인 디아스포라

역사적으로 보면 지금의 만주는 고조선의 옛 땅이었고, 고구려에 이어 발해족까지 만주에 있었으므로 중국의 한인 디아스포라는 수천 년 동안 만주 지방을 중심으로 살아오고 있다 해도 과언이 아니다. 긴 역사를 통해 오면서 중국인들에게 동화되었고, 현재의 조선족인 한인 디아스포라는 주로 19세기 중반부터 이주해 온 한인들과 일제 시대에 정치·경제·사회적 요인으로 이주했거나 일본에 의해 강제이주당한 한인들이 대부분인데, 현재 200여 만 명이 살고 있다.

2) 독립국가연합(구소련)에서의 고려인 디아스포라

독립국가연합은 구소련 연방국이 해체된 후 러시아를 비롯하여 12개 공화국들이 독립국가로 분립되면서 1991년 12월 21일에 결성된 국가 연합의 명칭이다. 여기에 거주하는 고려인 디아스포라는 530,000명 정도이다.

우즈베키스탄 230,000명, 러시아 160,000명, 카자흐스탄 100,000명, 키르기스스탄 21,000명, 우크라이나 10,000명, 투르크메니스탄 2,500명, 타지키스탄 1,550명 등이다.

당시 러시아는 한인 이주자에 대한 이중잣대 정책을 폈다. 한인들의 토지 잠식과 중국과 일본과의 전쟁 시 한인들이 간첩망이 될 수 있다는 견해로 인한 한인추방 정책과 한인들의 성실성과 값싼 노동력을 활용하려는 국가 이익추구 정책 사이에서 한인 디아스포라는 러시아에 뿌리를 내리게 되었다. 1863년 한인 13가정이 두만강 북쪽 연해주로 이주하기 시작하여 1900년대에는 수십 만 명으로 증가하게 되었다. 처음 이주하게 된 동기는 대부분 영세농민들로서 연해주의 러시아 정부에 의해 지정된 땅을 개척하였고, 후에는 농업과 상업, 도자기공장, 염전 등에 종사하면서 강한 개척정신과 근면과 높은 교육열의 결과로 기업주로 진출도 하게 되었고, 후에는 일제 한국 강점으로 인한 억울함과 분노의 가슴을 안고 국권회복과 독립을 위해 이주하여 상해에 임시정부를 설립하였고, 블라디보스토크에 신한국을 건설 안중근, 안창호, 신채호 등 항일운동과 정치교육 등 연해주가 중심이 되었다.

    1937년 스탈린의 강제 이주 정책으로 소련 내 일본의 간첩망 타진과 외국 스파이 색출 작업의 일환으로 어느날 갑자기 15만 명이 넘는 한인들을 수만리 황무지 중앙아시아 지역 사할린으로 짐짝처럼 기차에 싣고 강제 이주시켰고, 도중에 전염병과 굶주림으로 어린이 등 수천 명이 죽게 되었다. 그 후 사할린은 러시아 영토가 된 후 죄수들의 유배지가 되었고, 한인들도 탄광 사업에 노동자로 투입되었으며, 고려인 디아스포라의 깊은 아픔과 상처를 갖게 되었다. 연해주 한인은 북한지역 출신이 많았고, 자발적 이주민이라고 한다면, 사할린 이주민은 주로 남한 출신들로서 일제에 의한 강제로 징용되어 온 이주민이 많았다. 사할린 한인은 "내가 죽거든 뼈를 고국에 묻어라. 내 뼈를 바다에 던져라. 흘러 흘러 고국까지 가게 될 것이다."라고 말할 정도로 고국에 대한 애정과 정서가 대단했다.

3) 일본의 한인 디아스포라

    한인의 일본 이주는 조선에 대한 일본 식민지 통치라는 조건하에서 진행되었다.

    제1기는 1908(270명)~1910년(420명)으로 주로 일본에 유학 온 학생들로서의 디아스포라, 제2기는 1910~1938년 문민층의 몰락으로 인해 일본으로 이주한 디아스포라, 제3기는 1939~1945년 일본의 강제 연행으로 인해 일본으로 이주한 디아스포라, 제4기는 1945년 8월 15일 일본의 패전으로 잔류하게 된 디아스포라, 제5기는 1980년대 말부터 현재까지 해외여행과 자유화의 조치로 도일한 디아스포라이다.

4) 재미 한인 디아스포라

최초로 미국 땅을 밟은 한인은 1883년 9월 민영익을 대표로 구성된 8명의 외교 사절(보빙사)들이었으며, 1888년 윤치호 유학, 1895년 에스더 박, 하난사 유학, 1899년 안창호 외 3명이 유학했고, 김규식, 이대위, 박상규도 이 시점에 유학했으며, 동시에 한국 상인들 최동순 외 5명 의주 인삼 상인들이 중국을 거쳐 1900년과 1902년 사이에 약 20가정의 상인들이 하와이에 도착했다고 한다.

그러나 미국의 한인 디아스포라의 공식적인 역사의 제1기는 1903년 1월 13일 102명의 한국인이 하와이 호놀룰루에 도착했을 때부터 1945년까지이다. 제2기는 1945~1964년 미국 이민법 개정 전까지이다. 이 시기는 주로 미국 병사들과 결혼한 한인 여성들과 전쟁고아들, 혼혈아들과 입양아들, 그리고 미국 대학으로 공부하러 간 유학생들이 주류를 이루었다. 제3기는 1965년부터 최근까지이다. 이 시기에는 종전의 인종차별적이던 이민법이 개정되고 아시아, 남미, 동유럽, 아프리카로부터 미국 이민이 급격히 증가하기 시작했다. 이 시기에 한국에서 대학교육을 받고 전문직, 관리직, 사무직에 종사했던 신중간 계급층이 이민에 적극 참여했으며 1970년 중반을 기점으로 한국에서 노동직, 기능직, 서비스직, 농업 등에 종사했던 사람들도 이민에 참여함으로 이민수가 증가했다. 그래서 재미 한인 사회는 더욱 복잡해졌고, 사회와 문화적으로 적응 유형과 계층도 다양화되었다. 2000년 미국 인구 센서스에 의하면 재미 한인 인구는 1,228,427명이다.

미국은 이민자들에 의해 건국된 국가이므로 소수민족에 대한 관용적 가치체계를 가지고 법적, 제도적 차별을 금지하고 있다. 재일 한인은 일본으로 귀화하는 것이 조국을 배반하는 것으로 인식하지만 재미 한인은 민족성과 국민성은 별개의 것으로 인식하고 있는 것이다. 원인은 거주국의 인종관과 민족관과 민족정책에 기인되는 것으로 볼 수 있다.

미국에는 현재 3천 5백 개 이상의 한인교회가 존재하고 있다고 본다.

5) 캐나다의 한인 디아스포라

한국인 박유산 부부가 1895년에 방문자로서 캐나다에 첫발을 들여놓았고, 1896년에 김일환 씨가 유학생으로 첫 이주하게 되었다. 그 후 1915년에 조희렴, 1919년에 강영일, 1928년에 문재린, 1934년에 헤롤드 최, 존스타 김, 그 후 선교사에 의해 서종욱, 황대연, 정대위가 입국 정착했고, 1952년에 정희수 박사, 조정원 박사 등 유학생이 입국했다. 1960년대 중반까지는 주로 목사와 의사와 학자들이 입국하였고, 1965년까지 한인 인구는 70여 명이었고, 주로 토론토를 중심지로 거주했다. 1969년부터 5년 동안 서독에 갔던 한인 계약 근로자와 광산 노동자, 간호사 등 약 1천 명이 캐나다로 이주하여 영주하게 되었고, 덴마크로 간 한인 농업 연수생들이 캐나다로 이주하였다. 월남에 파견한 기술자들과 브라질로 갔던 농업 이민자들이 캐나다로 이주함으로 한인 커뮤니티는 점차적으로 다양한 배경의 디아스포라 공동체로 변모하게 되었다. 현재 캐나다 한인 디아스포라는 약 15만 명으로 추산하고 있다.

캐나다 한인교회는 1950년대에 토론토 대학 캠퍼스에서 김정준 목사와 10명의 유학생들이 모여 한국어로 예배드렸으며, 1960년도 후반부터 밴쿠버에 이상철 목사, 토론토에 노윤기 목사, 몬트리올에 주재용 목사 등 3개 지역에서 캐나다한인연합교회 혹은 캐나다한인장로교회가 설립되었다. 1980년대 급격한 이민의 증가로 한인교회 설립도 난립현상이 일어났고, 현재는 캐나다 전역에 40여 개의 한인교회가 있다.

6) 오스트레일리아의 디아스포라

1950년 6·25전쟁으로 인해 한국전에 참전했던 호주 군인들과 결혼한 여성들과 통역관으로 일했던 군인들, 한국 선교사들과 외교관들과 가족들로서 모두 다 30가구 정도뿐이었다. 1974년 월남전 후 한국인 400명 정도가 무작정 이주해 왔고, 1976년 호주 정부의 사면령으로 영주권을 취득하고 그들의 가족들이 이주하게 되었으며, 그 후 중동이나 남미에 흩어져 있던 한국인들이 친구나 친척에 의해 초청받아 이주하게 되었다. 1980년 중반부터 사업이민, 투자이민, 기술이민 등 고학력 소지자들이 이주하게 되었고, 현재는 유학생들을 포함해서 약 6만 명의 한국인 디아스포라가 살고 있다.

1973년에 멜버른 한인교회가 설립, 1974년 시드니 한인교회가 설립되어 현재 호주 전역에 200여 개의 한인교회가 있다.

7) 유럽의 디아스포라

유럽에는 10여 명의 한인들이 살고 있다. 독일에 3만 명, 프랑스에 1만 명, 영국에 1만 명, 스페인 7천 명, 이탈리아 5천 명, 기타 국가에 약간 명이 거주하고 있다.

8) 중남미의 디아스포라

중남미의 한인 디아스포라는 1950년 한국전쟁으로 말미암은 반공포로들이 브라질에 와서 거주한 역사가 있으나 본격적인 한국인의 남미 이민은 1965년도로 보고 있다. 중남미에서의 한인교회는 한인사회에서의 그 비중이 막중하다. 현지 한인들 대부분이 교회에 출석하고 있으며 교회를 축으로 하여 움직이고 있다.

4. 디아스포라 교회의 구성과 성격

한인들이 타국으로 이민하게 된 동기와 이유는 정치적, 경제적, 교육적 목적이나 전쟁으로 인한 것도 있으나 그 배후에는 하나님의 뜻과 섭리가 있는 것으로 볼 수 있다. 그러므로 이민자들이나 이민 목회자들을 향해 고국을 버린 사람들 혹은 다른 말로 비난하는 경우가 있어서는 안 될 것이다. 이민자들과 목회자들은 오히려 사명과 긍지를 갖고 살고 있다. 제2의 이스라엘과 제2의 청교도적 사명을 가지고 마치 아브라함이 본토 친척 아비집을 떠나 하나님이 지시한 땅으로 간 것처럼 고국 한국을 떠나 현재 그들이 거주하고 있는 나라로 이민하게 된 것으로 믿고 있다.

이민교회 교인 중 80%가 한국에 있을 때에는 신자가 아니었는데, 이민 와서 신앙생활을 하게 된 사람들이다. 어떤 교회의 교인 중에는 국제결혼을 한 사람이 거의 45%인데, 그들 대부분은 그 전에는 교회 문턱에도 안 갔던 사람들이었다. 그들은 미국인 남편을 교회로 인도하고 언어와 문화의 장벽을 극복하여 평화롭고 행복한 가정생활을 하게 된다. 이민 교인들은 말씀을 더 사모하는 진지한 태도이다. 왜냐하면 이민 사회의 생활 자체가 고달프고 스트레스가 많기 때문이다. 미국의 경우 이민 와서 교인이 된 요인을 살펴보면 다음과 같다.

첫째, 미국은 기독교 국가는 아니지만 전체적인 분위기와 환경이 기독교적이기 때문이며, 기독교적인 문화에 적응하기 위해서이다.

둘째, 이질문화 속에서 느끼는 고독감 때문에 교회에 오면 동족을 만나고 언어가 통하고 위로와 격려를 받기 때문이다.

셋째, 생활을 영위하는 중에 그들의 삶과 생존에 대한 불안이 심리적으로 크기 때문이다. 한국에서 사업에 실패하고 미국에서 재기하여 잘살기 위해서 온 경우가 있고, 반대로 어느 정도 경제력이 있고 여유가 있어 이민 온 경우도 있고, 유학으로 공부하기 위해 온 경우도 있다. 한국에서는 도저히 믿을 수 없는 분이 이민 왔기 때문에 신앙생활을 잘하고 헌신하는 분도 있다. 다 큰 나무를 옮겨 심으면 깊은 뿌리가 내릴 때까지는 불안하듯이 이민교회 교인들의 상당한 숫자가 옮겨 심은 나무와 같다고 생각할 수 있다.

5. 이민교회의 현실과 목회적 역할

이민교회는 급성장하고 수가 증가됨에 따라 문제도 상당히 일어나고 있다. 교회와 그리스도인의 역량이 결집되지 못하고 개교회주의로 사회 참여에 소극적이며 지나치게 보수적인 신학의 경향성으로 인한 폐쇄성과 갑자기 밀어닥친 환경과 문화적 이질감으로 사회 적응도 하기 전에 윤리의식과 가치관의 혼란으로 인한 퇴폐적인 경향으로 타락하는 문제들을 야기하고 있다.

목회자의 영적, 인격적 문제로 권위가 상실됨으로 오는 목회자의 자질이 문제되고 있으며 동시에 교회의 지도자의 부족현상이 문제이다. 특히 이민 2세 교육을 위한 지도자가 부족한 것이 시급한 문제로 등장하고 있다. 수준 낮은 부흥사들로 인하여 교회를 혼란케 하는 경우도 있다. 교회의 직제의 남용과 교인들 중에는 교회를 사업 단체와 회사의 기업처럼 생각하는 잘못된 교회관으로 인하여 말썽과 문제를 일으키기도 하며, 임대교회이므로 일반 교인과 청소년 교육시설 공간 부족으로 교회로서 예배 이외에는 교회가 감당해야 할 기능과 역할, 즉 교육과 선교봉사와 교제의 장을 제대로 감당하지 못하고 있는 것이 이민교회의 현실적 문제이다.

이민교회의 이와 같은 상황 속에서 목회자의 이민목회는 교인들의 교회생활뿐만 아니라 가정과 직장과 이민생활 전 영역에 관계되고 있는 실정이다.

1) 정착지를 찾고 아파트를 구하고 직업을 얻고 자녀를 학교에 입학시키고, 그 외 당면한 시급한 문제들을 해결하는 것을 도와주는 일을 한다.

2) 신앙을 심어 주는 일과 진리 말씀을 가르치고 그리스도인으로 양육하여 이질적 문화와 사회 속에서 적응과 생활을 할 수 있도록 영적인

성장과 성숙을 위해 노력한다.

   3) 이민생활 적응과 언어적 어려움과 스트레스 해소를 위해 돕는 일을 하며, 교회가 이민사회 봉사에 구심점 역할을 할 수 있도록 하는 일과 한국인으로서의 얼과 정신을 계승하고 모국과의 관계와 교류를 통해 애국애족하는 일을 한다.

   4) 이민 온 한국인과 본국 현지인 사이를 가깝게 사귀고 교제하도록 하고 서로 협력과 봉사를 통해 평화를 창조하고 하나님의 나라 확장에 힘쓴다.

   이민목회는 설교준비와 심방 등으로 교회 내에서 뿐만 아니라 교회가 위치해 있는 지역과 교인들이 살고 있는 커뮤니티 전 영역에 걸쳐 다양한 형태로 봉사하는 데 앞장서야 하는 멀티 미니스트리, 즉 다양성의 복합적 목회이다.

6. 이민신학의 정립

   하나님은 하나님의 나라 건설과 확장을 위해 한인 디아스포라를 향한 독특한 방법으로 준비해 오셨다. 한국의 경제성장과 한국인의 높은 교육열과 이민자들의 급격한 증가와 세계로의 확산과 한인 디아스포라가 가는 곳마다 교회 설립과 부흥과 성장을 불러일으키신 것은 한국과 한인 디아스포라를 통해 세계만국에 복음의 빛을 전하고 세계선교와 하나님 나라 확장을 위한 도구로 사용하기 위한 일임을 알 수 있다.

   한인 디아스포라는 본국의 토양에서 자라다가 뿌리를 옮겨 척박한 이질의 토양에서 다시 뿌리를 내리는 나무와 같아서 온갖 풍랑과 폭우 속에서 매섭게 몰아치는 비바람과 눈보라와 같은 고난과 아픔이 많았지만 죽지 않고 포기하지 않고 메말라 없어지지 않고 끈질긴 생명력을 지닌 작은 겨자씨와 같이 자라고 크고 또 자라서 공중에 날아다니는 새들이 몰려와서 깃을 들이는 큰 나무가 된 것처럼 한인 디아스포라는 뿔뿔이 흩어져 있는 나그네가 아니라 지구촌 곳곳에서 사명과 비전을 갖고 보내심을 받은 하나님의 전권대사인 것이다.

"또 비유를 베풀어 가라사대 천국은 마치 사람이 자기 밭에 갖다 심은 겨자씨 한 알 같으니 이는 모든 씨보다 작은 것이로되 자란 후에는 나물보다 커서 나무가 되매 공중의 새들이 와서 그 가지에 깃들이느니라"(마 13 : 31 - 32).

"너희가 나를 택한 것이 아니요 내가 너희를 택하여 세웠나니 이는 너희로 가서 과실을 맺게 하고 또 너희 과실이 항상 있게 하여 내 이름으로 아버지께 무엇을 구하든지 다 받게 하려 함이니라 내가 이것을 너희에게 명함은 너희로 서로 사랑하게 하려 함이로라"(요 15 : 16 - 17).

선민 이스라엘 디아스포라를 사용하셔서 복음을 세계만방에 전파하는 통로가 되게 하신 것처럼 오늘에는 하나님께서 한인 디아스포라를 부르시고 택하시고 사용하심을 볼 수 있다.

"내가 붙드는 나의 종, 내 마음에 기뻐하는 나의 택한 사람을 보라 내가 나의 신을 그에게 주었은즉 그가 이방에 공의를 베풀리라"(사 42 : 1).

하나님은 아브람을 그의 고향 갈대아 우르를 떠나 가나안 땅으로 이주하게 하셨고, 모든 사람의 축복의 근원이 되게 하였으며, 자랑스러운 믿음의 조상이 되게 하였다. 아브라함은 하나님의 구속역사의 주역으로 사용함을 받았다. 그러므로 아브라함은 모든 디아스포라의 이상적인 모델이 된 것이다. 그의 삶은 하나님의 부르심에 대한 응답의 삶이었다.

한국인 이민자들도 아브라함과 같이 고국과 친척과 고향을 떠나 타국에 거주하면서 교회를 세우고 예배를 드리고 하나님을 찬양하고 복음을 전하며 하나님의 뜻을 따라 거하고 있는 그 땅을 하나님의 약속의 땅, 거룩한 백성이 되게 하기 위해 하나님의 나라 역군으로서 사명을 감당하고 있는 것이다.

"여호와께서 아브람에게 이르시되 너는 너의 본토 친척 아비 집을 떠나 내가 네게 지시할 땅으로 가라 내가 너로 큰 민족을 이루고 네게 복을 주어 네 이름을 창대케 하리니 너는 복의 근원이 될지라"(창 12 : 1-2).

7. 디아스포라 교회의 교육목회 개발

한인 2세들은 현재 거주하고 있는 국가 문화권 속에서 그 나라의 사고와 가치관에 따라서 그들의 생활양식이 형성되어 가고 있다. 2세들은 한국의 전통과 사고의 가치관으로 굳어진 부모들의 문화와는 현저하게 다른 환경 속에서 자라며 교육을 받고 있다. 그래서 부모와 2세들 사이에는 갈등과 대치와 의사소통의 문제가 심각해져 가고 있다. 또한 부모들의 이혼으로 가정이 깨어진 결손 가정 2세들이 늘어나고 있는 실정이며, 부모 모두가 직장에 취업하고 사업에 압도되어 자녀들을 지도할 시간이나 마음의 여유가 없는 것이 이민자들의 삶의 대부분인지라 자녀들은 TV와 놀이기구나 친구들에게 방치되기가 일쑤이다.

2세들은 교회의 가장 귀한 자원이며 이민 사회를 이끌어 갈 후대의 지도자들이다. 그런데도 저들은 한국인이면서 미국인이라는 두 문화권 속에서 갈등과 고민을 하기도 하고, 이질적인 미국문화에 속히 적응하고 동화할 것인가 아니면 한국문화의 정체성을 유지하면서 양쪽을 견지할 것인가, 법적으로는 이민했으나 실제로는 이민하기를 거절하는 심리적 현상, 이와 같은 문제를 놓고 거의 매일 그들만의 생활 속에서 고민하고 갈등을 느끼면서 자라고 있는 것이다. 한국에서 부모들을 따라 이민 와서 미국 문화에 서투르고 영어에 곤란을 겪고 있는 계층이 있고, 미국에서 출생하여 미국 교육을 받아 한국말을 서투르게 하고 영어를 모국어처럼 유창하게 구사하는 계층이 있으며, 미국에 이민 온 지 2년 또는 3년 되어 양쪽 문화에 걸쳐 있는 계층 등으로 분리되어 있는 2세들의 세계이고, 문화적인 실정이다. 그러나 목회자는 그들을 교육해야 하고 좋은 일꾼으로 길러야 한다.

1) 신앙교육을 통해서 하나님의 사랑을 바로 깨닫고 응답하는 삶을 살게 하고, 이민교회를 계승하게 해야 한다.
2) 한국 민족의 뿌리 교육을 통해 자신의 문화적 뿌리에 대한 긍지와 주체성을 가진 신앙인으로서 성장하도록 해야 한다.
3) 이민국의 시민으로서 그 나라와 국민을 사랑하고, 그 나라 발전을 위해 협력하고, 선한 일에 동참하면서 지도자적 유능한 신앙인으로 공헌하게 한다.
4) 복음선교의 사명자로서 땅끝까지 증인의 역할을 하며, 하나님 나라 확장을 위한 복음의 역군이 되게 훈련해야 한다.

8. 해외 한인교회를 위한 한국 교회의 과제와 교육 프로그램 개발

대한예수교장로회총회 교육자원부 주관으로 총회 산하 60개 노회 교육자원부 협력으로 2003년을 해외 한인교회교육과 목회 협력의 해로 정하고 미주한인 이민 100주년 기념대회를 2003년 7월 1일부터 3일까지 미국, 캐나다, 일본, 호주, 남미, 유럽 등 해외한인 디아스포라 교회 교육목회 지도자 150명을 초청, 국내 노회 대표 300명과 함께 서울 영락교회에서 개회예배와 환영 만찬 및 미주이민 100주년 기념 기록영화 상영, 주제강의와 특강, 심포지엄과 한국문화체험 등 낮과 밤의 프로그램은 종로 5가의 연동교회와 한국 교회100주년 기념관에서 프로그램을 진행했고, 나머지 3일간은 해외에서 온 150명을 전국 각 노회와 교회로 파송 모국교회와 교제의 시간을 가지도록 하였다.
디아스포라 교회 지도자들은 모국 교회의 초청과 환대와 좋은 프로그램에 깊은 감명을 받았고, 감사와 고마움의 뜻을 전하면서 고국을 떠나는 모습을 볼 때 큰 격려가 되었다.

디아스포라들에게는 고국교회가 그들을 위해 기도하고 관심을 가져 준다는 것만 해도 감동과 격려가 되는 것이다. 그러므로 모국교회는 해외 한인교회를 위하여 첫째, 교육교재 주일 공과를 공동으로 집필하고 편집 발간하는 일을 시도해야 한다. 둘째, 교회학교 교사 및 교사 후보자교육 프로그램을 공동으로 개발하고 실시한다. 셋째, 디아스포라 교회 목회자들을 위한 교육목회 개발 세미나를 갖는다. 넷째, 디아스포라 교회와 모국교회의 어린이, 중·고 및 청소년, 교사들, 성인들 상호 방문 교환 프로그램을 개발한다. 다섯째, 상호 자매결연을 맺어 찬양 및 기타 문화행사를 서로 교환하는 프로그램과 목회자들의 안식년 교환목회 프로그램도 개발할 수 있다.

이상과 같이 모국교회는 디아스포라 교회를 위해 더 많은 투자와 관심이 요구됨을 기억해야 할 것이다.

II. 결 론

그리스도인은 하나님의 나라와 이 세상의 나라, 즉 두 나라의 시민이다. 세상 나라를 하나님의 나라로 변화케 하고 확장되게 해야 할 사명이 주어져 있다. 겨자씨와 같이 자라게 해야 하고, 누룩과 같이 변화되고 부풀게 해야 한다. 하나님의 나라는 장소적인 개념이 아니라 왕으로서 하나님의 통치와 주권을 의미하며 온 인류와 나라와 세계와 만물과 역사에 미치는 권세인 것이다. 예수 그리스도를 통해 하나님의 나라가 이 땅에 도래하게 되었고, 인간이 경험하고 볼 수 있게 역사화가 된 것이다. 디아스포라는 국외로 흩어진 백성이란 뜻이다. 하나님께서는 예수 그리스도와 구원의 복음 전파를 위한 통로의 역할을 위해 하나님의 택한 백성들을 세계로 흩어진 백성 디아스포라가 되게 했다.

한인 디아스포라는 세계로 향하고 있다. 한인 디아스포라는 어디로 가든지 먼저 디아스포라 교회를 설립한다. 디아스포라는 21세기 세계 복음화와 하나님의 나라 확장을 위해 하나님이 먼저 세계로 보내신 것이다.

* 이 글은 해외 한인교회 교육과 목회 협의회 1998년 8월 20~22일 제1회 제주도 세미나 자료를 보충한 것임.

3. 21세기 이민교회의 교육

최훈진 목사 | 미국장로교총회 아시안계지도자개발담당 총무, 본 협의회 공동부회장

I. 21세기 이민교회가 맞이하는 변혁의 도전

어느 잡지사에서는 20세기를 회고하며 금세기의 가장 영향력을 발휘한 사건 둘을 선정했는데, 인쇄기술의 발명과 종교개혁이 선택되었다. 이 둘은 우연이 아니라 서로 밀접한 관계를 가지고 있다. 16세기에 문예부흥(Renaissance)과 함께 꽃이 핀 종교개혁은 성경의 현대 번역과 더불어 인쇄술의 발달로 이를 가능케 해 주었음을 부인할 수 없다. 이 사건들이 일어난 지 500여 년이 지난 이때에 우리는 다시 한번 16세기 문예부흥과 흡사한 변혁의 시대를 느끼게 한다.

지금 일고 있는 변혁의 물결은 21세기로 진입하는 과정의 과도기적 현상이라기보다 변화를 요구하는 시대적 흐름 때문이라고 생각한다. 이제 우리는 어떤 사회적 변화를 직면하고 있는가를 살펴봄으로써 이민교회의 교육의 방향을 위한 토대를 확인해 보자.

1. 정보화의 도전

인쇄술의 도전 이상으로 오늘날의 사회는 컴퓨터의 도전을 받고 있다. 정보화 체제는 생활 구석구석으로 들어가서 피하기 어려운 삶이 되어 간다. 신앙생활에서도 21세기에 들어서면서 예외가 아닐 것이다.

'21세기 목회'라는 네트워크를 이끌고 있는 신학자 Esaum은 기독교의 역사적 전환점을 지적하면서 그 첫 번을 초대교회의 성경 기록으로 보고, 두 번째로 16세기의 기록된 성경의 번역과 인쇄로 보고, 그 세 번째를 컴퓨터의 정보망(Network)으로 봤다. 컴퓨터를 통한 성경의 보급 정도가 아니라 멀티미디어를 통한 정보망을 통해 지역을 초월한 그리스도인들의 친교와 영상과 가상현실(Virtual Reality)을 통한 예배와 신앙 공동체의 발전 등 이미 기술적으로 가능한 영역의 발전만 하더라도 무궁무진하게 전개가 된다.

이미 젊은 세대는 텔레비전, 비디오, 닌텐도와 함께 자라 왔기 때문에 책보다는 스크린에 더 잘 적응하는 사람이 되어 버렸다. 영상화의 세대(vissualized generation)가 된 것이다. 이들은 일년이 다르게 정보망 속으로 끌려 들어가고 있다. 인터넷과 이메일은 필수품이 되어서 이미 대학교에서는 숙제를 인터넷으로 주고받으며, 학교 등록과 심지어 수양회 등록도 인터넷으로 받고 있다. 여기서 필요한 전화선을 위해 한 집에 두 전화번호를 가지거나 여러 개의 모바일 폰을 가지는 집이 최근 급격히 늘고 있다. 언제든지, 어디서든지, 누구든지, 발달된 정보망을 통해 대화할 수 있는 세상이 되어 가고 있는 것이다. 여기에 뒤떨어지면 문맹자와 같이 컴맹자가 되어 사회생활의 활발한 참여에서부터 소외되어 가는 세상이 오고 있다.

2. 개인화의 도전

한국에서 온 이들에게 개인화란 이기적이고 부정적인 생각을 동반하게 된다. 집단적 문화권 속에서 살아온 이상 당연히 가질 수 있는 생각이다. 그러나 고도로 발달된 기술 문명과 정보화는 한 인간이 그 자신의 가능성을 최대한 발휘하도록 도와주며, 최대한의 행복을 누리도록 이끌어 간다. 소속 집단을 위한 자기희생보다는 개인의 권리를 추구하여 삶의 효율을 극대화시키기 위해 개인화가 먼저 요청된다.

개인화는 전통과 형식보다는 실질적 이익을 더 중요하게 생각하고, 개인의 복리증진이 곧 안정된 사회를 이룬다는 민주적 이상에서부터 나온다. 각자가 세금을 내는 임무를 책임 있게 실천할 뿐만 아니라 낸 세금에 대해 개인에게 돌아오는 권리도 알뜰히 챙기는 사회가 바로 미국이다. 자신의 몫을 분명히 하는 사회 속에서는 희생을 강요하기보다는 개인의 요구를 충족시켜 주려는 방향으로 나아간다. 미국생활 속에 넘치는 선택의 여지들이 이것을 말해 준다.

자신의 취향을 추구할 수 있는 자유로운 환경에서 창의성(creativity)은 개발되어지는 것이다. 물론 개인화에 따르는 단점을 간과해서는 안 되지만, 앞으로의 사회는 기술문명의 발달로 자신의 행복 추구권과 자아실현의 가능성은 더욱 높아지며, 따라서 개인화의 현상은 두드러지게 나타날 것이다. 발달된 상품과 사방에서 개발되는 다양한 쇼핑센터와 같이 교회를 쇼핑하는 교인들과 교훈 후보생들이 얼마나 많이 생기는가? 급속도의 개인화는 이미 진행 중에 있고, 다만 어떤 형태로 수용되며 정착될 것인가에 대한 추측이 남아 있을 뿐이다. 교회가 여기에 어떻게 대처해야 하는가 하는 것은 심각한 과제이다. 한인교회가 미국에서 뿌리를 내리고 영적 지도력을 발휘하려면 개인화의 요구를 긍정적으로 수용하여 개인의 요구에 부응하는 도전을 소화해야만 한다.

3. 대형화의 도전

오늘날의 상점은 갈수록 대형화되어 가고 있다. 쇼핑몰의 등장을 제외하고도 식품점이 백화점을 방불하게 하고, 과거의 학용품점이 백화점의 고객들을 끌고 있고, 서점도 커피숍까지 거느린 대형화의 단계를 밟고 있다. 대형화의 현상은 편리와 전문성을 추구하는 현대인들의 요구에 부응한 것이다. 한 곳에서 다양한 상품 중에서 편리하게, 또 실리 있게 질적으로 고르겠다는 것이다. 대형화는 질을 추구하는 전문화 현상을 불러들이게 된다.

한인교회는 1960년대 후반에서부터 1980년대까지 우후죽순으로 생겨났다. 그러나 1990년대 초기를 전기로 하여 21세기에 들어선 지금은 현상유지의 분위기로 돌아섰다. 과거에는 전도를 열심히 해서 교회를 많이 개척했고, 지금은 전도를 게을리 해서 침체현상을 가져온다고 쉽게 단정하는 것은 판단착오인 것 같다. 오늘날도 과거 못지않게 전도는 계속되고, 교회도 개척되지만 교회성장은 과거와 같이 효과를 거두지 못할 뿐이다.

이제 한인교회는 개척기에서 안정기로 접어든 것이 분명하다. 이미 작은 교회는 계속 작은 교회로 전통을 굳혀 가거나 사라져 가고, 소수의 대형 교회는 미국 사회에서 그 기반을 굳혀 가고 있다. 한인교회도 전문화되어 가고, 동시에 대형화되어 가는 추세이다. 사람들은 교회에 와서 영적 충족뿐만 아니라 사회적, 심리적 요구까지 바라고 있으며, 이제 교회는 교육, 사회봉사, 상담 등 다양한 프로그램을 확대해 가도록 요구를 받고 있다. 제한된 인구와 자원으로 다양한 교인들의 요구에 어떻게 대처하느냐에 대한 창조적 대응이 이민교회의 장래를 가늠하게 될 것이다.

4. 노인화의 도전

인간의 평균 수명은 계속 높아 가고 있으며, 대부분 선진국들은 70대를 돌파했다. 오래 살 뿐만 아니라 더 건강하게 살게 된 것이다. 노인층의 인구는 계속 증가하고 있으며, 60대 이상이 미국 인구의 3분의 1을 차지하고 있다. 과거에는 은퇴 연령인 65세가 되면 건강상의 이유로 이미 일하기에 지쳐 있는 형편이었지만, 오늘날에는 65세가 인생의 한창시기인 것과 같은 착각을 가진다. 문화의 발달이 가져다준 변화이다. 이제는 은퇴했다고 해서 뒷방 늙은이 취급만 할 수도 없을 뿐만 아니라 하늘나라 가기만을 손꼽아 기다리는 입장도 아니다.

교육적으로는 삶의 폭이 훨씬 늘어남으로 말미암아 성인교육의 중요성이 더욱 부각되고, 고등교육기관에서는 평생교육의 체재를 갖추고 중년과 노년층을 교육의 대상으로 포함하고 있다. 일반적으로 더 많은 교육, 더 전문화된 교육이 요구되고 있는 사회가 되어 가고 있는 것이다. 경영대학원, 행정대학원, 신학대학원 등 전문인이 되려면 대학원을 나오는 것이 보편화되어 가며, 대학과정은 더 이상 전문인을 만들기보다는 기초 고등교육기관의 역할을 하는 추세이다. 학위과정 외에도 성인들을 위한 교육기관은 수없이 생겨나고 발전하고 있다. 이제 교육은 더 이상 미래를 준비하는 젊은 세대를 위한 것만이 아니라 삶을 풍성하게 해 주는 방편으로 모든 연령층에, 특히 삶에 여유를 가질 수 있는 노년층에 애용되고 있다.

신실한 헌신과 풍부한 경험을 가진 나이든 교인들이 늘어나고 있는 한인교회에서 어떻게 하면 그들을 긍정적으로 수용하며 동시에 세대교체를 이루어 가느냐 하는 것은 한인교회가 새로운 세기에 다뤄야 할 중요한 과제이다.

5. 다원화의 도전

세계는 날이 갈수록 가까워져 간다. 항공 수단의 발달뿐만 아니라 정보의 홍수, 인터넷의 생활화도 지구촌을 이끌어 가는 데 주된 공헌을 하게 된다. 가까워져서 좋은 점도 많이 있지만 우리는 더불어 사는 생활을 익혀야 한다. 갖가지의 문화가 동화되지 않고 공존하는 세상을 맞이하게 된다. 다문화적 가치관을 개발하여 자신의 정체성을 보존하면서 남의 문화를 이해하고, 그 가치를 인정할 줄 알아야 한다. 사회학자들은 20세기가 공산주의와 민주주의의 사상적 갈등 시기였다면 21세기는 인종적, 종교적 갈등 시기가 될 것이라고 예측한다. 교류가 많을수록 갈등의 소지가 더 많아지기 마련이다.

이제 얼마 있지 않으면 다수였던 백인들이 미국에서 소수가 되며, 소수가 다수가 된다고 한다. 소수민족이 합하여 다수의 파워를 행사한다는 의미가 아니다. 어느 한 인종 집단도 다수의 특권을 누릴 수가 없게 된다는 의미이다. 이때가 되면 소수인종들도 그들의 정체성을 더욱 강력히 표현하게 되고, 사회는 더욱 복잡하게 되어 공존하는 방법을 익히지 못할 때 경쟁에서 낙오되게 된다.

복합문화 사회 속에서는 종교도 다원화의 도전을 받는다. 각 종교가 공존하기 위해 배타성을 양보하여 종교 다원화를 시도하거나 그 반대로 배타성을 더욱 확고히 하여 갈등의 요소들을 배양한다. 그러나 일반 대중들은 종교의 교리보다는 자신의 가치관에 알맞은 종교를 택하는 실리를 택하게 된다. 교회를 예를 든다면 보수주의이든 자유주의이든 관계없이 하나님을 경험하는 교회를 택할 것이며, 필요에 따라서는 프로그램에 따라 이 교회 저 교회로 다니며 실리를 추구하는 현상이 나타날 것이다. 실리를 추구할수록 기독교는 더욱 다원화의 요구를 받게 된다.

미국에서 기독교의 영향이 날이 갈수록 줄어드는 이유는 교회가 살아남기 위해 세속과 타협하고 다른 종교와 공존을 시도해서 더 이상 예언자적 지도력을 발휘하지 못하고 있기 때문이다. 그러나 배타적 교리를 가지고 전도라는 이름으로 다른 종교의 영역을 공략할 때 갈등은 더욱 깊어지게 되는 딜레마 또한 가지고 있다. 미국이 기독교 국가라는 착각에서 벗어나 그리스도인들도 이방 세계에서 핍박도 감수하며 신앙생활을 했던 초대 교인들과 같이 살아야 할 시대가 도래하고 있는 것이다.

II. 21세기를 맞이한 이민교회의 교육 방향

비록 교육은 백년 앞을 바라보고 계획을 세우라고 했지만 우리는 사실 현재 일어나고 있는 변화의 요구에 대처하기에도 허겁지겁한 것이 현실이다. 왜냐하면 우리가 살고 있는 시대는 너무나 변화가 많을 뿐만 아니라 문화의 변화 속도가 과거와는 다르게 전혀 예측할 수 없을 정도로 놀라운 속도로 변화하기 때문에 사실 한 세대를 앞질러 본다는 것은 심히 어려운 시기이다. 앞에서 살펴본 변화의 도전은 다가오는 새로운 세기를 예측하기보다 현재 일어나고 있는 변화의 조짐들을 살펴본 것이라고 해야 정확하다. 그렇다면 21세기를 위한 이민교회의 교육 방향도 앞으로의 한 세대를 위한 준비라고 해야 솔직할 것이다. 변화의 속도로 본다면 과거의 백년은 오늘의 10년에 해당될 수 있을 것이다.

그러나 한 가지 혼돈하지 말아야 할 사실은 우리가 믿는 복음의 본질은 시대의 변화와 관계없이 불변한 것이라는 것이다. 다만 그 전달 방식과 복음을 수용하는 이들의 상황이 달라질 뿐이다. 기독교교육이란 예수 그리스도의 복음을 그 사회적 상황 하에서 가장 효과적으로 전달하여 신앙 공동체로 하여금 그들의 신앙 여정을 효과적으로 이루어 나가도록 돕는 데 그 목적이 있다. 이제 새로운 세기를 살아가면서 이민교회가 준비해야 할 기독교교육의 과제를 분야별로 생각해 보자.

1. 새로운 교육 환경의 개발

개혁신학의 전통을 가진 교회에서는 20세기 초반부터 주일학교 운동에 크게 영향을 받아서 주일학교를 통한 성경공부와 강해식 설교가 강조된 예배가 기독교교육을 이끌어 온 주된 힘이었다. 주일학교 운동은 교단별로 교회학교로 발전되면서 학교식 교육을 신앙교육에 적용하여 20세기의 중반에 그 전성기를 이루게 되었다. 교회 건물은 예배실에 붙여 학교 건물과 같은 교실을 짓고, 교인들을 나이별로 나누어 학생으로 간주하여, 나이에 알맞은 교사를 양육시켜 교육시켜 왔다. 진급과 졸업의 구분을 두었으며, 주일의 많은 시간을 '학생'들은 교실에서 보내게 되었으며, 예배보다는 성경공부가 강조되어 왔다. 그러나 변화의 도전을 받고 있는 오늘날 이러한 교실 중심, 선생 중심의 신앙교육은 효과를 잃어 가고 있다. 교회학교를 통해 신앙훈련을 받은 젊은 세대는 예배에 적응하지 못해 예배에 흥미를 잃어 가고 있는 이 세대가 교회를 계승해야 할 책임을 물려받게 되는 것이다.

21세기 교회교육은 학교 모델을 개혁하여 공동체적 모델을 개발해야 한다. '공동체적 모델'(Communal Model)이라 함은 삶을 그 교육의 장으로 삼는 것이다. 우리는 그동안 교회교육을 교회라는 조직체 안으로 끌어들여 조직체의 일원이 되게 하는 데에 강조점을 두어 왔다. 교육의 강조점이 조직체에서 삶을 함께 나누는 공동체로 옮겨진다면 교육의 환경도 바뀌어야 한다. 다음의 몇 가지 교육환경은 공동체 사역의 기반이 될 수 있다.

1) 문화센터를 통한 신앙교육

교회학교를 통한 기독교교육은 교실에서의 수업을 기본 환경으로 한다. 그러나 신앙교육의 장을 삶으로 옮기려면 교육이 교실로만 제한되어서는 안 된다. 문화란 가치관을 가지고 사는 삶의 방법(away of life)으로 본다면 신앙교육에는 문화를 동반해야만 한다. 여기서 '문화센터'라는 말의 의미는 교회학교를 대치하는 입장에서 쓰인 말이다. 학교식 교육에서 탈피하여 삶을 중심으로 하는 교육을 강조하기 위해서 붙여진 이름인 것이다.

이미 앞서가는 교회에서는 라이프 센터 또는 선교센터 등의 용어로서 학교식 교육을 떠나려고 하는 시도를 하고 있다. 한인교회에서는 한글학교를 운영하는 곳이 많다. 이러한 교육의 장도 문화교육의 한 부분이지만, 다양한 프로그램과 프로젝트를 개발하여 주일 또는 주중에 삶을 중심으로 한 전인적 신앙교육을 펼쳐 나가자는 것이다. 여기에는 한인으로서의 문화전수는 물론이고, 사회 속에서 어떻게 신앙인으로서 사는 방법들을 실습을 통해, 또 모범(Mentorship)을 통해 기독교적 가치관과 생활을 가르친다.

2) 소그룹 사역을 통한 신앙교육

소그룹 사역의 특징은 참가자들이 적극적으로 참여하여 개인의 영적 요구와 필요가 충족될 뿐만 아니라 인도자와 더불어 참가한 모든 사람이 공동으로 신앙성장을 도모하는 데 목적이 있다. 성경공부뿐만 아니라 관심사에 따라 서로 모여 함께 권면하며 성령의 인도하심으로 주어진 과제를 풀어 나가기 위한 모임이다. 또 개인화되어 가는 사회 속에서 함께 신앙의 여정을 나눌 동반자들을 마련해 주며, 실제적으로 그리스도인의 신앙적 친교를 나눌 수 있는 실속 있는 환경을 제공해 준다.

이러한 모임들은 변화에 신속히 대처할 수 있는 정치일 뿐만 아니라 개개인의 필요에 부응하고 다양한 관심사에 민감하게 반응할 수 있다. 획일적인 조직과 교육 내용을 21세기에도 고집한다면 다원화되어 가는 사회를 섬기기에는 너무나도 불편함을 가져오게 되어 불만족의 씨앗을 심어 주게 된다.

3) 가정으로서의 교회

개척기의 이민교회는 언어의 장벽과 문화의 차이로 극심한 세대 차를 경험해 왔고, 그 결과로 1세 회중과 2세 회중이라는 두 회중을 거느리게 되었다. 그러나 한 가정이 두 회중으로 갈라지는 것은 우리가 원하는 것이 아니라 더 나은 대안을 찾을 때까지의 과도기적 조치라고 보아야 하겠다. 영어권의 세대를 위해 영어 예배를 운영하는 것은 당연하면서도 무언가 이가 맞지 않은 것 같은 허전함이 있다. 그것은 교회가 시작부터 가정의 이미지를 가지고 시작했기 때문에 가정의 요소를 갖추지 못한 교회의 허전함일 것이다. 하나님을 아버지로, 교회를 어머니로, 교인들을 자녀로 부르고 있으며, 그리스도인들은 가족관계로 성경에서는 불려지고 있다. 그렇다면 이미 주어진 가정이 교회의 역할을 하게 되면 가장 확실히 그 이미지를 살리게 되는 것이다. 사실 교회 구성의 가장 작은 단위는 가정이 되어야만 튼튼한 교회가 된다는 것을 우리는 경험으로 알고 있다.

2. 이민교회를 위한 커리큘럼의 개발

21세기에 들어서 한인교회는 남의 커리큘럼을 빌려 쓸 것이 아니라 우리에게 맞게 스스로 개발하여 써야 하겠다. 여기서 커리큘럼이라 함은 만들어진 교재를 말하는 것이 아니라 교재를 포함한 교육과정을 말한다. 교육과정이란 교재뿐만 아니라 가르치는 자와 배우는 자와 교육내용이 어울려 진행되는 미리 고안된 계획을 말한다. 꼭 한인에 의해서 기록된 교재가 아니더라도 교안을 작성하는 과정에서 도움이 되는 어떤 자료라도 교재로 사용될 수 있을 뿐만 아니라 동원될 수 있는 인적 자원까지도 포함해야 한다.

이제는 이민교회의 신앙교육에 알맞은 교육 과정의 개발을 위해서는 동원될 많은 자원들이 우리 가운데 축적되어 있다. 다만 얼마나 의

도적으로 노력하여 개발하느냐에 따라 교육이 얼마나 효과적으로 이루어지느냐가 결정되는 것이다. 다음의 몇 가지 사항들을 커리큘럼 개발을 위해 제안한다.

1) 정착의 신학

신앙교육 과정을 개발하는 데는 신학이 바탕이 되어야 한다. 이민교회가 전개하는 신학은 이민신학이다. 이민의 경험을 통해 하나님의 역사를 전개하고, 교회의 존재의미를 추구하는 것을 이민신학이라고 한다면 우리는 이민 100년의 역사를 넘긴 한인교회의 입장에서 다시 한번 신학적 추구를 할 필요가 있다. 개척자의 사명을 감당했던 1세들이 후진으로 물러나고 후계자들인 1.5세와 2세, 3세들이 교회의 지도력을 발휘할 때 그들을 이끌 신학은 순례자의 신학보다는 정착의 신학이 되어야 되겠다. 조국을 떠나 아브라함과 같이 이방 땅에 오게 된 1세들에게는 떠남의 의미가 의미 있게 다가오며 신앙적인 눈으로 볼 때 순례자의 부름을 느끼게 하지만, 자신의 의지로 이민을 오지 않은 세대가 주역이 될 때는 오히려 순례자보다는 가나안 복지에 정착하는 여호수아의 믿음이 필요하고 예언자 예레미야의 정착의 메시지가 더 마음에 다가온다.

2세와 3세를 위한 이민신학이 필요하다. 삶의 길잡이로 하나님의 말씀을 가르치기 위해서는 먼저 신학적 연구가 앞서서 교육과정을 개발하는 자들의 길잡이가 되어야 한다. 이것은 교사들에게 맡겨지기 이전에 설교에서, 신학교의 강단에서 먼저 이루어져야 할 일이다. 설교를 맡은 목회자들은 교회의 신학자로서 자신의 신학을 정립해야 한다. 신학적 설교를 하자는 것이 아니라 신학을 가진 설교를 하자는 것이다. 신앙교육도 미국 사회의 유행과 교인의 요구에만 따라갈 것이 아니라 우리의 이민 환경에 맞게 연구되어 한인교회가 필요로 하는 교육으로, 이 사회에 새로운 영적 영향력을 발휘할 수 있는 교육으로 연구되어 가야 하겠다.

2) 영적 훈련

신앙교육의 커리큘럼은 지식의 전달에서 그쳐서는 안 된다. 실리적이고도 질을 중요하게 여기는 새로운 세대들에게는 삶의 의미와 영적 변화를 추구하는 경험을 요구한다. 그렇다면 신앙교육도 연구에서부터 훈련으로 그 방식을 바꾸어야 한다. 성경을 많이 안다는 것과 하나님의 인도하심 속에 거한다는 것은 전혀 다른 일이나 영적 인도를 받기 위해서는 공부가 아니라 훈련이 필요하다. 우리가 흔히 쓰는 '성경공부'도 이러한 면에서 볼 때 우리에게 '말씀훈련'이 되어야 되겠다. 교회학교의 모델에서는 성경도 공부해야 할 대상이지만, 삶을 바탕으로 하는 공동체 모델에서는 성경은 훈련대상이 되는 것이다. 커리큘럼도 훈련을 목표에 두고 작성되어야 한다.

세상이 더 기계화되고 정보화될수록 영적 요구는 더 커지기 마련이다. 정보의 홍수 속에서 수많은 지식을 이겨 내기 위해서는 또 하나의 정보를 추가하는 것이 아니라 이 홍수를 관리할 영적 무장이 필요한 것이다. 21세기를 사는 그리스도인들에게는 생활 속에서 개발되어지는 영적 훈련이 필요하다.

3) 다문화 교육

이중문화란 용어는 1세와 2세가 긴장 상태에 있을 때 더 많이 활용되는 것 같다. 21세기에서는 세대 간의 긴장이 새로운 국면으로 나가게 된다. 한국어를 쓰는 1세와 영어권의 2세, 3세가 공존하며 1세들도 영어를 불편 없이 구사하는 숫자가 늘어나서 언어의 장벽은 지금보다 훨씬 완화될 전망이며, 교회에서 영어의 활용이 늘어날 전망이다. 그러나 2세와 3세가 성인으로 자라면서 정착된 영어예배를 통해 교인이 된 그들의 배우자 등 비한인이 더 늘어나게 되면 이중문화가 아니라 다문화를 추구해야만 한다.

다문화 교육(Multicultural Education)을 추구하는 커리큘럼은 서로의 문화를 비교하며 서로 경험할 수 있는 복합문화 교육(Cross-cultural Education)을 필요로 한다. 다문화 교육이란 서로의 문화를 이해하고 존중해서 공존하도록 하지만, 복합문화 교육은 서로 다른 문화를 경험하게 하여, 그 장점을 삶의 일부로 나눠 동화시키는 데 있다. 이민교회의 교육은 다문화뿐만 아니라 복합문화를 지향해야 한다. 왜냐하면 2세, 3세를 기준으로 한다면 그들이 익힌 문화 자체가 복합적이기 때문이다. 이민교회의 커리큘럼은 한국 문화와 미국 문화의 공존뿐만 아니라 많은 비한국적 문화를 포함하여 문화적 다양성을 추구해야만 한다. 세계는 점점 좁아 가고, 문화는 더욱 다원화되기 때문이다.

3. 새 시대를 위한 지도자 개발

새로운 세기를 새롭게 맞이하기 위해서는 새로운 지도자가 양성되어야 한다. 어떤 지도자를 어떻게 길러야 할까? 지도자의 개발은 단시일에 되는 것이 아니다. 지도자는 태어나는 것이 아니라 '사회적 요구'와 '목적 있는 투자'와 '앞서는 계획'이 서로 어울려 만들어지게 된다. 21세기형 지도자를 개발하기 위한 몇 가지 제안을 해 보자.

1) 섬김의 지도력

21세기가 필요로 하는 영적 지도력의 유형은 섬김의 지도력이라고 예측한다. 개인화의 추세 속에서 발휘하는 지도력은 예수님께서 몸소 제자들의 발을 씻기시며 자신을 죽기까지 내어놓으신 섬김으로써 지도자가 되는 본을 따르는 것이 시대의 흐름과 잘 조화되기 때문이다. 권위는 실리를 위해 기꺼이 포기하는 것이 미래를 주도할 오늘날의 젊은 이들이다. 권위가 지도력의 핵심을 이루던 시기는 전 세기로 지나가고, 전문성과 영성을 갖춘 섬김이 지도력의 핵심을 차지하게 된다. 실리와 체험을 중요시하는 세대를 이끌어 가는 지도자는 이것을 공급해 줄 수가 있어야 하기 때문이다.

　섬김의 지도력은 학문적 노력으로 얻어지는 것이 아니라 체험적 신앙과 사랑과 헌신을 바탕으로 하는 영적 훈련에서 개발된다. 이것을 위해서는 훈련과 사역의 체험을 동반하는 인격적 관계 속에서 되어 가는 것이다. 자신이 존경하고 따르는 멘토(Mentor)의 모범으로부터 배우는 Mentorship은 영성 훈련을 통해 섬김의 지도력을 개발하기에 좋은 방법이다. 이것은 지도자와 따르는 자의 인격적 교류와 신뢰가 먼저 이루어져야 한다. 그 좋은 예로는 예수님이 12제자를 훈련한 방법이 있다.

2) 평신도 지도력

　그동안 한인교회는 목회자 중심의 교회로 비춰져 왔다. 그러나 참여가 권장되는 공동체적 신앙교육에는 평신도의 역할이 증대된다. 정보의 혁명 속에 있는 평신도는 더 이상 못 배운 사람들이 아니다. 신앙의 정보도 그들의 안방까지 깊숙이 들어와 있다. 다만 이 정보들을 어떻게 활용하여 그들의 신앙적 지도력을 하나님의 사역에 쓰이도록 극대화하느냐가 과제일 뿐이다. 평신도의 지도력을 개발하기 위해서는 먼저 평신도들에게 지도력을 행사할 분위기와 기회를 허용해야 한다. 성직자와 평신도를 구분해서 평신도를 2등 그리스도인으로 만들 것이 아니라 성직자가 먼저 평신도들과 지도력을 나누며, 그들을 지도자로 인정해 주어야 지도력 개발의 동기를 얻게 된다.

　지도자를 개발하기 위해서는 상명하달식의 명령체계가 아니라 스스로 이루어 나갈 동기 부여가 중요하다. 윗사람의 눈치를 보지 않고 자기가 맡은 사역을 동역자들과 의논하여 창조적으로 수행할 수 있도록 분위기를 만들어 주어야 지도력은 개발이 된다. 비록 이러한 과정이 복잡하여 비효율적으로 보일 수도 있지만, 지도력의 개발은 하나님의 사역을 증폭해 주는 효과를 보게 된다. 예수님도 그의 사역전략이 지도자 개발에 있었으며, 계획한 대로 그가 승천한 후에 훈련시킨 제자들은 세계 복음화의 사역을 감당할 수 있었다. 이민교회가 미국 사회에 공헌하기 위해서는 훈련된 제자들이 필요하다.

3) 지도자의 세대교체

지도자의 세대교체 없이는 이민교회는 다음 세대로 이어져 나갈 수 없음이 자명하다. 신앙의 계승은 곧 지도자의 교체에 있다. 이민교회의 미래는 교체할 세대의 지도자를 어떻게 개발하느냐에 그 존폐가 달려 있다. 이제 이민교회가 영적으로 자립하기 위해서는 목회자 수입을 그만하고 자체 개발을 해야 할 때이다. 목회자 개발 문제는 개체 교회가 감당할 수 없는 문제로서 온 교회가 협력해야 할 일이다.

목회자뿐만 아니라 평신도 지도자들도 세대교체의 방법을 정착시켜서 개척을 주도한 지도자들이 안심하고 후진에게 교회를 맡겨야 하겠다. 21세기에는 교회 개척을 주도한 지도자들이 결국 사라지게 될 시기이다. 지금이라도 후속 지도자들을 양성하자. 가장 좋은 방법은 앞에서도 말한 바와 같이 그들에게 기회를 주어 지도력을 공유하는 것이다. 원활한 세대교체가 없이는 21세기가 약속되어 있지 않다. 지금부터 젊은 세대들의 지도력을 길러 준다면 서서히 또한 원활하게 지도력은 계승되어 갈 것이다. 이민교회 속에 지도자는 무수히 있다. 다만, 그들의 가능성을 어떻게 개발하느냐가 우리들에게 주어진 과제이다.

특히 영어권의 목회자들의 개발은 온 교회가 노력하고 투자해야 할 시급한 과제이다. 마치 선교지에서 훈련시켜 사역의 동역자로 삼듯이, 우리는 2세들 가운데서 의도적으로 지도자를 발굴하여 훈련시켜야 한다. 그렇지 않으면 한인교회는 오랜 세월 동안 1세 위주의 교회가 되어 문화적으로 게토화되어 우리의 가능성을 충분히 개발하지 못하고 보다 더 큰 사역을 향한 부르심에 응답하지 못할 것이다. 지도자의 개발은 이민교회의 교육을 보다 더 효과적으로 하기 위해서가 아니라 이민교회의 존폐를 결정짓는 중요한 과제이다. 오늘의 교회성장과 선교도 중요하지만 미래의 지도자들 개발하는 일에 박차를 가하자.

21세기의 이민교회의 승패가 그들에게 달려 있기 때문이다.

4. 호주 한인교회의 목회와 지도력

홍길복 목사 | 시드니 우리교회 담임, 미주한인장로회 호주노회장

1. 호 주

호주에는 최소한 약 3만 년 전부터 사람들이 살아왔다. '애버리진' (Aborigine)이라고 불리는 원주민들이다. 1770년 영국의 해군제독 제임스 쿡(James Cook)이 이 땅에 와 영국의 국기를 꽂고, 영국의 부속영토라고 선언하였을 때 호주는 빈 땅이 아니었으며, 이미 60~70만 명 정도의 원주민이 살고 있었다. 그들은 자신들의 고유한 문화언어, 그리고 전통과 종교를 간직해 오고 있었다.

지금도 역사를 보는 눈에 따라 논쟁이 계속되고 있지만 쿡이 호주 대륙을 발견하고, 이 땅을 점령한 것은 하나의 침략행위(invasion)일 수도 있고, 아니면 앞서 간 서구문명을 이 미개한 땅으로 옮겨 온 것이라고 해석할 수도 있다. 그러나 이 문제는 아직 해결되지 못한 숙제로, 호주의 백인들에게는 깊숙이 뿌리박힌 침략자로서의 원죄의식으로 남아 있기에, 언젠가는 이들 원주민들과의 화해 문제를 '화해와 용서'로 풀

어내야 하리라고 본다.

  기록에 따르면 1600년대 초엽에 이미 네덜란드 사람들이 호주 땅에 첫발을 내디뎠다. 하지만 서구의 백인들이 본격적으로 이 땅에 밀려오기 시작한 것은 1788년 이후부터이다. 그해 1월 26일 영국 정부는 750여 명의 죄수들(convicts)과 간수들을 포함한 1,500여 명의 영국인들을 총독 필립 아서(Philip Arthur)와 함께 시드니 항구에 내려놓았다. 영국은 그 즈음 미국과의 독립운동에서 패하면서부터, 새롭게 발견한 호주 대륙을 산업혁명과 함께 시작된 사회적 범죄의 증가로 생겨난 죄수들을 수용할 유형지로 선택했기 때문이다. 이로부터 1850년대까지 영국은 약 50만 명의 죄수들을 이 남태평양에 있는 '세계에서 가장 작은 대륙이며, 동시에 세계에서 가장 큰 섬'인 호주로 이주시켰다. 오늘의 호주는 유형지로 출발함으로써 이들 죄수들의 눈물과 아픔과 한을 간직하고 있는 땅이다.

  영국 정부는 1800년대 초엽부터 또한 많은 자유이주자들(free settler)을 이 땅으로 보내기 시작하였다. 이때는 주로 낙농업이나 목축업에 종사하는 사람들이 꿈을 지니고 이주해 오기 시작하였으며, 이들은 이미 왔던 죄수들, 또 형기를 마치고 정착한 전 죄수들(emancipists)과 더불어 새로운 꿈을 이루어 나가기 위한 힘겨운 노력을 경주하였다. 죄수, 죄수의 후예들, 그리고 자유이주자들은 서로 뒤섞여 가면서 뼈아픈 갈등과 대결을 거친 후 아름다운 타협과 화해로 호주의 기초를 놓은 사람들이다.

  1850년대에 들어 뉴 사우스 웨일즈(New South Wales)에 있는 배떠스트(Bathust)와 빅토리아(Victoria)에 있는 발라랏트(Balarat) 등 여러 곳에서 금광이 발견되었다. 골드러시(gold rush)가 시작된 것이다. 이때부터 인구는 크게 늘어나기 시작하였고, 아시아에서는 중국 사람들이 첫 이주를 시작하게 되었다. 그러므로 중국 사람들은 호주에 150년 이상의 이민역사를 가지고 있는 셈이다.

1901년 1월 1일, 드디어 호주연방정부가 탄생되었다. 6개의 주와 2개의 특별지역(territoties)으로 구성된 이 나라는 지금도 영국의 여왕을 국가의 수장으로 삼고 있는 영연방국가(Commonwealth) 가운데 하나이다.

제2차 세계대전이 끝나면서 호주는 남부 유럽으로부터 많은 이민자들을 받기 시작하였다. 이는 물론 두 번에 걸친 세계대전에 참여한 호주 정부가 종전 후 각국이 벌리는 전후 복구사업에 함께한다는 뜻도 있었지만, 이 넓은 대륙에서는 좀처럼 인구가 증가되지 않아 국가의 균형적 발전이 이루어지지 않고 있으므로 이민을 통하여 인구를 늘려 국가개발을 시도하려는 것이었다. 이때부터 이탈리아, 유고, 그리스, 터키, 레바논 등 유럽으로부터의 이민이 본격화되었다.

최근의 통계에 따르면 호주의 인구는 약 2천만 정도이다. 원주민은 약 38만 명이며, 호주 밖에서 출생하여 이 땅에 살고 있는 사람은 전체 인구의 약 25%인 5백만 명 정도가 된다. 물론 영국을 비롯한 유럽계의 사람들이 인구의 80%를 상회하고 있으며, 아시아 계통은 중국계 40만, 월남계 30만, 한국계 5만을 포함하여 10%에 미치지 못하고 있다.

호주의 국토는 총 770만 평방킬로미터에 이른다. 남북한을 합한 대한민국 국토의 35배요, 영국의 32배이며, 알라스카를 제외한 미국 본토와 비슷한 넓이이다. 하지만 인구는 아직 2천만 명 정도이기에 호주는 더 많은 이민을 받을 수 있고, 또 그렇게 해야 국가의 생존력도 높아진다. 현재 호주 정부는 1년에 약 8만 명 정도만 이민을 받고 있는데, 이것은 주류문화인 앵글로 색슨(Anglo-Saxon) 문화가 다른 문화의 유입으로 인하여 계속 보존되고 유지될 수 있는지를 고려하기 때문이다.

그럼에도 불구하고 호주는 현저히 다문화사회(multicultural society)로 변화되어 가고 있다. 현재 호주에는 약 150개의 나라에서 다른 문화와 언어의 배경을 지닌 사람들이 와서 함께 머물며 살아가고 있다. 1973년에는 거의 90년을 지켜 왔던 백호주의 정책(White Australian Policy)을 폐기하였다. 지금은 제각기 다른 전통, 문화, 언어, 의상, 음식, 역사, 종교를 지닌 사람들이 더불어 함께(living together) 살면서, 호주를 더욱 풍요롭게 하고 있다. 호주라고 불리는 정원에는 장미만 피어 있는 것이 아니라 와라타, 릴리, 무궁화 등이 함께 피어나 이 꽃밭을 정말 아름답고 향기롭게 하고 있다.

지리적으로 호주는 아시아 영역에 속해 있다. 한때 호주 사람들은 '거리상의 딜레마'(distance dilemma)에 빠져 있던 적이 있었다. 호주의 주류문화는 영국을 비롯한 유럽문화인데 호주가 자리잡고 있는 지리상의 위치는 아시아 영역에 속해 있고, 경제적으로도 가면 갈수록 아시아와의 관계가 깊어 가고 있기 때문에 거리상으로 수만 킬로미터나 떨어져 있는 영국과 유럽에 대해서는 갈등이 생겨난다는 말이다. 국민 정서와 문화적 전통에 대한 향수로서는 유럽과 영국이 한없이 그립지만, 거리상으로 볼 때는 너무 멀리 떨어져 있으므로 딜레마에 빠진 것이다. 그러나 현재 호주의 미래를 내다보는 사람들은 서슴없이 이렇게 말하고 있다. "우리는 이제 하얀 얼굴을 한 아시아 사람들입니다"(We are white Asians). 호주는 이제 아시아 영역에서 아시아의 여러 나라들과 더불어 정치, 경제, 외교를 비롯한 문화와 학술, 예술과 스포츠를 함께 나눌 수밖에 없음을 인정하게 된 것이다.

2. 호주의 교회

1788년 영국의 죄수들은 그들의 문화와 관습들과 더불어 기독교 신앙을 가지고 토착 원주민들만 살고 있던 호주 땅에 도착하였다. 그 첫 배(The First Fleet) 안에는 리차드 존슨(Richard Johnson)이라는 영국 국교회인 성공회의 신부도 함께 있었는데, 그는 군목인 동시에 치안 재판관으로 처음부터 막강한 영향력을 행사하였다. 영국계 백인들의 호주는 이렇게 처음부터 기독교를 바탕으로 시작되고 발전된 것이다.

그러나 대부분의 현대국가들과 마찬가지로 현대 호주도 국교를 인정하지 않고 있다. 비록 기독교인들이 전체 국민의 절대 다수를 가지고 있다 하더라도 기독교가 국교는 아니다. 오히려 호주는 사회주의적 색채를 가미한 자본주의를 바탕으로 인본주의와 세속주의 국가이지 기독교적 이상이나 문화와는 거리를 가지고 있다.

호주 국민 중 약 75%인 1,300만 명 정도가 기독교인이다. 지난 인구조사에 의하면 천주교와 성공회 신도들이 국민의 각각 30% 정도씩을 점하고 있다. 나머지는 호주연합교회, 장로교회, 침례교회 등 개신교 신도들이다. 교인들 중 정기적으로 주일예배나 미사에 참여하는 신도들은 전체 기독교인 중 약 10% 정도로 130만 명쯤 된다. 그리고 또다른 10% 정도는 한두 달에 한 번 정도나 부정기적으로 성당이나 교회를 찾는다. 나머지 80%는 일년에 한두 번 부활절이나 성탄절, 가족의 결혼식이나 장례식 혹은 세례식 같은 때 참석할 뿐이다.

그럼에도 불구하고 호주는 많은 부분에서 기독교적 문화와 그 영향력 아래 있음을 발견하게 된다. 각 주에 따라 약간의 차이가 있기는 하지만 아직도 초등학교와 중등학교의 공립학교들이 성경을 가르치고 있다. 주일이 되면 TV들은 공영방송까지도 교회의 예배나 미사를 중계하고 성경공부를 인도한다. 전국 사립학교의 90% 이상이 교회에 의해 설립되었고, 운영되고 있다. 해마다 교인들의 숫자는 약간씩 줄어들고 있지만 기독교적 봉사와 가치관들이 이 사회의 기초적인 것으로 자리를 잡고 있다. 영국 여왕은 성공회의 수장으로서, 부활절이나 성탄절이 되면 방송과 TV로 모든 호주 국민들에게 하나님의 축복을 빌어 준다.

호주 교회를 이야기할 때 우리는 호주연합교회(The Uniting Church in Australia)를 말하지 않을 수 없다. 호주연합교회는 대한예수교장로회(통합), 한국기독교장로회, 그리고 기독교대한감리회와 선교협정을 맺고 있는 자매교회(partner church)이다. 1977년 호주장로교회, 감리교회, 그리고 회중교회는 '호주연합교회' 라는 새로운 이름으로 통합하였다. 준비된 통합합의서(Basis of Union)는 각 지교회에 수의하여 투표한 결과

감리교회와 회중교회는 거의 100%에 가깝게 연합교회에 참여하였고, 장로교회는 약 70% 정도가 참여하였다. 원래 호주장로교회는 1889년 조셉 헨리 데이비스(Joseph Henry Davies) 선교사를 한국에 파송한 이후 현재까지 130여 명의 선교사들을 한국에 파송하였다. 그들은 주로 경상남도 지방에서 학교와 병원을 세우고 교회를 개척하였다. 그리고 지난날 이 모든 장로교회의 선교역사를 지금은 호주연합교회가 계승하여 이어 오고 있다.

호주 교회의 일치를 위한 노력은 사실 호주연방정부가 탄생되었던 1900년대 초엽까지 거슬러 올라간다. 초창기 주로 영국에서 이 땅으로 이주해 온 사람들 가운데서도 특히 스코틀랜드에서 온 사람들은 장로교회를 설립하였고, 영국에서 온 사람들은 감리교회를 개척하였으며, 웨일즈에서 온 사람들은 회중교회를 세웠다. 이들은 새로운 땅 호주에 와 살면서도 영국적 전통과 그 교회의 울타리를 온전히 벗어나지 못하였다. 그런데 그들은 이제 새로운 연방정부의 탄생을 보면서 교회 또한 이 새 나라에 걸맞는 새 교회의 모습을 그려 보게 된 것이다. 오랜 논의와 협력, 연구, 기도 끝에 성령의 인도하심 속에서 일치의 열매가 맺어진 것은 70년의 세월이 지난 뒤였다. 그러므로 호주연합교회의 탄생은 단순히 분열된 교회들이 캐나다, 남인도, 그리고 일본에서처럼 하나로 통합되어 에큐메니칼 운동의 차원에서만 희망의 상징이 된 것이 아니라 수만리 멀고 먼 땅 영국의 모교회로부터 독립하여 새 시대 새 땅에서 성숙한 교회, 책임적인 교회로 자리매김하여 '호주를 위한 호주교회'로 태어난 새 역사로 말할 수 있는 것이다.

이렇게 출발한 호주연합교회는 출발된 지 약 10년인 1985년 총회에서 '호주연합교회는 다문화교회'임을 선언하였다. "The Uniting Church in Australia is a Multicultural Church."라고 하는 신학적 선언은 호주연합교회가 초기의 교단 통합이나 교회일치 운동의 차원을 넘어서 이제는 "민족과 문화, 언어와 전통, 성별과 세대까지도 복음 안에서 일치를 이루어 나간다."는 신앙고백을 확실하게 천명한 것이다. 호주연합교회는 이 교단 안에 소속된 약 120여 개의 다른 소수민족교회들과 더불어 하나님이 주신 이 다양한 문화 속에서 인간의 역사와 제도가 만들어 놓았던 장벽을 뛰어넘어 '나라와 족속과 방언과 백성들' 모두에게 전할 참된 복음의 증인이 될 것을 온 누리에 밝히 선포하였다(계 14 : 6).

3. 호주 한인사회와 한인교회

호주에 살고 있는 한인들은 약 5~6만 명 정도이다. 정부의 통계에 따르면 영주권이나 시민권을 지니고 합법적으로 살고 있는 사람들로서, 한국이나 호주에서 출생한 한국계 호주인(Korean – Australian)을 그렇게 보고 있다. 그러나 장·단기 방문자들, 유학생들, 언어연수생들, 외교관과 주재 상사원들과 그의 가족들을 모두 합하면 약 8~9만 정도가 되리라고 본다. 이들 중 약 80%가 시드니에 집중되어 있으며, 멜버른과 브리즈번 등 기타 도시에 흩어져 있다.

호주에 한국 사람들이 본격적으로 정착하기 시작한 것은 1974년 월남전쟁이 끝날 무렵부터였다. 마침 1973년은 호주 정부가 공식적으로 백호주의 정책을 폐기했던 해였기에 이때를 기점으로 하여 그 이전과 이후로 나누어 보는 것은 자연스럽다 할 수 있다.

월남전이 끝나기 이전에 호주에 살고 있던 한국인들을 보면 6·25전쟁에 참전했던 호주 군인들과 결혼한 여성들 몇 명, 그때 종군하여 통역관으로 일했던 몇 사람, 한국 선교사들에게 입양된 고아들 약간 명, 콜롬보 계획에 따라 유학생으로 와서 공부하고 정착한 몇몇 가정들, 그리고 소수의 상사 직원들과 외교관들 몇 가족이 전부라고 할 수 있겠다. 호주에 온 한국인들의 이민역사는 이제 갓 30년이 넘어섰다. 이민 1세대권에 속해 있는 분들의 증언에 의하면 1973년경 시드니의 한국인들은 모두 30세대 정도였던 것으로 알려지고 있다.

그러나 1974년을 전후하여 월남에 가 있던 한국인들이 약 3~4백 명 정도 호주로 건너 와 영주권이 없는 상태에서 직장을 잡고 일을 하게 되었다. 그러던 중 1976년 호주 정부는 일반 사면령을 내렸고, 이때 많은 한국인들이 영주권을 받아 한국에 있던 가족들을 호주로 데려오게 되었다. 한편 중동이나 남미에 흩어져 있던 한국인들 가운데서도 호주에 와 있던 친구나 친지들로부터 이야기를 듣고 단기 비자를 받아 이곳에 와서 일하던 중 다시 사면령을 통하여 영주권을 받고 가족들을 불러온 사람들이 적지 않다. 필자가 1980년 6월 시드니에 왔을 때 이곳에는 약 2천 명의 한인들과 5개의 교회, 3개의 한국식품점, 그리고 2개의 한국식당이 있었다. 우리나라 사람들의 호주이민은 확실히 월남에 가 있던 우리 동포들이 이곳에 와 정착하기 시작할 때부터 본격화되었다고 말할 수 있다.

1980년대 중반 이후 한국에서는 호주이민에 관한 관심이 크게 높아지기 시작하였다. 이때는 주로 컴퓨터 계통의 기술자들과 고학력 젊은 사람들이 영주권을 얻어 취업이민을 왔다. 1980년대 말에는 호주에 사는 한인 숫자가 거의 2만 명에 이르게 되었다. 1990년대 초에 들어서자 이민의 양상이 달라지기 시작하였다. 이때부터는 주로 사업이민 혹은 투자이민이 주종을 이루게 되었다. 그러나 이 역시 쉬운 일은 아니었다. 언어, 관습, 법규 등이 생소하고 판이한 것은 두말할 것도 없고, 넉넉하지 않은 소자본으로 사업을 이루어 간다는 것은 무척이나 힘든 일이었다. 그래서 적지 않은 사람들이 교육적 이유로 인해 자녀들만 남겨놓고 한국과 호주를 오가며 힘들고 어려운 삶을 살게 되었다. 기러기 아빠, 기러기 엄마, 기러기 가정들은 여기서부터 만들어진 말들이다.

한편 지난 20여 년 동안 유학생들도 많이 증가하였다. 세계화 추세에 따라 한국 정부의 교육정책은 변화를 거듭하였고, 언어 연수생들은 해마다 1만 명 이상이나 호주에 와 영어공부를 하고 돌아간다. 또한 비슷한 숫자의 워킹홀리데이 비자(Working Holiday Visa)로 이곳을 다녀

가는 젊은이들이 증가 추세에 있다. 그리하여 이곳 호주의 큰 도시에는 한국인들이 집단적으로 모이는 거리와 상가가 형성되고 있다.

　호주에 살고 있는 한국인들은 자영업을 가장 많이 한다. 소규모의 구멍가게로부터 시작하여 청소, 식당, 미용원, 식품점 등을 거쳐 무역업에 이르기까지 다양하다. 자녀들은 이 사회에서 점점 두각을 나타내고 세계 시민으로 발돋움하고 있다. 이민 1.5세나 2세들이 눈에 띄게 전문직종으로 진출해 나가고 있는 것이다.

　이런 와중에 많은 한국인들이 정체성의 상실과 위기의식을 경험하게 된다. "나는 누구인가? 한국인인가 아니면 호주인인가?" 서글픈 변방인이요, 중간자로서의 아픔을 지니고 살아갈 때도 많이 있다.

　호주에는 약 250개 정도의 한인교회가 있다. 1973년 멜버른에서 처음으로 한인교회가 시작된 후, 1974년에는 시드니에서 한인교회가 출발하였다. 두 곳 모두 한국에 선교사로 가 있던 이들이 돌아와서 세운 교회였으나 이후 한국인 목사들에 의해서 교회는 크게 성장되었다. 한편 단순 인구비례로 볼 때 교회 숫자가 너무 많은 것은 염려의 정도를 지나 지탄의 대상이 되고 있는 것도 현실이다. 이는 사실 호주에 있는 한인교회들이 직면하고 있는 가장 큰 문제점 가운데 하나이다.

　현재 시드니만 해도 한인교회는 180개가 넘는다. 가정에서 예배드리는 교회까지 고려한다면 210여 개가 되리라 본다. 멜버른, 골드코스트, 브리스번, 퍼스, 아델라이드, 호바트 등지에 있는 한인교회도 60개 이상이다. 호주 전역에는 300여 개가 되리라 짐작된다. 여행객이나 방문자 모두를 포함한 한국인의 총계는 넉넉히 잡아서 10만 명이라 하더라도 인구 300명당 교회가 하나씩이라는 계산이 된다.

　호주에는 아직 체계적인 보고가 없지만 미국의 경우 전체 한인교회의 80% 이상이 신도 100명 미만인 것으로 조사되고 있다. 비슷한 이민사회라는 것을 전제로 하고, 여기에 대입해 본다면 호주에 있는 300여 개의 한인교회 중 240개 이상은 100명 미만이라는 말이 된다. 이는 교회의 목회적, 선교적, 교육적 및 재정적 능력이 무척이나 취약해 있다는 표시가 된다.

교회가 수적으로 지나치게 많은 것은 여러 가지 원인이 있을 수 있다. 안정되지 않은 이민자의 삶 속에서 목회자들과 신도들 또는 신도와 신도들 사이에 계속된 갈등들이 교회를 많이 분열시켜 왔다. 계획적인 선교의 차원에서 교회를 개척하는 경우도 있기는 하지만 그렇게 많지는 않고, 대부분의 경우는 분열에 분열을 거듭해 숫자만 많이 늘어났다. 또 한국 개신교의 수많은 교파들이 이민지에 그들의 교파 교회를 세우려고 한 원인도 있겠다. 여기에 호주에 있는 교단에 속해 있는 교회들까지 합쳐 이민교회는 한국보다 오히려 더 많은 교파의 난맥상을 이루게 된다.

하지만 교회의 숫자가 비정상적으로 증가된 가장 큰 이유는 목사의 숫자가 많아졌기 때문이다. 이민성 계통의 비공식적 보고에 의하면 현재 호주에는 한국인 목사와 전도사가 7백 명 이상이나 체류 중인 것으로 나타났다. 종교사역자들은 종교사역 이외에 다른 일에 종사하는 것은 매우 힘들어한다. 어떤 다른 전문직보다 종교사역자들은 그 전문성이 너무 한정적이기 때문이다.

지난 30여 년 동안 한국 교회는 목회자를 지나치게 과잉공급해 왔다. 수요보다 초과된 공급이 질과 수준을 떨어뜨리고 가치를 하락시켰다. 한국 교회는 한국의 경제성장과 함께 교회성장을 경쟁해 왔다. '한 집 건너 다방, 두 집 건너 술집, 세 집 건너 교회'가 1970년대, 1980년대 한국사회의 모습이었다. 뻗어 가는 고속도로와 늘어 가는 GNP에 질세라 교회 또한 우후죽순으로 늘어 갔다. 도시에서는 한 빌딩 안에 교회가 2, 3개씩 있는 경우도 적지 않았다. 신학교마다 경쟁적으로 목사를 배출해 냈다. 처음 20여 년 동안은 개척교회 또한 어느 정도 '되는 사업' 중 하나였다. 그러나 1990년대 이후 교회성장은 많이 둔화되었다. 그동안 과잉배출된 신학생들과 목회자들은 그 좁은 땅에서 더 이상 개척교회도 힘들게 되었다. 그러나 한국 교회는 그 탈출구를 선교사 파송이나 이민목회로 유도하였다. 다른 이민사회도 마찬가지겠지만 호주의 한국인 이민교회가 비정상적으로 많아진 가장 큰 이유는 한국 교회의 무분별한 목회자 양산이 빚어낸 결과이다.

호주의 한인교회들은 제각기 약 15개의 교단에 나누어져 소속되어 있으며, 일부는 독립된 교회로 남아 있기도 하다. 자기 예배당을 소유하고 있는 경우는 10%가 채 안 되고, 목회자의 생활비를 규정에 맞게 책임지고 있는 교회는 약 15% 정도로 추산되고 있다. 일부 목회자들은 한국에 있는 연관교회나 선교단체의 지원을 받고 있으며, 또다른 목회자들은 목회사역 이외의 다른 직업을 겸하고 있다.

이렇듯 여러 가지 어려움이 상존하고 있는 것이 현실이기는 하지만 그래도 이민자들은 교회를 통하여 영적인 힘을 얻고 신앙인으로서의 책임적 삶을 살아가도록 격려받는다. 이민자들은 교회를 통하여 실제적 도움을 받는다. 가정생활, 자녀교육, 직장정보, 사업관계 등 한인사회는 물론 호주에 관한 정보까지도 교회와 성도들 사이의 교제를 통하여 나누며 피차에 도움을 주고받는다. 이민교회는 신앙공동체이면서 동시에 민족공동체요, 생활의 구심점이 된다. 앞에서 언급한 대로 물론 여기에는 여러 가지 문제들이 생겨나지만, 그래도 대부분의 이민교회들은 이민자들과 이민사회를 위하여 교회가 지닌 순기능의 역할을 비교적 잘 감당하고 있다.

4. 호주 한인교회의 목회와 교육

호주에 있는 한인교회에 대하여 기술함에 있어서 필자는 굳이 목회와 교육을 나누어 취급하지 않고 하나로 통합해 보려고 한다. 목회 안에서 가장 큰 영역이 교육이고, 또한 교육을 떠난 목회란 있을 수가 없다고 보기 때문이다. '교육목회'와 '목회적 교육'은 동일한 실체에 대한 양면적 시각일 뿐이다.

첫째는, "목회와 교육의 신학적 기초는 무엇이야 하는가?" 하는 질문이다. 신약성서와 지난날 교회의 역사는 "예수를 누구로 고백하느냐?" 하는 기독론의 문제요, 그렇게 고백된 예수를 어떻게 가르치고, 어떻게 전하느냐 하는 목회와 교육과 선교의 과제로 집약된다고 본다. 그렇다면 21세기 호주 땅에서 살고 있는 한국인 이민자들에게 주후 1세기 유대 땅에서 태어났던 "예수는 어떤 의미를 지닌 분인가?" 하는 질문에 대한 대답이 확실하게 주어져야만 한다.

이민자들에게 있어서 예수는 당연히 이민자이다. 이것은 모든 교회의 신학적 기초 중 가장 중요하고 핵심적인 명제요, 신앙고백이다. 우리 신앙의 대상인 예수 그리스도와 신앙고백자 사이의 일치된 '아이덴티티'(identity)를 갖는다는 것은 우리의 신앙을 확실하게 해 주고 역동성 있게 만들어 주는 중요한 요인이 된다.

물론 예수는 하늘에서 땅으로 이민해 온 분이다. '말씀이 육신이 되어 우리 가운데 거하게' 되신 성육신 사건은 하나님의 이민사건이다(요 1:14). "그는 근본 하나님의 본체시나 하나님과 동등됨을 취할 것으로 여기지 아니하시고 오히려 자기를 비어 종의 형체를 가져 사람들과 같이 되었고"(빌 2:6-7). 지극히 높고 높은 보좌를 버리시고 낮고 비천한 인간역사 속으로 삶의 자리를 바꾸신 위대한 이민자이시다. 헤롯의 폭정을 피하여 두 살 때 애굽으로 피난민(refugee)이 되어 가셨던 도피사건부터 시작하여 예수의 일생은 단 한 번도 중앙의 의사결정 그룹(decision making group)에는 끼지 못하고, 늘 주변인(marginal person)으로 일관한 이민자의 삶이었다.

또 하나의 기초는 성서를 보는 눈이다. 성서의 핵심은 예수 그리스도이고, 성서는 그에 대한 충분하고도 정확한 고백이다. 그런데 이 성서가 증언하고 있는 예수 그리스도를 이민자라고 고백했을 때 우리는 성서 전체를 이민자들의 이야기로 읽을 수 있게 된다. 실제로 성서 속에는 수

많은 이민자들의 이야기가 펼쳐지고 있다. 에덴을 '떠나는 이야기'로 시작하여, 다시 새 하늘과 새 땅으로 '돌아가기까지', 그 사이에서 벌어진 모든 개인과 민족과 역사 이야기들은 한결같이 '고향과 친척과 아비집을 떠나 갈 바를 알지 못하고 살아간' 이민자들의 스토리이다.

그러므로 이민교회는 '이민자 예수'를 중심한 '이민자들의 이야기'인 성서를 재발견해 나가면서 "그 외아들 예수 그리스도를 믿사오니 이는 하늘에서 땅으로 이민 오시어 동정녀 마리아에게 나시고"라고 추가적 고백을 할 수 있도록 그 기초를 튼튼히 해 나가야 한다.

20세기 이후 제3세계를 비롯하여 전반적으로 신학계에서 제기하였던 토픽들은 "지금 우리가 살고 있는 삶의 콘텍스트 속에서 예수 그리스도는 과연 누구이며, 그때 우리는 성서를 어떤 안목으로 읽어야 하는가?" 하는 질문에서부터 비롯되었다. 흑인신학, 여성신학, 해방신학, 민중신학, 평화신학 등 제3세계 신학들은 한결같이 이러한 질문에 대한 처절한 몸부림과 고난의 여정 속에서 탄생되었다. 이민신학 역시 똑같은 질문 속에서 시작되었고, 지금도 그 십자가 행진은 계속되고 있다.

둘째는 전체적 방향이 어디가 되어야 하는가 하는 질문이다. 이것은 본 고향을 떠나 이역에서 살아가느라 힘들고, 지치고, 병들고, 상처난 이민자들의 아픔을 싸매 주고, 고쳐 주며, 위로하는 '치유목회', '위로목회', '격려와 용기를 북돋워 주는 교육'으로 방향설정을 확실히 해야 한다는 말이다. 지난 30년 호주한인사회나 한인교회들은 되돌아볼 때 개인적으로 공동체적으로 아프지 않고, 상처받지 않은 사람이나 조직은 별로 없다고 본다. 모두들 옮겨 심은 나무들이 뿌리를 내리느라고 이식의 앓이를 하듯 아프게 한 세대를 지내 왔다.

30년 전 시드니 킹스포드 비행장에 내렸을 때 주머니 속에는 단돈 5불뿐이었고, 할 수 없이 시내 하이드파크에서 노숙을 한 후, 식빵 하나를 사서 버터도 없이 그냥 씹어 먹고, 신문 한 장을 구해 읽어 일자리를 찾아갔던 사람들의 눈물나는 옛 이야기들이 있다. 하루 20시간씩 일하며, 이 일터에서 저 일터로 옮겨 가는 중 자동차 안에서 새우처럼 쪼그리고 2~3시간 눈을 붙이며, 그야말로 죽기 아니면 까무러치기로 뼈를 갊아 가며 돈을 모았으나, 그만 사기꾼에게 날린 사람들의 이야기도 있다. 갑자기 밀어닥친 이민경찰을 피하느라 아파트 베란다에서 뛰어내리다 다친 이야기, 20년이 넘게 아직도 불법체류자의 신세로 살아가며 메디케어도 없고, 여권도 없고, 운전면허도 없고, 집도 가족도 그야말로 아무것도 없이 살아가는 불쌍한 사람들의 이야기, 영어 한마디도 못해서 무시당하고, 부당하게 권리를 박탈당한 많은 사람들의 이야기, 깨어진 가정의 아픔, 갈라진 교회와 친구들의 상처, 교통사고, 익사사고, 자살소동, 모독 받은 인격들, 피곤한 육신들, 지친 영혼들, 믿고 사랑했던 사람이 준 상처와 좌절, 아직도 호주의 한인 이민자들은 수없이 많은 가중처벌의 형장 속에 내던져져 있다.

이민목회란 무엇인가? 이민교회는 무엇을 말하고 설교해야 하는가?

"너희 하나님이 가라사대 너희는 위로하라 내 백성을 위로하라……그 복역의 때가 끝났고……"(사 40 : 1-2).

"……나는 너희를 치료하는 여호와임이니라"(출 15 : 26).

"저가 네 모든 죄악을 사하시며 네 모든 병을 고치시며"(시 103 : 3).

"……내가 너를 치료하여 네 상처를 낫게 하리라"(렘 30 : 17).

"하나님은 아프게 하시다가 싸매시며 상하게 하시다가 그 손으로 고치시나니"(욥 5 : 18).

이민교회에서의 목회와 교육의 방향은 '싸매시며 고치시는 하나님'을 계속적으로 나타내 보여 주는 치유작업일 뿐이다. 아이들도 마찬가지이다. 오히려 어린이들이나 청소년들이 어른들보다 보이지 않는 곳에서 더 큰 아픔과 갈등을 경험한다. 문화충격은 어른들보다 아이들에게 더 쇼킹한 법이다. 그러므로 이들에게 가장 절실하게 요구되는 것이 사랑이요, 관심이요, 따뜻하게 껴안아 주는 것이다.

교회교육은 언어의 문제가 아니다. "영어냐 국어냐?" 하며 어떤 말로 교육하는 것이 더 효과적인지에 대해 논쟁할 필요가 없다. 그것은 부차적 과제이고, 사랑으로 전하고, 사랑으로 가르치고, 사랑으로 나누는 삶은 언어를 초월하는 능력이 있다. 교육과 목회가 별것이겠는가? 위로, 치유, 격려, 사랑, 그리고 서로를 향한 피차의 보살핌과 그 안에서 하나 됨이 아니겠는가!

5. 결 론

마지막으로 호주 한인교회 속에서 제기되고 있는 몇 가지 당면 과제들을 그 제목만이라도 나열해 보고자 한다. 주류교회인 호주교회와 비주류교회인 이민자교회들이 달리 느끼고 직면하게 되는 목회적 및 신학적 갈등의 문제는 누가, 어디서, 어떻게 논의하고 처리하고 또 조정해 나갈 것인가? 예컨대 동성애 문제, 이민정책에 관한 견해, 원주민 선교 문제, 교회의 구조와 직제 문제 등에 있어서 관심의 우선순위나 의견의 차이가 있을 경우 이를 어떻게 처리할 것인가? 신학의 정서(theological ethos)나 교회의 규정들이 서로 다를 경우, 그 차이점을 있는 그대로 인정해 주고 받아들일 수는 없겠는가?

현재 한인교회들의 예배처소 사용에서 발생되고 있는 신학적 및 사회적 문제는 어떻게 풀어 나가야 할까? 교단 소속 여부와 관계없이 대부분의 호주 교회들은 주인(landlord) 행세를 하고, 이민교회들은 셋집(tenant)에 사는 듯한 관계는 예수 그리스도 안에서 어떻게 새로운 관계를 맺어야 할까? 건물(property) 문제에 있어서 양자가 함께 주인이 되어 하나님을 예배할 수 있는 길은 무엇인가? 많은 이민교회들은 지나치게 많은 사용료를 지불하면서 힘들게 예배처소를 사용하고 있는데, 이에 대해 호주 교회들이 그리스도 안에서 같은 형제의식을 가지고 협력하고, 돕고, 공동으로 대처할 길은 없을까?

이민 1.5세, 2세, 그리고 성장하는 그 다음 세대를 위하여 교단별 혹은 연합기관별로 보다 깊은 연구와 준비가 절실히 요청된다. 물론 1.5세나 2세들은 자신의 교회의 의사결정 단계로부터 참여토록 인도되어야 한다. 현재의 보수적 형태의 코스타나 이와 유사한 행사들은 극복하고 넘어가야 할 과정이 되어야 한다. 성지화운동이나 북한돕기운동보다 우선순위를 두어야 할 일이 '다음 세대를 위한 준비'요, 차세대를 양육하는 일임을 절감해야 한다. '땅 끝까지 증인이 된다는 것'을 단순한 지리적인 개념으로만 이해할 것이 아니라 세대별, 연령별 지평을 넓혀 가야 한다는 명령으로 해석할 필요가 있다. 이제는 이들을 위한 공동의 프로그램과 공동의 교육재료가 공동의 노력으로 개발되어야 할 시점이 되었다.

호주에 있는 한인교회도 향후 10년을 전후하여 목회자들과 평신도 지도자들의 세대교체가 신속히 이루어질 것이다. 이제부터라도 '우리들의 지도자들은 우리 땅에서, 우리 자녀들을 통하여' 배출되어야 함을 알고 과감한 영적, 정신적, 재정적 투자를 아끼지 말아야 할 것이다.

물론 한인교회 목회자들의 개인적인 에큐메니칼 의식을 고양시키기 위해서는 거듭된 신학교육과 연장교육 외에 다른 특별한 대안은 없다. 그러나 현재 있는 시드니한인교회들의 '교역자협의회'는 시드니한인 '교회협의회'로 그 구조를 개편할 때가 되었다. 사실 교역자협의회는 1985년 창립될 때부터 교육자들의 친교 모임으로 시작되었다. 그때는 불과 7개의 교회로 시작되었으나, 이제는 세월이 많이 흘렀다. 당연히 교회들 사이의 연합사업이나 행사는 '교회협의회'를 통하여, 평신도지도자들도 동참하게 하고, 교단별로 그 대표성을 갖도록 하는 것이 발전적이다. 이는 평신도 지도자들의 리더십을 높이고, 섬김의 기회를 제도적으로 확대할 뿐 아니라 목회자들의 에큐메니칼 의식을 증대시키는 데 큰 도움이 되는 구조개편이라 할 수 있다.

더 나아가 단순히 교역자들의 친목단체로서의 '교역자협의회'가 아닌 명실상부한 '교회협의회'가 된다면 호주교회협의회(NCCA)나 한기총 혹은 한국교회협의회와 더 많은 국제적 교회연합기관들과 더불어 믿음과 선교를 공유하게 됨으로 우리는 우리 지각에 넘치는 하나님의 선교에 더욱 능력 있게 참여할 수 있는 기회가 확대되리라고 기대한다.

5. 전환기에 있는
　　미국의 한인 이민교회

김선배 목사 | 미국장로교총회 한인목회 총무

　　미국의 한인교회는 어느덧 40년의 세월을 맞이하게 되었다. 1903년 하와이 이민노동 시절부터 헤아리면 104년의 역사이지만 초창기 이민 한인교회는 거의 다 사라졌고, 1970년대부터 시작된 새로운 이민 물결을 따라 한인교회는 계속 성장하여 이제 4,000여 개의 한인교회가 미국 전역에 산재해 있다.

　　40년의 세월은 옛날 이스라엘 백성들이 출애굽하여 약속의 땅에 들어가기까지의 광야시절을 상기시켜 주며, 이것은 미주한인이민 1세 교회의 신앙과 삶의 여정을 성경적으로 해석하고 표현하는 상징적인 시간이기도 하다. 40년 하면 긴 역사에서는 한 경점 같지만 한 공동체나 사회로서는 한 세대가 가고, 또다른 한 세대가 오는 큰 변화의 시간이다.

　　미주한인교회는 지금 큰 변화 속에 있다. 30대 초에 이민목회를 시작한 1세대 목회자들이나 교인들이 이제는 벌써 은퇴하는 나이들이 되었다. 필자가 속한 미국장로교총회 산하에 약 800여 명의 한인목사들이 있는데, 이 중에 은퇴한 목사들이 200여 명에 가깝고, 앞으로 5년 후에는 그 수가 급증할 것으로 예상되며 은퇴한 목사들 가운데는 해마다 몇 분씩 세상을 떠나는 추세이다. 이처럼 세대가 바뀌면서 새 시대의 젊은 목회자들이 등장하고 있다. 이제는 목회자들의 모임에 가 보면 30대 후반이나 40대가 주류를 이루고, 50대 전반의 목사들이 중견 지도자들로 활동하는 것을 보게 된다. 필자가 30대 초에 미주이민 목회를 시작한 것이 엊그제 같은데 어느 새 불편한 원로목사가 되었으니 세월의 빠름을 실감하지 않을 수 없다.

이민자들의 주류는 통합 측 장로교 목사들이었으며 기장 출신 목회자들이 또한 활발하게 목회하였는데, 1990년대와 2000년대에 들어서면서 변화가 일어나기 시작했다. 미국 신학교에서 공부하고 목사가 된 사람들이 상당수를 차지하고 한국의 장신을 나온 통합 측 목사들이 계속 들어오고 합동이나 다른 장로교 출신의 목사들도 늘어 가는 추세이다.

어떤 형태든지 목사들이 계속 늘어나면서 애틀란타와 같은 한인 인구가 급증하는 대도시에는 초기 이민교회 현상처럼 작은 교회들이 세워지고 없어지는 일들이 계속되며, 목회자를 청빙하는 광고가 나가면 수십 명씩 지원하는 일들이 이제는 정상적인 것으로 받아들여지고 있다. 미국장로교와 같은 전통과 구조가 있는 교단의 한인교회들은 목회자 청빙의 절차와 제도가 잘 되어 있어서 신임할 수 있는 목회자를 청빙하는 일이 비교적 잘 되는 편이지만, 그렇지 못한 교회들은 상당한 어려움을 가지고 있다. 다른 교회들은 모르지만 미국장로교 산하 한인교회 목회자들은 대부분 한국과 미국에서 M. Div.를 하고, 그 이후 계속 석사, 박사과정을 공부한 사람들이 대부분이다. 목사 계속교육이 제도화되어 있으며, 총회적으로 목회자들을 위한 다양한 프로그램과 컨퍼런스를 제공하고 있다. 미국장로교총회 한인목회실의 가장 중요한 사역 중 하나가 목회자들과 평신도 지도자들을 위한 지도력 개발 사역이다.

몇 년 전부터 급변하는 목회 현장에서 효과적으로 목회하기 위한 실제적인 훈련의 기회를 갖기 위해 전국 목회자 컨퍼런스를 개최하고 Cell Ministry, 설교, 제자훈련, 성경공부 등 여러 분야에 집중적으로 연구하고 배우는 일에 힘쓰고 있다. 앞으로 해외에 있는 여러 목회자들이 이 컨퍼런스에 참가할 수 있는 길을 마련하기 원한다.

미국의 한인 이민교회가 늘 고심하며 중요한 목회의 과제로 씨름하는 일이 소위 영어 목회 혹은 2세 목회이다. 한 세대가 지나면서 이제는 2세들이 다 성장하여 사회에 진출하고 있다. 어느덧 30대, 40대로 어른들이 되고, 가정을 이루며 3세가 자라나기 시작한 것이다.

1990년대만 해도 2세 신학생들이 많이 있었고, 2세 목회자들이 배출되었다. 필자도 총회 사역의 우선순위 중 하나로 2세 네트워크를 조직하고 2세 신학생들과 목사들을 양육하고 지원하는 일에 힘써 왔다. 그런데 지난 10여 년 동안 2세 신학생들이 줄어들고, 2세 목회자를 모시는 일이 아주 어렵게 되었다. 1세 교회들이 2세 목회가 중요하다고 생각하고 많은 투자를 하였음에도 불구하고 지금 2세 목회는 큰 위기에 처한 것이다.

여기에는 1세와 2세의 언어와 문화적 차이가 심각한 원인이 되고 있다. 서로 의사소통이 잘 안 되고 목회관이 다른 것이다. 많은 2세들이 1세 교회의 목회자나 평신도 지도자들에게 상처를 받고 목회를 떠난다. 1세들은 최선을 다한다고 하지만 생각 밖에 1세와 2세의 간격이 큰 것이다.

다른 교단은 잘 모르지만 미국장로교 산하 한인교회들은 새롭게 2세 신학생과 목회자들을 돌보고 멘토링을 하고 육성하는 일에 심혈을 기울이고 있다. 2세 목회의 유형 중 가장 바람직한 것은 독립된 1세 교회와 2세 교회가 한 지붕 아래서 동역하는 일이다. 물론 독립하고 분가해서 독자적인 2세 교회(영어목회)를 하는 교회도 조금씩 늘어 가고 있지만 대부분 다른 아시안이나 다른 인종들이 함께 모이는 다인종, 다문화 회중으로 발전하는 것을 보게 된다. 요즈음은 2세 목회나 교회 대신 영어목회, 영어회중사역(EM)이란 말을 사용하며 1세 교회는 한인회중사역(KM)이라고 부르기도 한다.

미국의 한인 이민교회는 앞으로 한 세대 동안 더 큰 변화를 경험하게 될 것이다. 한국말을 사용하는 교회도 계속 성장 발전할 것이며, 영어를 사용하는 다문화 목회 교회도 꾸준히 증가할 것이다. 필자는 미국의 한인장로교회 가운데 미국장로교에 속한 한인교회들과 미주한인장로회(KPCA)는 계속 동역과 상호교류에 힘쓰면서 언젠가 하나의 교회로 발전하여야 한다고 믿는다. 미국장로교(PCUSA)와 미주한인장로교회(KPCA)는 지난 15년 동안 동역관계를 가지고 매년 협력위원회가 만나 왔으며, 2008년에는 양 총회가 Covenant 관계를 승인하게 될 것이다. 이렇게 되면 양 교단의 교류와 협력은 더 활발해질 것이며, 어떤 형태로든지 연합하는 일이 추진될 것이다. 현재 미국장로교 산하 한인교회의 교세는 400교회 5만 여의 교인이며, 미주한인장로교회도 비슷한 교세를 가지고 있어 두 교회를 합치면 800교회 10만 교인이 된다. 해외 한인교회 교육과 목회협력을 통해 해외한인 이민교회들이 더욱 긴밀하게 동역하고 협력해서 지구촌 끝까지 우리를 파송하신 주님의 뜻을 이루어 드리는 선교의 프론티어들이 되기를 바란다.

이상의 미국 한인교회 소개와 더불어 '변화를 위한 목회' 내용에 대해 구체적으로 논하고자 한다.

1. 교회의 미래에 대한 막연한 소원을 교회에 대해 하나님이 가지고 계시는 높은 기대로 바꾸어야 한다

막연한 소원이나 희망이 미래를 향한 분명하고 확실한 비전으로 탈바꿈해야 한다. 많은 교회들이 품었던 교회의 미래에 대한 기대와 흥분이 가라앉아 있다. 과거에 사로잡혀 있거나 현재에 급급하다. 변화하는 교회는 하나님께서 새롭게 새 일을 하시리라는 기대가 크다. 미래에 대한 비전이 새롭다. "보라 내가 새 일을 행하리니 이제 나타낼 것이라……"(사 43 : 19). 비전이 있는 교회를 세우기 위해서는 모든 교인이 주인의식을 갖도록 초대하는 일과 함께 교회의 미래에 대한 목회자의 비전과 이를 실현하기 위한 의지와 결단, 그리고 전략이 필요하다.

이때 주의해야 할 것은 목회자의 비전을 그대로 교인들에게 제시하고 받아들이도록 하는 하향식 접근이 아니라 교인들로 하여금 자신들이 교회의 비전을 함께 나누고, 공동체적인 비전을 세우는 과정을 갖도록 훈련하고 인도하는 일이 중요하다. 하나님께서 당신의 믿음을 새롭게 하시고, 당신의 교회를 변화시키시고, 당신을 이 새로운 공동체를 세우는 일에 사용하시도록 구하라. 목회자의 갱신과 새로움이 없이는 교회의 부흥이 일어나지 않는다. 교인들은 하나님께서 그들 가운데 함께하신다는 비전에 감염되어야 한다.

하나님께서는 자신의 경험 가운데서 말씀하시고 행동하신다는 확신을 가지는 목사는 자신과 교회를 변화시킨다. 농경시대에는 과거의 경험이 중요하였다. 그래서 언제 씨를 뿌리는가를 부모에게 물었다. 산업시대에는 현재가 중요하였다. 오늘 어떻게 하면 더 나아지게 할 수 있을까가 중요한 관심이었다. 오늘날 정보시대는 미래 지향적이다. "2010년에는 우리 교회가 어떻게 보이기를 원하는가?" 미래를 바라봄으로 현재를 결정할 수 있다. 하나님은 항상 그의 백성을 미래로 인도해 오셨다. 비전은 과업을 가져온다. 비전은 부지런히 열심히 일하게 한다. 비전은 지금이 아니라 미래에 무엇이 될 수 있는지를 보게 한다.

2. 단순히 프로그램을 운영하는 데서 사역을 위한 비전을 구체적으로 실현하라

목회는 단순히 프로그램 운영이 아니다. 목회가 타성에 젖고 진부해지며 창의적인 생명력을 잃어버리는 것은 목회자가 프로그램을 운영하는 데 급급하거나 전통이란 이름으로 과거로부터 내려오는 목회 프로그램을 유지하려는 소극적인 자세 때문이다. 변화하는 교회는 비전을 세우고 이 비전을 실천하기 위한 사역활동을 창의적으로 만들고 수정해 나간다. 이 교회는 꼭 같은 프로그램을 매년 되풀이하지 않는다. 과거가 그들의 비전이 되는 것을 거부한다. 과거의 역사, 이야기, 주인공들을 아름답고 귀하게 간직하고, 그것을 감사하고 축하하면서 새롭게 미래를 열어 간다. 교회의 문화를 건설적으로 바꾸고 새로운 변화를 일으키기 위해서는 계속적인 사역의 비전을 수년 동안 인내하면서 제시하고 적용해야 한다.

생동력 있는 목회의 기초가 되는 다섯 가지 사인은 다음과 같다.

1) 성령께서 이끌어 가시는 목회

하나님께서 나의 목회의 주인이시며 나의 목회를 시작하시고 완성하시는 분이심을 확신해야 한다. 성령께서 나를 통하여 사람들을 감동하시고 변화시키시며 교회를 이끌어 가신다는 확신과 신뢰가 있어야 한다. 하나님께서 순종하고 그가 원하시는 목회에 헌신하고 나를 드리면 그만큼 사람을 기쁘게 하려는 인간적인 목회를 하는 일에 마음을 쓰지 않게 된다.

2) 성경에 기초한 목회

목회의 기본은 하나님의 말씀이다. 성경이 우리의 영혼을 먹이고 능력 있는 목회의 방법을 말씀해 준다. 교인 한 사람 한 사람이 제자로 성장하고 교회 전체가 영적으로 성장 성숙하는 일은 성경이 우리가 하는 모든 사역의 중심이요, 심장이 될 때 일어난다.

3) 제자도(Discipleship)를 목표로 하는 사역

목회의 가장 중요한 목적은 사람들을 제자로, 예수 그리스도를 따르는 사람으로 만드는 일이다. 목회자는 교인들이 예수 그리스도를 온전히 믿고 그분에게 헌신함으로 그리스도를 닮아 가도록 영적으로 양육하고 훈련하는 사명을 가진다.

4) 사람들의 필요에 응답하는 사역

목회의 두 번째 목적은 사람들의 필요와 안녕을 돌보는 일이다. 교인 한 명 한 명의 웰빙과 샬롬을 위해 그들의 신체적, 정서적, 심리적, 영적, 사회적 필요를 돌보는 일이 목회다. 이렇게 할 때 목사는 교인들을 예수 그리스도에게 인도할 수 있다.

5) 모이고 흩어지는 교회를 이루어 가는 사역

모이는 교회를 통해 성도들을 양육하고, 교회가 그들의 쉼터와 영적 가정이 되게 하고, 함께 더불어 섬기는 코이노니아를 이룬다. 또한 흩어지는 교회를 통해 교인들은 매일의 삶에서 그리스도를 전하고 증거하며 그의 사랑을 나누도록 파송된다.

3. 현상유지만 하려는 멘탈리티에서 비전을 지속적으로 발전시키는 데로 바꾸라

어제의 교회는 지난 해의 프로그램을 금년에도 그대로 반복한다. 탈바꿈하는 교회는 현재의 프로그램을 지속하면서도 사람들의 필요에 응답하여 새로운 사역을 발전시켜 나간다. 새로운 목회 비전을 실현하기 위해 더욱 발전시키고 뛰어나게 할 필요가 있는 사역은 무엇인가? "옛 것을 축복하고 새것을 창조하라."

> 질문 : 현재 당신 교회의 사역에서 기존 프로그램을 습관적으로 되풀이 하는 것은 무엇인가? 어떤 프로그램을 뛰어나게 지속하기 원하는가? 어떤 새로운 사역을 교인들의 필요를 위해 시작하기 원하는가?

4. 친절을 강조하는 데서 친절과 대접이 균형 잡힌 사역으로 바꾸라

친절과 대접은 아주 다르다. 많은 교회가 친절로 만족한다. 그러나 대접이 없이는 믿음의 공동체가 피가 순환하는 코이노니아가 활발하게 일어나지 않는다. 방문자나 새 교인을 한 식구로 맞아들이기 위해서는 친절한 인사에서 더 나아가 식탁교제로 초대하는 대접이 필요하다. 기독교공동체는 처음부터 밥상공동체였다.

5. 제자도를 가정하는 데서 제자도를 개발하는 데로 바꾸라

목회는 사람을 만드는 일이다. 예수 그리스도 안에서 거듭나고 성장하며 헌신하고 섬기는 제자를 만드는 일이 목회의 중심과제이다. 많은 교회들이 교인들이 제자가 되어 있다고 가정한다. 그러나 실제로 많은 교인들이 교회를 하나의 사회적 모임으로 알고 습관적으로 교회에 다니는 것을 본다. 그러면서도 그들의 삶의 깊은 내면에서는 진실한 그리스도의 제자가 되기를 원하는 교인들이 많다. 사람들은 성숙한 신앙인이 되고자 하는 내적 열망과 영적 필요를 채워 주는 교회를 찾는다. 제자훈련 사역을 할 때 주의할 것은 어떤 과정을 이수하고 졸업하면 훌륭한 제자가 된다는 형식적인 틀에 사람들을 가두어서는 안 된다. 그 교회를 떠나서 다른 교회를 다닐 때에도 목회자와 다른 교인들을 존중하고 계속 겸손하고 성실하게 제자로서 섬기는 사람을 만들어야 한다. 형식적인 제자훈련은 자칫 잘못하면 지식과 자만으로 찬 교인들을 만들 위험성이 크다.

  질문 : 1) 당신의 교회는 제자를 만들기 위한 구체적인 목회전략을 가지고 있는가?
  2) 당신의 교회는 제자됨의 구체적인 표시와 표준을 가지고 있는가?
  3) 제자훈련을 위해 지금 사용하고 있는 자료는 무엇인가? 장점과 약점은?

6. 교회의 공동체적 삶(Communal Life)을 강조하는 데서 공동체적 삶과 선교적 삶(Missional Life)을 균형 있게 강조하는 데로 바꾸라

성도의 교제로서 코이노니아는 교회의 건강에 꼭 필요하다. 건강하게 피가 흘러야 우리 몸은 활발하게 일할 수 있다. 모이는 교회의 모든 섬김과 봉사, 그리고 교제는 흩어지는 교회의 선교적 삶을 힘차게 감상하기 위한 것이다. 많은 교인들이 모이는 교회를 세우는 일에 지나친 강조를 두고 있다. 교회 건물 안에서 이루어지는 거의 모든 활동이 이것을 위해 존재한다.

초대교회는 사도들의 가르침을 받고 떡을 떼며 기도하는 코이노니아에 힘쓰면서 동시에 신자들을 예수 그리스도를 대표하는 사람으로 세상 속에 파송하였다. 우리는 초대교회를 배워야 한다. 교회는 부르심을 입은 사람들의 모임인 '에클레시아'임과 동시에 하나님의 선교(Missio Dei)를 위해 보내심을 받은 '사도적 교회'이기도 하다. 공동체적 삶과 선교적 삶, '함께' 와 '보냄' 이 다 중요하다.

7. 고정된 예배 형태에서 회중과 지역사회의 다양한 필요에 응답하는 예배와 음악사역으로 바꾸라

전통적 교회에서는 교회가 지금까지 사용해 온 전통적 교회음악과 악기만을 사용한다. 또한 전통적 예배의식만을 고수하고 성가대가 교회음악의 중심이다.

변화하는 교회에서는 전통적 예배와 현대적 예배를 다 수용하고 적절한 균형을 유지한다. 따라서 다양한 예배 형태와 함께 예배음악도 전통적 교회음악과 현대음악을 적절하게 사용하며 악기도 피아노와 오르간과 함께 현대음악을 위해서는 거기에 적합한 기타와 타악기를 사용한다.

8. 청중 중심의 프로그램 운영에서 청중 중심 사역과 아울러 얼굴과 얼굴을 맞대는 사역이 함께하는 데로 바꾸라

많은 교회들이 대부분 청중 중심의 목회 프로그램(예배, 강의식 성경공부 등)에 치중하고 있다. 변화하는 교회는 청중 중심과 함께 소그룹 사역과 같은 얼굴과 얼굴을 마주하는 사역의 균형을 유지하고 개발한다. 초대교회는 성전에 모이기를 힘썼으며(대그룹), 또한 집에 모여 함께 기도하고 떡을 떼는 교제와 나눔(소그룹)에도 힘썼다. 소그룹은 보다 친밀하고 깊은 인간관계를 만들고, 깊고 순수한 만남의 자리가 된다. 생동하는 건강한 교회는 역동적인 예배와 깊고 친밀한 소그룹 경험을 함께 누리게 한다.

질문 : 당신의 교회는 청중 중심 사역과 소그룹 사이의 균형을 어떻게 효과적으로 운영하고 있는가?

9. 새 교인을 기존 그룹에 추가하는 데서 새 그룹을 만드는 일로 바꾸라

대부분의 작은 교회는 새 교인을 입양시킴으로 성장한다. 새 교인은 교회의 활동에 가입하는 것이 아니라 교인들의 관계 속으로 들어가야 한다. 쉽게 교인들의 관계에 들어가 소속감을 가질 수 있는 새로운 그룹이 필요하다.

10. 지도자 배치 사역에서 지도자 개발 사역으로, 위원회에서 팀 사역으로 바꾸라

전통적 교회에서는 리더십이 계층적이다. 권위의 연결줄이 모든 위원회와 목회 프로그램에 하향식으로 내려온다. 이러한 리더십 체계는 콘트롤을 유지하려는 구조이다. 탈바꿈하는 교회는 이러한 미시적 경영(micromanagement)에 에너지를 쏟지 않고 교인들을 자유롭고 책임적으로 교회사역에 관계하는 데 관심이 있다.

리더를 단순히 배치하고 사용하는 것이 아니라 새로운 리더를 찾고 개발하는 일이 중요하다. 새 지도자들을 양육하기 위한 가장 효과적인 방법은 소그룹과 사역팀이다. 소그룹은 말씀공부와 나눔과 기도(Word, Share, Prayer)를 위한 만남의 자리이다. 사람들은 소그룹에 참여하고 자신을 발표하고 나누며, 다른 사람의 말을 경청하고 토의하고 돌보는 기독교 교제를 통해 성숙한 교인이 되고 지도자로 자란다. 소그룹을 통해 제자훈련과 지도자 양성이 이루어진다.

사역팀은 소그룹의 가장 좋은 점과 위원회의 가장 좋은 점을 합친 것과 같다. 적은 수의 무리가 정기적으로 모여 말씀, 나눔, 기도의 시간을 갖고 함께할 수 있는 사역을 개발하고 발전시킨다. 위원회 중심의 사역은 직분을 갖고 있는 몇몇 사람들에게만 사역을 책임지게 하는 것으로 주로 회의 중심에 빠지기 쉽고 소수의 사람이 전권을 가지거나 과중한 일로 지나치게 타성에 젖는 폐단이 있다. 사역팀 중심의 목회는 전교인이 사역에 참여할 뿐만 아니라 사역팀을 통해 서로 돌보고 나누며 성도의 교제를 가짐으로 소속간과 유대감을 강화하고 영적 성장을 위한 훈련의 기회가 된다.

질문 : 당신의 교회는 소그룹 목회와 사역팀 목회를 어떻게 실천하고 있는가?

11. 콘트롤 리더십에서 자율적 리더십으로 바꾸라

평신도 리더십이 발전하게 되면 목회의 중심이 목회자로부터 평신도에게로 옮겨 간다는 두려움을 가지는 시험에 들기 쉽다. 이렇게 되면 목회자가 부정적인 콘트롤 메커니즘을 사용하려는 유혹에 빠지게 되고 교회분규와 갈등으로 불거진다. 한편 당회가 모든 정책을 결정하고 프로그램을 운영하려는 태도를 갖기 쉽다. 권위주의적이고 경직된 교회구조이다.

탈바꿈하는 교회는 교인들을 훈련하고 파송하는 교회이다. 교회 안의 다양한 사역에 자율적으로 책임감을 가지고 참여하는 교인이 많은 교회가 건강한 교회이다. 서로 신뢰하고 인정하는 성숙한 문화를 만들어 가는 교회가 되어야 한다. 다음은 여섯 가지 콘트롤 단계이다.

단계 1 : 말하는 대로 하세요.
단계 2 : 어떻게 할지 물으세요.
단계 3 : 먼저 허락 받고 하세요.
단계 4 : 여러분 스스로 하되 바로 알리세요.
단계 5 : 여러분이 알아서 하고 정기적으로 알리세요.

단계 6 : 여러분이 알아서 하세요.

질문 : 당신의 교회는 어떤 단계에 있는가?

12. 목사 중심과 제직 중심 사역에서 목사, 장로, 그리고 전체 교인이 함께 나누는 사역(Shared Ministry)으로 바꾸라

대부분의 교회들이 목사와 장로, 집사를 중심으로 사역을 수행하고 성취하려고 한다. 변화하는 교회는 목사, 제직, 그리고 온 교인이 함께 나누며 사역을 수행한다. 목사와 훈련된 평신도 지도자들은 교인 한 명 한 명을 훈련하고 동원하는 역할을 한다. 교인들은 구경하거나 밀려나고 목사나 몇몇 제직이 모든 일을 다 하는 데서 모든 교인이 훈련받고 사역에 동참하는 변화된 교회는 건강하고 아름답다.

나가는 말

변화하는 교회 그래서 새롭게 탈바꿈하는 교회가 되기 위해 하나님께서 우리 교회와 목회에서 새 일을 행하시도록 구하고 하나님을 신뢰하자. 우리의 목회를 감사하자. 하나님께서 지금까지 우리의 목회를 통해 행하신 일을 기억하고 감사하자. 하나님께서 지금 우리 교회를 통해 하고 계시는 일을 기뻐하자. 그리고 새로운 비전을 꿈꾸며 우리의 사역에 새로운 것을 추가하자. 한꺼번에 다 하려고 하지 말고, 우리 교회에 가장 필요하다고 생각하는 한두 개의 변화를 시도하자. 교회의 다른 지도자들과 함께 기도하고 계획하자. 1~2년 후 우리의 사역이 어디에 와 있기를 원하는지 깊이 살피고, 구체적인 목회전략과 목표를 설정하자.

6. 캐나다 이민교회가 나아가야 할 방향

송민호 목사 | 토론토 영락교회 담임

디아스포라의 믿음을 말할 때, 우리는 이민자의 신앙과 이민교회를 함께 묶어서 생각해야 한다고 본다. 이민교회가 올바로 설 수 있다는 전제 아래 디아스포라의 믿음을 말하고 싶다. 그래서 이민자 개인의 신앙을 점검하는 차원보다는 이민자들이 이루고 있는 믿음의 공동체의 신앙과 영성을 점검하며, 부족하지만 앞으로 이민교회가 나아가야 할 방향을 제시하고자 한다.

이민교회 배후에는 분명히 이민자들을 흩어지게 하신 하나님의 섭리가 있다고 보며, 하나님의 나라의 확장을 위해서 분명히 사명을 주셨다고 생각한다. 그래서 이민교회는 건강한 미래를 향해 나아가야 하며, 건강한 이민교회가 갖추어야 할 몇 가지 필수 사항을 소개하고자 한다.

1. 이민교회는 우선적으로 복음의 본질적인 업무에 성실해야 한다

이민교회에는 여러 부류의 사람들이 모여서 이루고 있다. 오랜 이민생활 속에서 열심히 일하고 땀 흘린 대가로 이제는 안정감을 갖고 노후를 편안하게 살아가는 사람들이 있는가 하면, 소위 말하는 '기러기 아빠'나 불법체류자로서 말 못할 고민과 스트레스를 안고 살아가는 사람들도 있다. 그래서 이민교회는 여러 가지 상처를 안고 살아가는데, 오직 예수 그리스도의 삶과 구속의 은총을 통해서만 상한 심령들이 회복되고, 아픈 상처가 꿰매질 수 있다고 믿는다. 이민교회 목회자들은 무엇보다도 삶을 변화시키는 복음의 능력만을 믿고 의지하는 사역에 임해야 한다고 본다(롬 1 : 17).

그런데 이민교회는 아쉽게도 교회가 해야 할 본질적인 업무, 즉 복음을 전하고 체험케 하는 일을 제대로 감당하지 못하고 있다. 그 이유는 이민자들에게 필요한 삶의 여건을 마련해 주기 위해서 봉사하고 지원하는 사회적인 일들을 우선적으로 하기 때문이다. 신규 이민자들뿐만 아니라 오래된 이민자들이 교회에 대한 기대감을 가질 때, 꼭 은혜받는 일만을 생각하는 것이 아니라 이민의 지친 삶 속에서 세상적인 위로와 격려를 생각하기도 하기 때문에 교회의 본질적인 업무인 복음선포와 체험에 있어서 아쉬운 점들이 있다.

퀸즈 지역의 교회들을 대상으로 한 민평갑 교수의 조사에 의하면(1990), 한인 이민자들이 교회를 출석하는 중요한 이유는 영적인 이유 외에도 아래의 네 가지 사회적 기능이라고 한다.

첫째, 한인들 사이의 교제이다. 대부분의 교인들은 주류사회에서 나누지 못하는 한국인들의 정서에 맞는 교제를 교회에서 나누게 된다. 그래서 교회에서 매주 점심이나 저녁을 제공 받으며 다른 한인들과의 교제를 나눈다.

둘째, 교회는 한국문화와 전통을 유지하는 중요한 매개체이다. 자녀들을 위하여 한국문화학교를 운영하며 한국문화와 전통을 가르쳐 주고, 모국의 광복절이나 추석 등을 지키게 해서 한국인으로서의 문화를 고수하도록 한다.

셋째, 신규이민자들을 위한 봉사센터가 된다. 통역이 필요한 경우 통역을 해 주고, 직장을 구하거나 자녀들의 학교정착을 위해서 상담도 해 준다. 교회가 작으면 작을수록 목회자나 교회 지도자들에게 더 큰 기대감을 갖고 있다.

넷째, 사회적 지위를 교회 안에서 제공함으로 이민으로 인해 생긴 심리적 공허감이나 불안감을 줄여 준다. 이민자들에게는 주류사회에서 리더십을 발휘할 기회가 많지 못하다. 결국 교회 안에 있는 직분에 대한 관심이 높아지게 되고, 이런 직분을 하나의 감당할 만한 역할로 보기보다는 신분의 향상으로 착각을 종종 하게 된다.

김희자 교수(1996)의 어떤 미국 중서부에서의 관찰에 의하면 200명이 채 되지 않는 어떤 교회에 '장로'라는 타이틀을 갖는 분들의 수가 28명이었다는 기록이 있다. 그 교회의 목사는 교회의 역할을 40% 영적인 것, 60% 문화적인 것으로 보았다. 이민교회 안에서 권력에 대한 문제들이 심각하게 대두되고 있고, 지금도 이런 이유로 많은 교회들이 분열되고 있다.

오석환 목사(1993)가 LA지역 대학생들을 상대로 조사한 결과에 의하면 63%의 대학생들이 그들이 중·고등부 학생들이었을 때, 자신들의 교회가 싸움에 의해 분열되는 것을 직접 목격하고 체험했다고 한다.

이민교회는 늘 복음의 중요성을 말해야 하고, 복음의 우선순위를 앞세워서 교회는 무엇보다도 먼저 영적인 일에 책임을 지고 있다는 것을 가르쳐야 한다. 다시 말해서 교회는 복음 중심적이어야 한다. 즉, 디아스포라의 삶 속에서 상처받고 방황하는 신자들이 무엇보다 예수 그리스도의 복음을 통해서 치유함과 자유함을 받아야 한다. 그래서 교회는 복음을 선포하는 일만큼은 한 치의 양보나 타협 없이 주님 오실 때까지 충성되게 맡은 사역을 감당해야 한다.

좀더 구체적으로 말해서 목회자와 평신도 지도자들이 솔선수범해서 먼저 전도하고, 삶을 바꾸어 주는 복음의 능력을 체험해야 한다. 교회마다 전도나 구도자 사역이 필수적으로 설립되어야 한다. 또한 주일 메시지도 안 믿는 사람들을 생각하며 정기적으로 전도설교를 해야 한다. 주님께로 가까이 오는 신자들에게 지속적으로 그들의 삶과 결국은 그들의 세계관을 변화시키는 상황적 제자훈련을(Contextualized discipleship training) 교회의 주된 업무로 생각하고 초점을 맞추어야 한다.

2. 이민교회는 변화에 민감한 교회가 되도록 최선을 다해야 한다

지금 우리는 엄청난 변화의 시대를 지나가고 있다. 이 시대는 농경사회를 거쳐 산업사회, 산업사회를 거쳐 오늘날의 정보사회가 되었다. 미국 주립대학연합회 의장인 애플베리(James Appleberry)는 인류에 의해 소유된 지식의 총계가 1900년에서 1950년에 이르는 사이에 배가 되었고, 그 이후 1970년대까지 10년 내에 배가되었으며, 그때부터 5년 내로 또 배가되어 오고 있다고 말했다. 2020년에는 그것이 73일마다 배가되어 가리라 예측했다.

디지털 테크놀로지의 보편화부터 인간복제의 가능성에 이르기까지 고도의 기술발달은 우리의 삶을 편리하게 만들면서도 한편으로는 늘 새로운 것을 습득하고 대처하도록 도전을 주고 있다. 이런 급변하는 이 시대에 변화에 민감하게 대처하지 못한다면, 우리는 시대적으로 뒤떨어지는 사람들이 되고야 만다. 교회도 이런 엄청난 변화에 대응해야 한다. 우선 변화가 무엇인지를 연구해야 하며, 교회 안에서 무엇이 변화되어야 하며, 또 의도하는 변화들이 어떻게 성공적으로 이루어질 수 있는지에 대해서 끊임없는 연구가 필요하다.

이민교회는 모국의 교회나 또 주류사회의 교회들보다 더 변화에 민감해야 한다고 본다. 그 이유는 '이민교회'라는 존재적 개념 자체가 변화에 둔감할 수밖에 없는 그런 상황에서 시작되었고, 또 지속되기 때문이다. 이민교회가 추구해야 할 방향은 주류사회로부터 고립되어 정체된 모습을 유지하는 것도 아니요, 무분별하게 주류사회의 가치관 속으로 빨려 들어가 동화되는 것도 아니다. 이민교회는 필히 나름대로의 제3의 정체를 위한 문화 창조에 힘써야 한다.

사회는 급속도로 바뀌고 있는데, 이민교회는 바뀔 생각을 하고 있지 않다. 본인이 섬기는 교회의 경우, 지난 몇 년 사이에 예배를 위한 LCD 프로젝션을 사용하는 파워포인트 프리젠테이션과 동영상을 제작해서 예배 중에 사용하는 것이 보편화되었다. 더 이상 찬송가를 교회에 가지고 올 필요가 없이 이제는 모든 것이 화면에 비추어진다. 그러나 이런 기술적인 변화에 적응하는 것을 통해 교회가 변해 가고 있다고 말할 수 있는가? 진정 변해야 할 것들은 무엇인가? 현재 우리가 갖고 있는 리더십 스타일, 교회의 가치관, 사명선언문 등이 과연 21세기를 맞는 이민교회로서, 그리고 급변하는 세상에 적극 대응할 수 있는 최선의 방법인지를 생각해 보아야 한다.

그래서 우리는 먼저 이민교회가 왜 변화에 둔감한지 살펴보고자 한다.

1) 고립과 정체는 이민교회의 존재 자체를 정당화시켜 준다

이민교회는 고립과 정체라는 두 가지 속성에 그 생명과 칼라를 두고 있다. 다시 말해 이민교회가 모일 수 있는 이유가 교인들이 주류사회에서부터 고립된 공동체를 이루기 때문이고, 이민생활에서 오는 온갖 변화와 또 동반하는 스트레스를 교회의 정체를 통해서 위로 받고 있기 때문이다. 이민자들은 자신들의 삶이 너무나 많은 변화 속에서 살아가기 때문에(이민, 정착, 언어, 문화충격 등) 교회만큼은 변화로부터 면제받기를 원하는 심리가 있다고 보는 것이다. 그래서 전통을 그대로 유지하는 옛 교회의 모습 속에서 위안을 받는 것이다. 몇 년 전 한국의 유명한 목사가 이민교회에 와서 집회를 하면서 자신이 마치 민속촌에 온 기분이

라는 표현을 했는데, 이민교회의 칼라를 잘 말해 주었다고 본다.

　이런 이민교회의 속성 때문에 변화를 시도하기란 참으로 힘들다. 물론, 누구나 변화가 필요하다는 것에 대해서는 이론적으로 동의한다. 또한 교회가 시대에 걸맞게 새로워지지 않으면 화석화된다는 사실과, 이민교회가 다음 세대를 제대로 준비하지 않으면 당세대에서 결국 교회는 문을 닫을 수밖에 없다는 것도 잘 알고 있다. 그러나 이런 현실 앞에서, 누군가는 의도적으로 변화를 주도하면서 이민교회를 올바로 이끌어 나가야 한다는 결론과 함께 강하고 명철한 리더십이 어느 때보다도 이민교회에 필요하다는 결론을 내리게 된다.

　2) 이민교회는 교회발전을 위한 정보습득과 교환에 대단히 느리다
　이민교회가 게토화되어서 고립된 생활을 할 때 나타나는 가장 큰 문제점은 바깥 세상이 어떻게 돌아가는지를 잘 모른다는 점이다. 이민교회의 네트워크가 대부분 주위의 이민교회들이나 모국 교회들을 모델로 해서 이루어지게 된다. 그러다 보니 교회 정보를 습득하는 데 있어서도 속도가 느리다. 그 한 예로, 요즘 우리 교회가 알파 코스를 진행하려고 한다. 사실 나는 영어목회를 하면서 거의 10년 전에 알파 코스에 대해서 알게 되었고, 그 프로그램과 유사한 QUEST라는 것을 만들어서 2세들을 위한 구도자 사역을 했다. 10년 후에, 1세 한국어 목회를 하게 되면서 알파 코스를 시작하려 했지만, 교회의 지도자들에게 이 프로그램이 너무 생소했기 때문에 지연되게 되었다.

　안타까운 것은, 조금만 눈을 뜨고 거리를 운전하면 왠만한 캐나다인 교회들의 앞 마당 광고에 알파 코스를 위한 팻말을 볼 수 있다는 점이다. 그만큼 이민자들에게는 주류 사회와의 정보 교환이 늦다. 이민교회가 알파 코스를 제대로 도입하기 위해서는 이 프로그램이 먼저 한국으로 수입되어서 그곳에서 히트를 쳐야 하고, 누군가가 우리 말로 번역된 이 프로그램을 캐나다로 재수출해야만 가능한 것이다. 알파 코스의 경

우 이렇게 되는 10년 이상이 걸리는 것 같다.

요사이처럼 인터넷 하이웨이를 통해서 온갖 정보가 교환되고 공유되는 시대에 이민교회는 특별히 노력을 해서 시대적으로 뒤떨어지지 않도록 해야 한다. 이민교회의 지도자 입장에 있는 목회자와 평신도들은 특별히 컴맹에서 벗어나야 하며, 급변하는 세상을 향해 교회가 어떻게 적응하며 대응해야 하는지 고민해야 할 것이다.

3) 이민교회가 변화에 둔감한 이유는 고령화된 리더십 때문이다

한국인들의 정서에는 역할과 신분의 차이가 별로 없다. 예를 들어서 한 교회에 장로가 되면, 장로 임직이 우선적으로 그 교회를 위해서라는 생각보다는 하나님 앞에서 영원히 장로가 된 신분의 변화라고 생각한다. 그러다 보니 교회 안에서 중직의 위치가 중요해진다. 장로나 권사가 되는 것이 마치 신분의 변화라고 생각하는 그런 상황에서는, 신앙생활을 오래 하면 할수록 많은 사람들은 장로, 권사가 되기를 원하고, 또 그렇게 불려지기를 원한다. 장로나 권사가 될 때까지 교회에서 잘 섬겨야 하고, 장로나 권사가 되고 나서도 계속해서 그 신분을 갖고 교회 일을 주관한다.

그러나 여기에서 오는 한 가지 폐단은 교회의 고령화된 리더십이다. 장로나 권사의 생각은 시대의 변화에 상관없이 가장 현 세대의 필요를 잘 읽고 그들을 인도할 수 있다고 믿는다. 창의력과 패기가 넘치는 차세대가 리더십을 이어 받으려면 오랜 시간을 기다려야 하는 것이다. 그래서 많은 경우 변화를 주도할 수 있는 젊은 세대가 상대적으로 교회에서는 변두리 생활을 하게 된다.

결론적으로, 이민교회는 변화에 대한 집중적인 연구를 해야 한다. 변화 자체를 위한 변화가 아니라 변하고 있는 세상에서 효과적으로 교회의 사명을 감당하기 위해서는 변화를 두려워해서는 안 된다. 이민교회가 갖고 있는 현재의 리더십 스타일, 목회 가치, 사명선언문 등이 과

연 급변하는 이 시대에 가장 최선의 대응 방법인지를 깊게 생각해 보아야 한다.

과연 이민교회는 어떤 리더십 스타일을 가져야 할 것인가? 하향식 전달에 익숙한 유교적 전통을 가진 이민 1세의 리더십이 어떻게 이민 2세, 3세와 공존하기 위해서 변해야 하겠는가? 교회의 가치관은 어떤가? 그동안 이민교회는 이민자의 정착을 위해 주력했는데, 이제는 차세대와 교회 밖의 세상을 위해서 어떤 의도적 변화를 시도해야 하겠는가?

좀더 구체적으로 말해, 이민교회가 변화에 민감하려면 어떤 배려를 해야 하는가? 무엇보다도 우리는 교회의 본질적인 사명과 부수적인 업무를 구별하는 지혜가 필요하다고 본다. 본질적인 것은 교회의 생사를 판가름한다. 그리스도의 유일성, 죄사함과 용서의 체험, 사랑의 공동체를 통한 그리스도의 사랑 등은 변할 수 없는 진리이다. 그러나 복음의 내용을 어떻게 전달할 것인가 하는 커뮤니케이션과 '포장'에 대한 이슈들은 부수적인 것들이다.

우리 주변을 보면 너무나도 형식에 매여 마치 부수적인 것이 본질적인 것으로 변질되어 있는 것을 보게 된다. 예를 들면 강단이 무대식으로 되어야 할 것인가 아니면 전통적인 말씀 중심으로 되어야 할 것인가? 교회에서는 자유자재로 책이나 음식물을 판매를 할 수 있는가 아니면 모든 판매를 일절 금하는 것이 좋은가? 우리는 이런 내용들을 진지하게 토론하면서 마치 이것들을 심각한 신학적인 이슈로 생각한다. 그러나 나는 이것은 커뮤니케이션의 포장에 관한 것이라고 생각하며, 교회마다 상황에 맞는 방법을 선택해야 한다고 믿는다. 다시 말해서, 우리는 불변하는 복음의 내용과 각자의 문화나 상황에 걸맞는 포장방법을 잘 구별할 수 있는 지혜가 필요하다. 무엇이 항상 바뀔 수 있고, 무엇은 절대로 바뀔 수 없는지를 구별하는 성숙한 교회와 리더들이 되어야 한다.

이민교회에서는 변화에 대한 계속적인 연구와 자기성장이 필요하다. 계속되어 가는 세계화 과정 속에서 이민교회가 영향을 발휘하기 위해서는 목회자와 평신도 지도자들이 끊임없는 성장을 위해서 노력해야 한다. 특별히 이민교회 지도자들은 인류문화학에서 도움을 받을 필요가 있다고 생각한다. 문화가 무엇이며, 세계관이 무엇이고, 왜 문화는 변화를 저항하는지, 또한 1세와 2세 사이의 문화차이는 무엇인지, 이민자 문화와 주류사회 문화와의 접촉 및 충돌에 대한 연구 등을 지속적으로 할 필요가 있다고 본다.

3. 이민교회는 사도성을 강조하는 교회론으로 재무장해야 한다

그동안 우리는 교회론에서 교회의 사도성을 충분히 이해하고 강조했는지 생각해 보아야 한다. 교회의 속성 중에서 사도성이란 세상으로 보내심을 받은 교회라는 내용을 강조하는 것을 말한다. 통상적으로 교회가 선교사를 세상으로 보내는 정도가 아니라 교회 전체가 세상으로 보내심을 받았다는 확신 아래 생활해 나가는 교회론을 말한다.

성경은 교회에 대한 여러 가지 그림 언어를 사용해서 표현하고 있다.

1) '그리스도의 몸'이라는 그림 언어이다

교회를 말하는 데 있어서 가장 많이 사용되는 이미지일 것이다. "이는 성도를 온전케 하며 봉사의 일을 하게 하며 그리스도의 몸을 세우려 하심이라"(엡 4 : 12). 몸이라는 말을 쓸 때에는 교회가 조직체라기보다는 유기체가 된다는 것을 강조하고 있다. '몸'이라는 표현은 교회의 유일성과 보편성을 강조한다. 즉, 교회는 하나이다.

2) '그리스도의 신부'라는 그림 언어가 있다

"그러나 교회가 그리스도에게 하듯 아내들도 범사에 그 남편에게 복종할찌니라 남편들아 아내 사랑하기를 그리스도께서 교회를 사랑하시고 위하여 자신을 주심같이 하라"(엡 5 : 24 - 25).

이 그림 언어는 교회의 도덕적 순결성을 강조한다. 마치 신부가 순결한 모습으로 신랑을 기다리듯 교회도 다시 오실 예수님을 순결하게 기다려야 한다는 것이다. '거룩하다'는 말은 '분리되어 있다'는 말과 같다. 그래서 성도를 가리켜 "예수 그리스도 안에서 거룩하게 된 자들"(고전 1 : 2)이라고 부른다. 오늘날 교회가 세상에 침투하기보다는 세상이 교회 안으로 들어오고 있는 실정에, 교회는 어느 때보다 그 순결성을 유지하면서 주님 오실 때를 준비하고 기다려야 할 것이다.

3) 중요한 그림 언어는 '하나님의 백성'이다

"오직 너희는 택하신 족속이요 왕 같은 제사장들이요 거룩한 나라요 그의 소유된 백성이니……"(벧전 2 : 9). 이 그림을 사용할 때, 교회는 하나님의 부르심을 받아 세상으로 보내져서 하나님의 목적을 수행해 가는 믿음의 공동체라는 중요한 교회론이 정립된다.

이민교회는 부르심을 받고 어두움에서 구원받아 나온 성도들이 믿음의 공동체를 이루고 다시금 세상으로 들어가는 의미 있는 개입(meaningful engagement)을 갖는 것이라는 교회론의 일부를 강조할 필요가 있다. 그 이유는 많은 이민자들이 주류사회를 대할 때, 내가 돈을 벌기 위해서, 아니면 나의 자녀들이 성공하기 위해서 필요한 이용의 대상이라고 생각한다. 그러나 사도성을 강조하는 교회관을 갖고 있다면, 세상은 내가 이용하기만 하는 곳이 아니라 하나님이 세상을 사랑하신 것처럼(요 3 : 16), 나도 이 땅을 새롭게 만들어야 한다는 사명의식을 제대로 갖게 된다. 이런 관점에서 이민교회는 사도성을 강조하는 교회관을 가지고 이 세상으로 나가야 할 것이다. 그렇게 되면 주위에 있는 주류사회의 영혼들에 대한 구체적인 부담감을 갖고 살아가게 된다.

또한 사도성을 강조하는 교회론에 입각해 보면 교회 전체가 하나님의 부르심을 받아 세상으로 보내심을 받았다는 뜻이다(요 20 : 21). 즉, 이것은 교회가 선교적 마인드를 가질 수밖에 없음을 말하고, 이 마인드는 교회 전체가 가져야 할 것을 가르친다. 그동안 이민교회는 모국의 교회와 더불어 활발한 선교사역을 해 왔다. 그런데 교회의 사도성을 제대로 이해한다면, 우리는 선교사를 파송하는 교회로서만 그 사명을 감당하는 것이 아니라 교회 전체가 파송을 받아서 이 세상으로 보내심을 받았다는 생각에 잠기게 된다. 온 교우가 세상의 일터에 나가서 전도에 힘쓰며 사회 발전에 총력을 다하는 생각을 가져야 한다. 온 교우가 평신도 사역자로 깨임을 받고 세상으로 보내심을 받는다는 것이 사도성의 주요 사상이다. 그래서 비록 소수의 무리라 할지라도, 이민교회는 주류 사회에 큰 영향력을 미치는 교회로 변할 수 있다.

본인이 섬기는 교회는 토론토에 산재한 많은 소수민족들에 대한 관심을 높이고 있다. 교회의 사도성을 강조하다 보니까 선교사를 멀리 보내는 것도 중요하지만, 우리 주위에 있는 복음을 모르는 타 민족들에게도 관심을 갖게 되었다. 그래서 지금 우리 교회에는 미얀마 교인들과 라오스 교인들이 오후에 교회의 한 부분을 빌려서 예배를 드리고 있고, 온 교우들이 기쁜 마음으로 그들을 수용하고 있다. 이제 태국과 캄보디아 교회가 우리 교회를 통해서 개척이 되었으면 하는 마음이다. 교회가 선교사를 파송하는 것도 중요하지만, 교회 자체가 일주일 내내 세상으로 파송되어 빛과 소금의 역할을 해야 한다는 것을 깨닫고 있다.

4. 이민교회는 섬김의 리더십으로 거듭나야 한다

한 가지를 더 말한다면, 이민교회는 섬김의 리더십으로 거듭나야 한다고 본다. 이민교회가 갖고 있는 고질적인 문제 중에 하나는 힘을 갖고 있는 사람들이 권위의식을 통해 하향식 의사소통을 하고, 그것을 통해서 갈등이 생기며, 또 갈등 해소를 원만히 처리하지 못한다는 점이다. 교인들 사이에 직분과 명예를 놓고 분분하며, 목회자와 평신도 지도자들 사이의 편치 못한 관계들은 교회가 교회로서의 기능을 백분 발휘하지 못하는 주요 원인이다. 우리는 성서적 리더십에 입각해서 교회가 늘 새로워지고, 교회가 교회의 본질적인 사명을 감당할 수 있도록 최선의 환경을 만들어야 할 책임이 있다. 결국은 리더십의 문제인 것을 고백하지 않을 수 없다. 목회자들과 평신도 지도자들의 리더십이 획기적으로 개선되어야만 교회가 사명감당을 위한 올바른 시작을 할 수 있다.

이것은 섬김의 리더십으로 연결되어야 한다. 우리가 늘 해 온 말이지만, 과연 섬기는 리더십이란 무엇인가? 이민교회에서 필요한 섬기는 리더십이란 사람을 세우는 리더십이라고 말하고 싶다. 리더십의 최종 단계는 리더를 길러 내는 것, 즉 사람을 세우는 것이다. 섬기는 리더십은 empowering leadership이라고 말할 수 있다. 우리말로 empowering이라는 단어를 제대로 번역할 수 없다. '권한부여' 라고 할 수 있겠지만, 원문과는 거리가 멀다. 권한부여는 일단 권한을 박탈당할 수 있다는 전제 아래 일하게 된다. 이런 환경 속에서 창의적인 시도나 접근이 가능한가? 반면에 섬기는 리더십은 사람을 세운다. 권한을 부여하고 함께 일하며 하나님의 나라를 확장해 나가는 것이다. 이 부분은 특별히 2세목회(차세대 목회)를 잘 세워 주는 데 필수적이라고 하겠다. 차세대 리더십을 세워 주는 섬김을 통해 디아스포라의 신앙은 지속된다.

결론

디아스포라의 믿음은 회복되어야 한다. 이민교회가 교회로서의 본질적인 사명을 잃지 않고, 변화에 민감해서 급변하는 시대에 대처할 수 있는 능력을 갖는다면, 세상을 보내심을 받은 빛과 소금의 사명을 감당하며, 섬김의 리더십을 통해서 하나님 나라를 크게 확장할 수 있는 밝은 디아스포라의 신앙이 되기를 기대해 본다.

참고도서

이재철, 「회복의 목회」.
이원설, 「21세기를 향한 비전과 리더십」.
옥한음, 「평신도를 깨운다」.

Kim, Hee Ja, 1996. Pastoral acculturation influences on Korean immigrant's value system, Chongshin Theological Journal, 1 : 121-146.

Min, Pyong Gap, 1992, The structure and social functions of Korean immigrant churches in the United State, International Migration Review, 26(4) : 1370-1394.

Oh, Sukhwan, 1995, Christian Korean American Alliance Survey Result : 1992-1993, Bellflower, Calif : CKAA.

7. 영국 한인교회의 실제와 전망

우구현 목사 | 런던 영락교회 담임

2007년 11월 5일자 영국의 한인신문인 「코리언 위클리」에서, 현재 영국 내 한인들의 숫자 통계를 유럽에서는 가장 많은 4만 2천 명으로 추산했으며, 이것을 발표한 재영 한국 대사관 측에서는 분명한 직업 분포와 숫자는 어림으로만 알 수밖에 없다고 못 박았다.

2007년 7월부터 영국 내 모든 술집 및 공공장소에서의 흡연 금지가 법제화되어 실시되었다. 문제는 그동안 술과 담배 피울 좋은 장소를 제공해 왔던 영국 내 모든 팝(pop)에서는 술 손님이 줄어들어 문을 닫아야 된다고 정부를 상대로 데모를 벌이기도 했다.

상기 두 가지 예에서 쉽게 추론될 수 있는 상식적 예상 결과는 다음과 같다. 먼저 재영 한인 통계를 보고 예상되는 결과는 이렇다.

첫째, 유럽에서 제일 많은 한인들이 있으므로, 즉 적어도 유럽에서는 제일 큰 한인교회가 있어야 한다. 그리고 두 번째 영국 금연령 실시 후 팝의 경우에는 현저히 술 손님이 줄어 매상이 줄어드는 것이 당연한 예상이다.

그러나 이 두 가지 예측이 전혀 들어맞지 않았다는 사실이다. 팝의 경우에는 금연 실시 이후 오히려 손님이 다소 늘었다. 이유인즉 술집 분위기가 부드러워졌으며, 단골 손님의 확보와 꾸준히 드는 손님 시간 차이가 줄어들어 결과적으로 더 많은 손님들로 매상을 올릴 수 있었다는 것이다.

영국 내 한인 숫자에 비례한 한인교회의 교인들의 숫자는 어떠한가? 한 가지 간과된 점은 대사관 통계 자료는 어디까지나 어림치라는 것이다. 그것은 영국의 한인들은 상당히 유동적이라는 의미이고, 단기 체류자가 많고 쉽게 한인들이 한인사회의 맥을 가지고 부담을 가져야 하는 한인교회에 교인으로 등록하기보다는 필요에 따라 현지 교회에 등록하지 않고 출석한다는 의미가 된다. 결국 공식적으로 런던에만 70여 개의 한인교회가 있지만 대여섯 개의 교회 외에는 성인 30명 미만의 미자립 형태를 띤다는 상식이 도출된다. 여기서 미자립이라 함은 물론 목회자의 생활비를 전적으로 책임지지 못한다는 의미이다. 해외 한인 목회자들을 선교사로 파송하여, 생활을 한국 교회에서 책임지는 교단의 배경을 가진 목회자들은 소신껏 목회하며, 오히려 부담을 적게 갖게 되어 그들의 교회에는 한인들의 등록율이 높다.

살펴본 예의 경우처럼 상식적인 예상을 뒤엎는 결과는 비단 한인교회 교인 수에 국한되지 않고, 영국 한인사회의 다방면에 적용될 수 있다. 본 글에서는 영국 내 한인교회의 실제를 고찰하고자 한다.

1. 영국에 와서 배우는 귀족주의

영국의 한인교회들은 한인 이민사와 더불어 형성되어 왔다. 또한 유럽이나 제반 타국의 이민교회들에 비해 독특성이 있어 온 것도 사실이다. 또한 선교의 영역과는 달리 이민 목회는 다각적인 형성과 전망을 시도할 수 있다.

영국의 사회 문화 이해를 위한 독특성 중에서 가장 상기할 점은 아직 귀족 문화가 살아 있다는 것이다. 물론 제국주의가 꽃 피웠던 빅토리아 여왕 시절보다는 못하지만, 아직도 귀족들만의 문화가 존재하는 이유 중의 하나는 미국으로 건너간 청교도들의 사건이 있은 지 1세기가 지나지 않아 영적 대부흥의 운동이 웨일즈와 잉글랜드 지방에서 일어난 영국 교회사의 흐름과 무관하지 않다. 왜냐하면 부흥운동이 귀족들을 거스르지 않고 인정하는 쪽으로 사람들을 독려했기 때문이다.

19세기 중반부터 일어난 사건들 중의 하나는 산업혁명 이후 자본가와 노동자의 대립이 극심했을 무렵 마르크스가 영국으로 와서 시도했던 일의 흐름은 이왕에 일어난 불란서 대혁명과는 달리, 영국은 압박 받는 노동자와 농민들이 의외로 잠잠했다는 사실이다. 물론 여기서 영국의 자본가(Gentry)들은 현재 형성되어 있는 귀족계급의 전신으로 볼 수 있다.

마르크스와 그의 후계자들이 발을 못 붙일 수밖에 없는 이유에 대해 구구한 역사적 해석들이 있어 왔다. 또한 불란서 대혁명이 반드시 마르크스의 영향이 아니라 당시 이신론의 영향을 받았다는 해석도 있기는 하다. 그러나 웨슬리나 조지 뮬러, 조지 휫필드 같은 부흥의 거인들은 당시 신흥 귀족 계급인 자본가들에게 성경의 원칙대로 반발하지 않도록 노동자들을 신앙으로 교화하였다. 어찌되었든 영국의 기독교는 귀족계급을 인정하는 쪽으로 형성되어 왔다.

문제는 사회 문화 전반에 여전히 팽배해 있는 이것을 한인들이 배우고, 자연히 한인교회 구성원들도 이 계급적인 우월감을 충족시키려 한다는 것이다. 여기서 기이하게도 우월감 충족의 대상으로 목사가 희생되는 경우가 가장 많다.

그래서 이곳 교회에 담임목사 자리가 비게 되면 자신들에게, 귀족들이 평민들에게 배려하는 희생이나 있는 듯이 영국 실정을 잘 모르는 한국에서 갓 청빙되는 목사나, 아니면 목사 안수가 불분명한 약점이 있는 목사들을 청빙하여, 그 약점을 사용해 군림하려 한다. 그래서 목사들에게 정원 손질뿐만 아니라 자식들을 돌보도록 맡기기도 하고, 이삿짐 나르기, 모든 민원 심부름, 목사 사택에서 교인들 식사 제공 등을 무료로 봉사해야 하며, 이런 헌신이 있는 목사가 섬기는 종의 모습을 가진 참 목자라고 풍설을 만들며, 말씀 외에 비본질적인 일들을 태만히 한다고 생각되면, 곧바로 사랑이 없는 삯꾼 목사로 소문 내며 험담하는 데 이 귀족주의가 크게 한 몫 하고 있다. 이렇게 목사들을 하인 부리듯 하는 경우가 많은데, 더군다나 교인 중에 많은 비율로 아직 정식 학교에 등록하지 못하고 어학연수를 하고 있는 사람들로서는 그들의 귀족 취향(?)에 어울리지 못하고 낙오하게 된다.

이런 이상한 현상들을 경험해 보지 못한, 한국에서 신앙이 제법 자리를 잡았던, 갓 온 사람들도 얼마 되지 않아 곧 그들의 귀족주의에 동화되고 만다.

2. 한인교회 수에 비해 교인들이 적은 이유(한인교회 역사에 비추어)

서론에서 언급하였듯이 유동인구(단기 체류자 : 유학생, 관광객)들은 많지만 교회에 정착할 부동인구(장기 체류자 : 직장 상사 주재원, 각종 비즈니스 정착 교민)는 많지 않기 때문이다.

100여 개의 한인교회(공식 : 70개 교회, 비공식 : 30개 교회)를 4만 2천 명(성인, 유아)의 20% 개신교 한인 인구를 계산한 8,400명에 나누면 각 교회당 평균 84명 꼴로 계산된다. 그러나 실제로 대여섯 교회를 빼면 성인 20여 명 미만, 심지어는 목회자 가족들만 참석하는 교회가 대부분이다. 물론 교회는 한국에서 온 불신자들에게도 전도에 전력하고 있다.

여기서 큰 교회, 작은 교회로 나누기보다 교회 재정의 자립도가 있느냐 없느냐로 나눌 때 다소의 차이는 있으나 대략 120명 정도의 등록 교인으로 구성된 "자립교회냐 아니냐?"의 기준으로 구분하는 것이 더

쉽겠다.

영국에서 제일 먼저 세워진 한인교회는 '런던 한인교회'(구 : 킹스턴 한인교회)로 영국 장로교회 교단 소속(International Presbyterian Church - 현재 한국 교회 포함, 7개 교회 영국 내 군소 교단)으로 임직한 김북경 목사가 1978년 9월 20일 런던 남서쪽 교외 한인들의 주요 거주 지역인 뉴몰든, 킹스턴 지역에서 개척한 것이 효시이다. 이 교회는 현재 등록교인이 약 200명이다. 이 교회 구성원은 주로 영국에서 78년 당시로부터 상사 주재원으로 있다가 정착하여 교민이 된 사람들과 그 가족들이며 주로 상사 주재원 및 당시 연관된 비즈니스로 영주 및 귀화한 경우이다.

다음으로 오래된 교회는 '런던 한인 일링 교회'로 당시 런던 한인교회에 출석하고 있던 대우 상사 주재원들이 Ealing 지역에 회사와 주택이 있었던 바, 김북경 목사의 과감한 결단으로 당시 영국에 유학 와 있던 하용조 목사(현 서울 온누리교회 담임)로 1982년 9월 19일 분립 개척하도록 하였다. 그 교회 역시 런던 한인교회와 구성원이 다를 바 없다. 현재 등록교인은 120명 정도이다. 그러나 일링 교회는 예로 든 그 귀족주의의 희생으로 교회를 개척한 하용조 목사까지도, 개척 1년 후 사임토록 했다. 그 후 일링 교회는 담임목사만 일곱 명이 바뀌고, 현재는 자신들의 귀족주의를 잘 이해하고 협동하는 목사로 8대째이다. 영국 이민 교회 역사상 전무후무하다. 그래도 주님께서는 손해 보지 않으시고, 이 교회를 사용하신다.

그 다음은 '킹스크로스 한인교회'로 1980년 12월 21일 역시 런던 장로교회에서 분립 개척되었다. 현재 등록인원이 200명 정도 되는 영국에서는 몇 안 되는 큰 한인교회에 속한다. 이곳 구성원은 상당히 흥미롭다.

당시 런던 장로교회의 귀족주의에 희생되고 있었으며, 한인 음식점들을 열고 있었던 교인들이 귀족주의에 희생되지 않고, 자신들이 오히려 행사할 수 있는 기회로서 킹스크로스 교회를 개척하게 된다. 다툼으로 해도 전파되는 것은 그리스도라면 기뻐할 수 있는 바울의 정신처럼 이 교회는 런던 한인교회와의 경쟁으로 대부분의 한인 요식업자들이 단합되어 주일마다 그들의 특기인 한국음식 만찬으로 배고픈 유학생들과 단기 체류자들을 사로잡았다. 그 전통은 지금도 이어지고 부흥하고 있다.

주목할 만하게 근래 교인 수 증가세(현 등록인원 약 200명)를 이룬 '한빛교회'가 있다. 이 교회는 원래 킹스크로스 한인교회에서 귀족주의를 한껏 실천하려 했던 요식업자들에 대한 반발로 담임목사와 부교역자들 간의 갈등이 일어났고, 그 결과 의식 있는 교인들이 원래의 담임목사인 강황 목사(합신 측)와 함께 교회를 1996년 7월 7일 분립 개척했으며, 중직자들의 헌신으로 한때 영국에서 가장 큰 교회로 성장하였다(2002년 당시 등록인원 약 300명). 이 교회의 성장 원인은 절대적인 제직들의 헌신과 복음적인 말씀 선포였다.

킹스크로스 교회 내 참석하고 있던 선교사와 목사들 간의 갈등이 씨가 되어서, 또 하나의 다툼을 부흥으로 바꾼, 주님의 손길을 느낄 수 있도록 태동한 교회는 런던 뉴몰든 한인 밀집 지역에서 1990년 6월 3일 원래 킹스크로스 교회 담임이었던 이승장 목사에 의해 '갈보리 교회'라는 이름으로 다시 태어나게 된다. 이 교회는 한때 등록 교인이 200명에 이르는 런던에서 제일 큰 교회로 2000년 당시 성장하다가 현재는 주춤하여 100여 명 등록 교인에 이르고 있다. 현재 한국의 모 신학대학 교수로 있는 C 선교사는 당시 선교사의 자격으로(선교하였는지 하지 아니하였는지 모름.) 이곳 신학대학에서 박사학위를 얻게 된다. 학위 과정 중 킹스크로스 교회에 출석하던 C 선교사는 당시 귀족주의 성향의 교인들의 요구를 들어주지 않고 복음적으로 소신껏 설교하던 담임 이승장 목사를 축출하도록 교인들을 선동하고 자신이야말로 교인들의 필요성을 채우는 자로 행세하여 자신의 입지의 발판으로 삼으려는 시도가 있었다. 당시 킹스크로스 교회가 가입해 있던 IPC 노회(당시 런던 한인교회 김북경 목사, 노회장)는 철저히 교인들의 귀족주의 욕구를 이승장 목사가 충족시키도록 오히려 압력을 가하였고, C 선교사를 목사 임직하고 두둔하였다.

결국 킹스크로스 교회를 두고 사임하게 된 이승장 목사는 사임 후 뜻을 같이하는 킹스크로스 교회 교인들의 거의 과반수에 해당하는 인원이 갈보리 교회를 개척하게 된다. 현재는 합신 측의 이강호 목사가 2대째 시무하고 있다. 선교의 영역을 목회의 영역까지 침범한 일부 몰지각한 선교사들의 추태가 한인 목회에 어려움을 준 좋은 예이다.

이밖에 자립한 큰 교회로서는 '런던 순복음교회'(1980년 3월 김용복 목사 개척)가 있다(등록교인 현 약 300명). 그러나 이 교회는 현재 한국에서 유행하는 프랜차이즈 스타일 교회로 보면 된다. 여기서 프랜차이즈 교회의 타당성 여부를 가리고 싶지는 않다. 단지 필자는 부정적이다.

현재 이러한 6개 교회 이외에는 대부분 미자립교회들로 보면 된다. 즉, 목회자들의 삶이 여의치 않다. 혹 미자립교회라 할지라도 자신들이 수단(?)껏 한국에서 보조를 받는 목회자들은 제외하고 말이다. 그런 교회들의 교인들은 자신들의 목회자 부분의 재정 부담이 적은 이유로 짐짓 그런 목회자들을 선호하고 있다. 특이할 사항은 영국에서는 한인들이 직업을 갖는 기회와 폭이 협소하여 사모들이라 할지라도 재정에 도움이 될 직업 찾기가 용이하지 않다. 찾았다 한들 물가에 비해 턱없이 모자라는 임금이 지불된다.

런던 지역을 포함하여 지방에서는 대부분 유학 온 목사들이 각 대학을 중심으로, 목사 가족들과 유학생들로 미자립, 산발적 형태를 띤 교회가 대부분이다. 나머지 70여 개의 교회들은 교회 존재 자체가 의심스러울 정도로 열악하며, 대부분 근래 1990년대 말부터 현재까지 꾸준히 교회 수만을 보면 성장하는 추세로 설립되고 있다.

3. 영어교육의 필요성에 따른 교회학교 부흥의 허와 실

타 유럽권에 비해 특이한 교회교육의 효과는 영어교육에 대한 한인들의 필요성과 열성이 주요한 요인이다.

각 교회에 구성되는 인원수로 보자면 청년대학부, 유·초·등, 고등부에 집중되어 있다. 특히 조기유학을 오는 학생들과 그 보호자들은 실제로 영어에 대한 욕구가 대단하다. 영어에 도움이 된다고 생각하는 교회를 선호하는 것은 당연한 이치이다. 반면에, 영국 교회는 영어교육과 교회교육 자체로 보면, 이론은 발달했으나 대상들은 거의 전무하다. 그래서 처음에 유학 와서 한국 교회에 정착하려고 하기보다 영국 교회에 참석하여 언어욕구를 충족시키다 여의치 않아 다시 한인교회로 오든지 표류하는 경우가 대부분이다.

런던에도 교회교육의 질과 양에 있어서 훌륭한 스펄전 목사님이 시무했던 Tabernacle Baptist Church 같은 곳이 있기는 하나, 한인들의 참석에 있어서는 문화적 어색함이 있다.

문제는 영어에 있어서도 나타나는 영국 사회에서의 귀족주의 우월성이 교회 구성원들 간의 위화감으로 나타난다.

이곳에서는 귀족들이 쓰는 영어와 평민들이 쓰는 영어가 억양과 어휘에 있어서 차별대우를 하는 역사적, 문화적 전통이 있다. 북미의 경우는 실용적인 경향이 강해서 악센트에 있어서의 차이점에 상당히 너그러운 편이다. 영국에 온 한국인들의 경우, 이들이 인정하는 영어를 배우려고 하지만 어려서부터 사립학교에 다니지 않고는 불가능하다.

만약에 이곳에서 중국식, 인도식, 기타 아시아식이나 아프리카식으로 발음을 하게 되면, 여기서도 하층민으로 취급받는 코크니 백인 발음이나 미국식 발음보다도 못하게 멸시하는 풍조이며, 그렇게 배운 영어로는 이들이 중산층 직업을 갖기가 어렵다. 인종에 대한 멸시라기보다 영어 발음의 차이로 불이익을 받는다. 앞으로 점점 나아지리라는 전망은 하지만 현재로서는 어둡다.

장기 체류자들의 경우에는 점점 더 이 언어의 또다른 벽을 알게 된다. 그래서 자신들의 자녀들을 비싼 수업료를 내고, 이곳에서도 상류층 자제들이 다니는 사립 초·중·고등학교에 보내게 된다. 물론 대학 입학률도 일반 보통사람들이 다니는 공립학교와는 비교가 되지 않을 정도로 높다.

기왕에 돈 많은 한인들이 이곳에서 정착하는 것과 그렇지 않은 보통의 사람들 간에는 이 위화감이 교회에 팽배한 걸림돌이다.

더군다나 자식들의 문제가 걸린 교육열이 유난히 강한 우리 민족이다 보니 서로의 벽을 허물기는 쉽지 않다. 그래서 교회학교의 문제뿐 아니라 교회 전체의 교인 수 증가에 큰 영향을 미친다. 이러므로 목회자들은 교회학교 교육의 난관에 부딪치게 된다.

어찌되었든 목회자들은 선택을 해야 한다. 그들의 귀족 영어 교육열에 상응하는 프로그램을 도입하느냐, 아니면 차라리 철저히 한국어로 된 복음적 교재와 프로그램을 사용하여 교육을 시키는가 하는 모순에 봉착하는 것이다.

필자의 생각은 이렇다. 신앙의 기준을 원칙으로 하는 것이 교인들의 필요성에 부응하는 것보다 설령 교인 수는 준다 하더라도 복음적인 교회의 모습을 지향하는 것이 좋다고 생각한다.

4. 결론 및 제언

타 문화권에서의 목회와 교육은 목회하는 나라의 역사와 문화와 불가피하게 충돌하게 된다. 아무리 한인들만 목회한다 하더라도 그 추세를 거역할 수 없다. 물론 바울의 선교 이후 선교사들의 전략적 선례가 있다 하더라도 선교학에서 다루어야 할 문제이므로 이곳에서는 피하기로 하겠다.

영국에서의 독특한 목회와 헌신의 난관은 지금까지 살펴본 대로 귀족주의 문화에 편승된 교회 한인 장기 체류자들의 헌신도가 질과 양에 있어서 지극히 열악하다는 것이다.

한 가지 영국 이민교회를 한국이나 구미 굴지의 교회들이 도와주고 싶다면(빌립보서 : 도와주지 않아도 자족을 배울 수 있음.) 복음의 본질에 어떤 방해에도 충실할 수 있는 목회자들을 발굴하여 프랜차이즈 식으로 하지 말고 소신껏 목회할 수 있도록 믿고 후원하는 일이다.

그러나 교인 수 증가에만 집중하며, 당장 나타나는 목회 결과에 천착하여, 그것을 영국 한인교회 부흥의 척도로 여기면서, 동시에 문화적 독특성을 간과하게 되면 후원하는 일에 초점이 맞지 않는 답답함이 있는 것이다.

사족을 달 수 있는 또 하나의 난관과 제안은 이곳에 타민족들에게 선교하도록 파송 받은 선교사들과 한인교회 목사들과 긴장관계의 해소는 후원하는 교단이나 교회가 미리 조율해 줄 필요가 있다고 생각한다. 즉, 선교사와 목회자들 각각의 정체성 확인과 제한이 요구된다.

8. 뉴질랜드 장로교
아시아 교회들의 목회와 교육

> 김건일 목사 | 뉴질랜드 장로교 총회 아시아 총무

1. 뉴질랜드 장로교

뉴질랜드에서의 최초의 장로교회는 스코틀랜드 장로교(Presbyterian Church of Scotland)의 파송을 받은 존 맥파레인 목사가 1840년 원주민 마오리 부족 대표들과 영국의 크라운 사이에 맺어졌던 와이탕이 조약(Treaty of Waitangi) 체결 두 주일 후에 웰링턴에 도착함으로 시작되었다.

그 이후 뉴질랜드에서 활동하던 스코틀랜드 자유 교회(Free Church of Scotland)와 스코틀랜드 장로교회가 1901년 통합하여 지금의 뉴질랜드 장로교(Presbyterian Church of New Zealand)가 되었으며, 그 후 교회의 명칭에 뉴질랜드를 상징하는 원주민 마오리어를 삽입하여 Presbyterian Church of Aotearoa New Zealand(PCANZ)를 공식 명칭으로 결정하였다.

뉴질랜드 장로교(PCANZ)는 그 역사에서 보듯이 스코틀랜드 장로교의 골격 위에 마오리의 문화와 전통을 포용하는 이중문화 교회(Bi-Cultural Church)로 오랫동안 지속되어 왔으며, 지금은 새로운 다문화 교회(Multi-Cultural Church)로의 탈바꿈을 모색하는 단계에 와 있다고 볼 수 있다. 뉴질랜드 장로교가 오랜 역사를 가지고 있으면서도 한 번도 나뉘어진 적이 없는 것은 다양한 사회의 변화 속에서도 언제나 통일성(Unity)과 다양성(Diversity)을 강조하는 전통을 존중해 왔기 때문이다.

뉴질랜드 장로교단은 양육과 교육, 사랑의 봉사, 복음전파, 사회개혁, 창조질서 보존이라는 5대 기본사명 위에서 다양한 정책을 펴 나가고 있으며, 현재 뉴질랜드 전국에 3개의 독노회(Synods)와 22개의 노회(Presbyteries), 그리고 1개의 신학교(Theological Seminary)와 13개의 교단 사립학교(Schools & Colleges)를 운영하고 있다

2. 뉴질랜드 장로교와 아시아 교회들

뉴질랜드 장로교와 아시안 미션(Asian Mission)은 1868년 뉴질랜드 남섬의 오타고(Otago) 노회가 탄광의 중국인들을 위한 선교사역을 허락함으로 시작되었다. 그 후 1897년 남섬의 더니든(Dunedin) 시에 첫 중국 장로교회가 설립되어 오늘에 이르지만 대부분 서양 목회자들에 의해 이끌려 왔다. 뉴질랜드의 제일 도시 오클랜드에는 1930년 중국으로부터 첫 중국인 목사가 부임하였으나 1965년에 이르러 노회로부터 정식 독립교회로 인준 받아 지금의 뉴질랜드 장로교 오클랜드 중국 장로교회(Auckland Chinese Presbyterian Church)로 이어지고 있다(Auckland City, Vincent Street).

뉴질랜드 장로교와 한국 교회와의 인연은 세계 개혁교회 연합(World Alliance of Reformed Churches)을 통해 한국의 기독교장로회(PROK)와 예수교장로회 통합(PCK)과 선교 협력관계(Partner in

Mission)를 맺음으로 시작되었다. 첫 한인장로교회는 대한예수교장로회(PCK)의 방파 선교회가 파송한 김용환 목사에 의해 1985년 수도 웰링턴에서 시작된 웰링턴 한인교회이다.

그 후 1988년 오클랜드(Auckland)와 크라이처치(Christchurch)에 각각 한인교회가 세워져 뉴질랜드 내 한인교회들의 시대가 열리게 되었으며, 이 세 한인교회는 처음부터 뉴질랜드 장로교 회원교회로 시작하여 그동안 많은 고비를 넘기며 지금까지 뉴질랜드 내 한인 이민교회로서의 역할을 감당해 가고 있다. 1990년대에 들면서 뉴질랜드 정부가 새로 제정한 이민정책으로 한국인의 이민 붐이 일어나고, 교회도 우후죽순으로 생기게 되었으며, 뉴질랜드 장로교와 관계하지 않은 한인교회들이 큰 도시를 중심으로 그 숫자를 늘리기 시작하였다.

한국 외의 아시안 교회들은 1989년 오클랜드에 인도네시아 교회(Indonesian Fellowship Church within St Andrew's First Presbyterian)를 시작으로, 1990년 타이완 장로교회(Auckland Taiwanese Presbyterian Church), 그리고 1995년 역시 오클랜드에 중국인 2, 3세들이 세운 중국 영어교회(Chinese Church of Christ King)가 설립되어 새로운 형태의 아시아 교회의 면모를 보여 주고 있다. 그 외 몇 개의 아시아 교회들이 오클랜드 지역을 중심으로 시작되었지만 활발한 모습을 보여 주지 못하고 있다.

3. 아시아교회협의회

뉴질랜드 장로교단은 늘어나는 아시아 교회들의 목회사역을 돕기 위하여 1995년 총회 안에 아시안사역자문위원회(Asian Ministry Advisory Committee)를 두고, 아시아 교회들을 돕고 아시안 목회를 위한 자문역할을 수행하여, 그 활동을 총회에 보고하도록 하였다. 당시 늘어나는 아시아 교회들 중 대부분은 한인교회들이었지만 한인교회들도 별도의 조직을 갖추지 못하였다. 그러나 1995년 총회 내 아시안 사역 자문위원회의 발족과 함께 한인목회자들은 뉴질랜드 장로교 한인목회자협의회(KMA - Korean Ministers Association within PCANZ)를 조직하게 된다. 한인목회자협의회(KMA)는 새로운 목회자들의 정착과 교회개척을 돕는 일, 그리고 뉴질랜드 장로교단 가입 추진과 한인교회들의 위상을 알리는 일에 주력하였다.

그 이후 한인목회자협의회(KMA)의 활동과 아시아 교회들의 성장으로 2000년 초 아시아 교회협의회 준비위원회(Task Group)가 구성되고, 이 위원회의 최종 추천에 따라 같은 해 뉴질랜드 장로교 총회는 아시아교회협의회(Council of Asian Congregations)의 설립을 승인하게 된다.

아시아교회협의회(CAC)는 기본 취지를 다음과 같이 설정하였다.

1) to enable Asian people to worship together, celebrate together, and to get to know each other.

2) to help our Asian congregations and the wider Church in New Zealand to reach out to Asian people in New Zealand with the gospel.

3) to be a voice for Asian people within the Presbyterian Church and within New Zealand society, and where the wider Church can meet our Asian people.

아시아교회협의회(CAC) 구성은 뉴질랜드 장로교가 이중문화에서 복합문화의 교회로 전환해 간다는 중요한 암시를 주는 결정이었으며, 아시아 교회들은 이때부터 연합활동과 상호교류를 활발히 하고, 교단의 중요 의사결정에 한 목소리를 내며, 총회도 이를 주목하기 시작하였다. 그러나 여기서 주목할 만한 것은 협의회의 취지와 목적에서 보는 바와 같이 아시아교회협의회는 여전히 독자적인 의사결정을 하는 권위는 갖지 못하였으며, 아시아 교회들의 친목과 한 목소리를 내어 교단에 영향을 주는 형태의 발전이었을 뿐이다.

한인목회자협의회(KMA)는 당시 20명의 한인목회자가 가입하였고, 아시아교회협의회의 활동에 참여함과 동시에 한인교회들만의 이민목회와 교육 프로그램을 운영하였다.

그러나 주목할 만한 사실은 한인목회자협의회 회원으로서 아시아협의회 활동에는 참여하지만 목사 자신은 물론 교회가 아직 뉴질랜드 장로교의 정식 회원교회로 가입하지 못한 교회가 많았다는 사실이다. 이 점은 교단 내의 또 하나의 소수민족 그룹을 형성하고 있는 태평양 섬나라 출신 교회와 다른 점이기도 하다. 태평양 섬나라 교회들(Pacific Islands Churches)의 목사들은 대부분 뉴질랜드 장로교의 지정 신학교 출신이면서 목사를 포함한 전체 교회 지도자들도 영어에 문제가 없는 사람들이다. 교회 지도자들의 언어 소통은 이민교회의 현지화에 제일 큰 영향을 미치는 요소임에 틀림없다.

이런 이유들로 인해 아시아 교회들 그중에서도 한인교회들의 수는 늘어 가고 있지만 교단의 여러 기구나 지역노회와의 사이에서 상호 이해부족과 서로를 아는 경험부족으로 인해 교단 가입절차는 더 많은 시간과 인내를 요하는 지루한 일이 되고 말았으며, 특히 이 점은 한인목회자협의회의 가장 큰 관심사가 되었다. 필자의 경험으로 이 부분에서 다음의 몇 가지를 지적하고 싶다.

첫째, 뉴질랜드 장로교단(PCANZ)은 PCK, PROK, PCT(Presbyterian Church in Taiwan) 등의 아시아 교회들과 선교협력 관계를 맺고 있으면서도 총회장 혹은 교단 총무 등의 취임인사를 겸한 상호 방문이 가끔 있을 뿐 목회와 교육을 위한 실제적이고 유익한 교류를 이루지 못함으로써 아시아 이민교회들의 안정된 정착과 성장을 위한 도움이 별로 이루어지지 못하고 있다. 이 점은 결국 쌍방이 모두 이민교회들을 위한 일관되고 진취적인 정책을 마련하는 데 아무런 도움을 주지 못하고 특히 다음 세대를 생각해야 하는 중요한 이민교회의 목회와 교육을 방관하는 결과가 되지 않을까 우려가 된다.

둘째, 이민교회를 개척했거나 혹은 기존의 이민교회에 청빙된 목회자들을 포함하여 교회의 지도급 인사들이 이민 현지의 가입을 원하는 교단에 대한 이해와 관심이 부족한 점을 들 수 있다. 이 점은 이민역사가 짧고 교회를 포함한 교민사회가 정착을 위한 현실적 어려움을 극복하기 위해 노력하는 과정에서 오는 당연한 결과일지도 모른다. 특히 목회자들이 자국의 출신교단으로부터 아무런 도움을 받지 못하고 고군분투하는 현실은 이민목회의 원대한 비전보다는 우선 교단가입에 따른 득실을 생각하게 되고, 결국 쌍방에 많은 실망을 안기는 결과를 가져올 뿐이다.

셋째, 뉴질랜드의 이민정책은 정부가 바뀔 때마다 달라지거나 수시로 변하고 있으며, 최근에는 이민자에 대한 영어시험 강화로 인해 아시아로부터의 이민자들 수가 급격히 감소하는 양상을 보이고 있다. 이로 인해 교민사회가 안정되지 못하며 유학생 수도 점점 줄어드는 현실 속에서 아시아 교회들도 재정적 위기를 맞는 교회가 많아지고 있다.

넷째, 교단 가입을 원하거나 이미 가입된 회원교회의 목회자들도 교단의 목회와 교육에 관련된 프로그램이나 정보에 무관심하며 심지어 지역노회 참석이나 관련 업무를 부담스럽게 여기는 경향이 두드러진다. 이는 그것들이 본인의 이민목회와 상관없는 것들이라고 생각하는 점도 있지만 자신의 영어 구사능력의 한계 때문이기도 함을 시인하지 않을 수 없다. 그러나 이민교회는 아무리 이민자들만을 상대하는 목회라고 하지만 그 나라의 사회와 문화, 그리고 교단과 현지인 교회들을 이해하고 접근할 때 참 이민목회의 가치를 발견하게 되고, 또 다음 세대를 생각하는 진정한 이민목회를 수행하게 될 것이다.

이를 위해 아시아 이민목회를 담당하는 지도자들은 현지 언어에 더욱 익숙해질 필요가 있고, 적극적인 참여로 그 시간을 앞당겨야 할 것이다.

다섯째, 앞서 기술한 바와 같이 뉴질랜드 장로교단은 통일성과 다양성을 중시하며 모든 정책결정이나 토론 과정에서 이런 특징들이 반영되고 있다.

역대 총회장들이 강조하는 바는 어떤 의제를 두고도 화해와 연합으로 그리스도의 장성한 분량에 이르기를 바라며, 모두가 그리스도의 지체로서 성령의 하나 되는 체험을 중요시한다. 그러나 아시아 이민교회들은 이를 이해하거나 용납하지 못하고, 어떤 특정한 이슈에 대해 부정적인 시각으로 해석하며 흑과 백의 논리로만 비판할 때가 많다. 아시아 교회 목회자들은 더 적극적이고 긍정적 방법으로 교단의 의사결정과 정책방향에 참여하며 자신들의 신앙과 전통을 알리어 이를 반영할 수 있도록 더 노력할 필요가 있다.

4. 뉴질랜드 장로교와 동성애 문제

매 2년마다 개최되는 뉴질랜드 장로교 총회는 동성애자가 교회의 지도자로 안수 받을 수 있을 것인가 하는 문제(PCANZ and Homosexuality Issue)를 두고 20년 이상 토론한 역사를 가지고 있다. 총회 시마다 극한적인 대립과 격한 토론이 오가며 사회적 관심을 불러일으킨 것이 사실이다. 일부 동성애 지지자들은 사회의 동정과 관심을 모으기 위해 눈물로 호소하는 경우가 많았다.

그러나 한 가지 중요한 사실은 뉴질랜드 장로교가 매번 총회에서 이 문제를 토론했지만 한 번도 동성애자가 교회의 지도자(목사, 장로)로 안수 받을 수 있도록 가결한 적이 없었으며 "동성애는 죄악이다." (Homosexuality is sinful)라는 선언이 가결되었을 뿐이다. 그러면서도 동성애자가 교회의 지도자(Homosexual Leadership in the Church)로 안수 받는 것을 금지하는 조항을 헌법에 삽입하는 것이 60% 통과규정에 묶여 실패하곤 했다. 그러나 총회 본부가 실시한 전체 교인투표(Referendum)에서는 뉴질랜드 장로교인 80%가 동성애자의 안수에 반대하는 입장을 표시하기도 했다.

이 문제로 인해 보수진영에서는 만일 총회가 동성애자의 안수를 지지하는 결의를 할 경우 단체 행동으로 이에 대항 조치를 취하기로 하고, 복음주의 교회연합(NAPEC-National Association of Presbyterian Evangelical Churches)을 결성했으며, 교단 내의 많은 교회들이 가입하기에 이르렀다.

드디어 뉴질랜드 장로교는 오랜 토론을 종결짓기 위해 2004년 크라이처치 총회에서 동성애자의 교회 내 리더십 문제를 최종 표결하여 "동성애자는 교회의 지도자(목사와 장로)로 안수 받을 수 없으며 목사후보가 될 수도 없다."라고 결의하기에 이른다. 이 결의는 다시 전국의 각 지역노회에 통보되어 과반수 노회의 찬성 규정을 통과하였으며, 다시 2006년 오클랜드 총회에서 이를 추인함으로써 최종적으로 뉴질랜드 장로교 총회헌법(Book of Order)에 명시하게 되었다. 이 결의는 뉴질랜드 내의 타 교단들에게, 또 사회적 측면으로도 영향을 주기에 충분한 결의였다(뉴질랜드 국회는 Civil Union법을 통과시켜 현재 동성애자의 결혼을 인정하고 있다). 뉴질랜드 장로교는 이렇게 다양성을 존중하면서도 복음적이요, 보수적인 색채를 강하게 견지하고 있다.

동성애 지도자 문제가 총회에 부쳐질 때마다 아시아 교회들에게는 큰 충격과 소속 교회의 목회자들에게 큰 상처를 남기기도 했다. 뉴질랜드 장로교가 이를 공개적으로 토론하는 과정에서 직접으로나 간접으로 아시안 목회에는 큰 영향을 미치게 마련이다. 그러나 한편으로 아시아 교회들이 이런 이슈에 대해 보다 적극적으로 자신들의 신앙과 전통을 알리고 이를 막는 데 함께 협력하여 보다 긍정적이고 적극적인 이민목회의 틀을 만들어 가는 데 부족했던 점을 인정치 않을 수 없고, 비판과 방관자의 태도로 임했던 것은 참으로 유감스러운 일이다. 다행히 아시아교회협의회(Council of Asian Congregations)는 총회 시마다 보고를 통해 동성애자가 교회의 지도자가 될 수 없음을 피력했으며, 몇몇 아시안 목사들은 토론에 적극 참여하기도 하였다.

5. 아시아 준노회의 추진과 전망

1995년 뉴질랜드 장로교 아시안사역자문위원회(Advisory Committee)가 활동을 시작한 5년 후 아시아교회협의회(Asian Council)의 설립, 그리고 다시 5년이 지난 후 아시아 교회들은 교단 내 아시아노회의 설립을 추진하기에 이른다. 아시아노회(Asian Synod/Asian Presbytery) 설립은 아시아 교회들 특히 한인교회협의회(KMA)의 오랜 희망이었다. 한인교회의 목회자들은 한인교회만의 독자적 노회를 구성하기 원했지만 한인교회들만으로 노회 구성의 여건이 아직은 미흡함을 알고 전국의 아시아 교회들이 함께 힘을 모아 아시아노회를 구성할 것을 설득하고 추진하는 일을 시작한 것이다.

아시아교회협의회(Asian Council)는 독자적인 지위와 권위를 갖지 못한 총회 기구이다. 단순히 아시아 교회들의 사역을 돕고 교단과의 긴밀한 협조를 중재하고 건의하는 역할과 상호 친목을 위한 단체에 불과한 기구였다. 그러나 중요한 것은 아시아 교회들이 교단 내의 어떤 형태의 모임이나 기구에서 단순히 함께 있어 보기가 좋은 구색을 맞추는 일원(partnership in a combo menu)으로서의 역할이 아니라 건강한 교회를 위한 진정한 영양가가 될 수 있는 일원(partner as a necessary ingredient for a healthy church)이 되어야 한다는 사실이다. 이러한 경험들에 따라 아시아노회를 추진하기에 이르렀고, 특히 미국장로교 한미노회로 고무되었다.

아시아노회 설립은 다음과 같은 관심사를 해결함으로 더욱 적극적으로 교단과 아시아 교회들이 함께 성장하는 길을 모색하기 위함이다.

첫째, 아시아노회는 새로 가입을 원하는 아시안 목사와 교회를 직접 심사하여 신속히 가입여부를 결정하고 집행한다.

둘째, 아시아노회는 아시아 교회들의 지도자 훈련과 차세대 지도자 양성을 위한 교육과 훈련을 직접 담당한다.

셋째, 아시아노회는 교단이 정하는 규정과 권위 안에서 목사 안수를 직접 집행한다.

넷째, 아시아노회는 국내와 해외 선교를 자체적으로 운영 활동한다.

다섯째, 아시아노회는 교단 상회비(Levy)를 아시아 교회 실정에 맞게 자체적으로 결정하여 시행함으로써 회원교회로서의 의무를 충실히 하며, 교단운영을 위해서도 최선을 다해 협조한다.

이상의 주요 다섯 가지 사항이 이행될 때 아시아 교회들의 성장뿐 아니라 아시아 교회들과 더불어 뉴질랜드 장로교단의 더 큰 발전이 있을 것을 제시하고 교단 아시아 총무를 중심으로 수많은 접촉과 설득 작업을 수행하였다. 그러나 결국 아시아노회 추진위원회는 Presbytery 대신 Commission이라는 이름으로 먼저 시험 운영할 것을 총회 위원회(Council of Assembly)에 건의하였다. 이것은 아직은 아시아 교회의 수와 경험이 미흡하다는 인식이 깔려 있기 때문이라고 이해된다. 준노회(Commission)로의 전환은 호주 연합교단(Uniting Church in Australia)의 NSW Synod에서 운영 중인 한인 준노회(Korean Commission)를 참고하였기 때문이다.

2006년 교단 총회 운영위원회(Council of Assembly)는 뉴질랜드 장로교 아시아 준노회(Asian Commission)의 시험운영(Trial Operation)을 승인하고, 2008년 총회에 보고하기로 결정하였다. 2007년 8월 현재 아시아 준노회는 시험 운영 중에 있으며, 몇 가지 긍정적인 결과가 나타나고 있다. 현재 오클랜드 지역을 중심으로 소속 교단을 갖지 못한 독립교회들 중에서 아시아 준노회를 통해 뉴질랜드 장로교단에 가입을 신청하는 한인교회들이 늘어나고 있다. 그러나 주목할 점은 많은 노회나 교단의 기구들이 아시아 준노회의 운영을 마치 아시아 교회들의 분리를 조장하는 것이 아닐까 하는 우려와 함께 아시아 교회들에게만 특별한 대우를 한다는 인상을 다른 소수민족 교회들에게 줄 수 있다는 염려가 팽배해 있다는 점이다. 이 점은 계속적으로 보완해 나가야 할 과제이며, 가장 민감히 대처해야 할 사항이다.

6. 다음 세대를 위한 목회와 교육

이민목회를 하는 목회자들은 언제나 다음 세 가지를 고려해야 하며, 목회 현장에서 필히 이 점을 이해해야 한다고 필자는 생각한다.

다문화 목회(Multi-Cultural Ministry), 다언어 목회(Multi-Lingual Ministry), 다세대 목회(Multi-Generational Ministry)의 세 가지이다.

이민교회는 목회현장에서 언제나 다른 문화나 언어 사이의 충돌을 경험한다. 그러면서 안타깝게도 흔히 아시안 출신 목회자들은 현지의 문화와 역사, 사회 전반의 현상에 관하여, 그리고 지역사회의 관심에 대하여 무관심할 때가 많다. 이민목회는 목회자가 비록 자신과 같은 문화적 배경이나 언어권의 사람들만을 사역의 대상으로 삼는다고 할지라도 다문화 목회에 대한 이해가 절대적으로 필요하다. 목회에서 자신만이 가진 문화적 전통도 중요하지만 나와 다른 점도 이해하고 함께 어우러질 수 있어야 할 것이다. 현대는 세계 어디서나 서로 다른 문화의 다양성을 인정하고 조화를 유지하면서 고유의 문화를 계승하고, 또 새로운 문화를 만들어 가는 다문화 시대를 살아가고 있기 때문이다. 타 문화를 이해하고 융화하는 노력을 기울이지 않고서 이민목회의 성공을 얻기는 힘들 것이라 생각한다.

이민목회를 하는 목회자와 지도자들은 비록 그 목회가 자기 모국어만을 사용하는 목회일지라도 그 나라 현지의 언어에 절대적으로 익숙해야 한다고 본다. 아무리 소수민족 언어권의 노회에 소속되었다 할지라도 교단이나 지역 타 노회, 그리고 이웃의 현지 교회들과의 관계개선과 협력을 위해서는 꾸준히 언어 능력 향상을 위해 노력해야 한다. 현지어로 된 서류나 보고서를 보면 아예 외면해 버리거나 휴지통으로 향하는 정도의 언어능력으로 이민목회를 한다는 것은 위험한 생각일 수밖에 없다. 이 점은 목회자 자신뿐 아니라 교회의 지도급 인사들도 목회자를 청빙할 때 필히 고려해야 할 문제이다. 뉴질랜드 장로교단은 비영어권 출신의 목회자가 가입신청을 할 때 필히 영어 시험을 치르게 하는 제도를 최근에 확정한 바 있다.

다음 세대를 생각하는 목회는 모국에서도, 그리고 이민 현장에서도 동일한 과제이겠지만 이민교회들의 다음 세대는 특히 더 복잡한 양상을 가지고 있다. 먼저 이민 1세대와 1.5세대, 그리고 이민 2세대 혹은 3세대와의 관계가 특수하며, 또한 이민 햇수가 긴 가정의 자녀들과 최근 이민을 온 가정의 자녀들과의 관계 등 복잡한 양상을 보여 주기 때문이다.

필자의 경험뿐 아니라 많은 이민목회 현장에서 사역하는 목회자들과 이민 가정의 부모들이 겪는 공통된 최고의 관심사는 다음 세대, 즉 1.5세대들과 2, 3세대들의 정체성 문제이다. 정체성의 문제로 갈등하는 다음 세대들을 바르게 양육하는 것은 가장 중요한 이민목회의 대상임은 아무도 부인할 수 없다. 뉴질랜드에서도 이제 점점 이 문제에 더 많은 관심을 가진 목회자들이 나오기를 바라고 있다. 그러나 아직도 목회자들과 교회의 지도자들이 1세대 교회의 살아남기 위한 전략에만 몰두하는 것을 보면서 안타까움을 금할 수 없는 실정이다.

이민의 역사가 깊은 미주 한인교회들이 경험한 Silent Exodus의 현상이 뉴질랜드의 이민교회들의 젊은 세대들 사이에서 일어나고 있는 것이 사실이다.

이를 거울삼아 아시안 이민교회들 특히 한인교회들은 이중언어(뉴질랜드에서는 영어와 한국어) 목회를 철저하게 준비해야 할 것이다. 이를 위해서는 이중언어를 자유롭게 구사하는 목회자를 양성하고 배출해야 한다. 현재 뉴질랜드에서는 안타깝게도 이런 인력이 거의 전무한 실정이다. 이민교회는 이와 같은 이중언어를 구사하는 1.5세대들이 이민교회의 지도자들이 될 수 있도록 교육과 훈련, 그리고 후원에 최대의 역점을 두어야 할 것이다. 필자의 경험도 마찬가지이지만 많은 이민목회의 경험자들이 갖는 공통점은 부모 곁을 떠나 현지 언어의 교회로 갔던 자녀들이 깊은 신앙성장을 이루지도 못하고, 더 심한 정체성의 갈등을 경험하다 결국은 부모 교회로 돌아오는 현상을 경험하고 있다는 것이다.

미주 한인교회들이 영어목회(EM)에 많은 투자와 노력을 기울이고 있는 것은 다음 세대를 생각하는 이민목회의 좋은 본을 보여 주고 있으며, 다른 나라의 한인 이민교회들에게도 귀한 모범이 됨을 인정한다. 필자는 미국 한인교회들의 영어목회에 관한 연구를 수행하여 뉴질랜드 장로교단에 보고한 바 있다.

한인교회들이 단순한 이민 1세대 교회(Conventional First Generation Church)로부터 출발하여, 젊은이들을 위한 영어예배를 추가하여 영어목회를 발전시켜 나가고(English Service Added Church), 더 발전하여 영어목회를 독립시켜 재정을 포함한 영어목회 전반에서 갖는 고유의 목회적 권한과 교육 프로그램 등을 부여하는 한 교회 두 당회(One Church, Two Sessions Operating Church)로 운영하는 교회, 그리고 더 나아가 영어만을 사용하는 독립된 한인교회(Independent English Speaking Korean Church)의 탄생에 이르기까지 이렇게 해외에서 성장해 가는 한인 이민교회들의 경험은 우리의 다음 세대를 생각할 때 너무나 귀중한 이민교회의 목회와 교육의 보배로운 가치임을 인정하지 않을 수 없다.

이를 통해 다음 세대가 잃어버린 세대가 되지 않고, 그들이 귀한 한인교회들의 전통과 신앙을 자랑스럽게 계승하여 이민 현지에서도 큰 역할을 감당하는 구성원들이 되어 현지 교단과 함께 아름답게 성장하는 모습을 보여 주게 될 것이다. 그들은 또한 많은 다른 아시안 이민자들, 그리고 세계의 다른 여러 나라들에서 온 이민교회들의 큰 모범이 될 것이며, 더욱이 부모 세대가 떠나온 조국의 교회들에게도 큰 영향을 주고, 계속적인 유대관계 속에서 서로가 성장하고 발전하는 아름다운 한인 디아스포라의 교회들이 될 것이다.

뉴질랜드의 한인교회들은 아직은 그 역사가 짧고 경험이 부족하며 수적으로도 미미한 상태이지만 앞으로 많은 해외 한인교회들의 목회와 교육의 경험들을 배우고, 함께 협력하며 발전해 나가기를 소망한다.

다음 세대를 생각하며 다음 세대를 이끌어 갈 지도자를 훈련하고 양육하는 일이 이민 1세대 교회와 목회자들뿐 아니라 모든 이민사회의 지도자들에게 주어진 최대의 사명인 줄로 믿는다.

9. 재일 한인교회의
　　목회와 교육

박수길 목사 | 재일대한기독교회 총무, 본 협의회 총무

　최근 일본 국내뿐만 아니라 각국에서도 매일과 같이 여러 가지 격변이 일어나고 있다. 일본 땅에서 선교의 일익을 감당하고 있는 재일대한기독교회도 이러한 때를 맞아 자신의 방향성을 다시 한번 점검해 가며 선교해야 될 때라고 생각된다.

　2008년이 되면 재일대한기독교회는 선교 100주년을 맞이하게 된다. 지나온 100년간의 역사를 돌이켜 보며, 2008년의 100주년 기념행사를 생각하면서 한인교회의 목회와 교육, 그리고 선교의 과제를 함께 생각해 보기를 바라는 바이다.

1. 재일대한기독교회의 생성기

　일본에 한인교회가 설립된 것은 도쿄에 유학생들이 모이게 됨으로 시작되었다. 1908년에 도쿄에 있는 학교에 유학한 학생수는 270명 정도였고, 1910년에는 420명으로 늘어났다. 당시 도쿄 YMCA의 2층 방

하나를 빌려서 도쿄조선기독청년회를 발족시키고, 성서연구 중심으로 유학생들이 주일예배를 시작했다. 평양에 있던 정익로 장로가 1908년에 도쿄에 오게 되어 이를 계기로 김정식 YMCA 총무, 10여 명의 유학생이 예배 후에 모여 YMCA와는 별도로 교회를 설립하자는 의견이 일치되어 도쿄 교회가 설립되었다. 1909년 10월에 한석진 목사가 일본으로 파송되어 도쿄 교회는 교회 조직을 정비함으로 더욱 활기를 띠게 되었다.

1912년에는 조선의 장로회와 감리회에 의한 선교 합의가 이루어져 양 교회가 교대로 목사를 파견하여 도쿄연합교회에서 봉사하였다. 당시의 시대적인 배경으로는 제1차 세계대전(1914-1918) 이후에 일본의 경제가 호황을 맞이하여 노동력이 부족하게 되었다. 일본의 식민지 정책으로 인해 농지, 토지 등을 수탈당한 수많은 한인들이 일감을 찾아 고베와 오사카를 중심으로 하는 관서지방으로 도일하게 되었다. 1920년대에는 30만 명이 넘는 한국의 남녀 노동자들이 일본으로 건너왔는데, 한인 노동자들을 중심으로 관서지역에도 교회가 설립되었다. 그 후 일본의 큐슈 지방에도 많은 한인들이 공장과 탄광을 찾아 모여 들었다. 이로 인해 1927년에는 후꾸오까, 고꾸라 교회 등 여러 교회가 설립되었다. 이들 교회의 신자들은 유학생이나 노동자들 할 것 없이 조국을 일본의 식민지로 빼앗기고 일본에 건너와 있음에도 불구하고 신앙만은 철저했다.

2. 재일대한기독교회의 수난기

재일 선교는 조선예수교연합공의회(현재 한국 NCC)가 1925년에 이어 1927년에는 캐나다장로교회가 재일 조선인 선교에 가담하였다. 당시의 어려운 환경 가운데서 살아온 재일 한국인의 삶이란 비참하기 짝이 없었다. 나라를 빼앗기고 농지를 잃어 양식을 구하기 위해 일본에 건너온 한인 노동자들은 이곳에서도 멸시와 차별을 받으며 살아왔다. 교회는 마음의 안식을 기억하게 하고, 고향의 소식과 민족의 아픔을 나누는 신앙공동체의 역할을 해 왔다. 조국의 해방을 위해 기도하고 우리말과 일본어를 습득하는 배움의 장이 되기도 하였다. 1934년 2월에는 '재일본조선기독대회' 창립총회가 개최되어 신조 헌법을 제정하고, 조직교회가 되어 독립된 교단으로 목사 장로 안수를 집행하게 되었다.

그러나 일본 교회는 전쟁의 승리를 바라는 마음을 한 곳에 모은다는 명분 아래 교단을 통폐합하는 종교단체법이 1939년에 성립됨으로 일본에 있는 한인교회는 존속의 위기를 맞이하게 되었다. 1940년에는 '일본기독교회'로부터 제시받은 목사의 재시험과 일본어로 설교할 것과 일본기독교회의 신조를 따를 것이라는 조건에 의해 합동이 되고, 이듬해인 1941년 6월에 '일본기독교단'의 성립 시에는 제1부에 통합되고 말았다. 이때부터 1945년 해방을 맞이하게 될 때까지 재일조선기독교회라는 명칭은 없어지고 일본이 태평양 전쟁에 돌입하는 가운데 교회에 대한 탄압은 더욱 심해지고 말았다. 설교나 공식기록은 일본어 사용이 강요되어 많은 신앙의 선배들이 희생과 고난의 길을 걸었다. 재일 한인 교회에 속하여 있는 목사들에게는 일본의 고등계 형사들에 의해 탄압이 가해졌다.

3. 재일대한기독교회의 재건기

1945년 8월 15일을 기해서 일본 천황은 무조건 항복을 선언하고 패배의 슬픔에 잠긴 일본이었으나 조국뿐만 아니라 일본의 한인에게는 해방의 기쁨이 넘치는 날이었다. 많은 사람들이 귀국하는 가운데 일본에 남게 된 몇 명의 목회자와 300여 명의 신자들에 의하여 교회가 재건되었다. 1945년 11월 15일에 서경교회(현재 교토 교회)에서 창립총회를 열고 강제적으로 편입되었던 구 일본기독교단으로부터의 탈퇴를 결의하고 통고문을 발송한 후 '재일조선기독교연합회'를 창립하였다. 1948년에는 '재일대한기독교회 총회'라고 명칭을 변경하였다.

1950년에 발발한 한국전쟁으로 인한 상처와 아픔은 일본에 사는 한인 사회에 크나큰 문제를 안겨 주었다. 그 후 오랜 세월 동안 일본의 한인 사회에서도 이데올로기의 이해 차이로 이분화 현상이 계속되었다. 남과 북이 분단된 조국의 현실이 일본의 한인 사회에서도 역력히 나타난 것이었다. 이러한 불행의 실태 속에 재일대한기독교회는 화해자로서 책임 있는 태도를 취하지 못했다는 깊은 반성을 하게 되었다.

그래서 1968년 10월에 선교 60주년을 맞이하면서 "그리스도를 따라 세상에"라는 표어를 세우고 "재일동포사회에 변혁을", "세상에 희망을"이란 부제를 걸고 다시 전진하게 되었다. 이에 1971년에는 재일한국기독교회관(KCC)을 1974년에는 재일한국인문제연구소(RAIK)가 설립되었다.

4. 재일대한기독교회의 성장기

1978년 10월에 선교 70주년을 맞이한 재일대한기독교회는 "우리들의 희망이신 예수 그리스도"라는 표어를 세우고 성장하기 시작했다. 1988년 10월에는 "우리에게 새 힘을 주시는 예수 그리스도"라는 표어를, 그리고 선교정책이념를 발표하였다. 이듬해인 1989년 7월에는 제1차로 조선그리스도교련맹을 방문하기도 하였다. 평화적인 조국의 통일을 바라면서 2002년 5월 18일부터 25일까지 제4차로 조선그리스도련맹을 공식적으로 방문하였다.

1990년 7월에는 조선그리스도교련맹을 비롯하여 한국의 여러 교단 대표자들을, 그리고 에큐메니칼 관계자들을 일본으로 모이게 하여 제1회 조국의 평화통일과 선교에 관한 기독자 도쿄 회의를 개최하였다. 이 회의도 계속 재일대한기독교회가 주관하면서 2002년 7월 22일부터 24일까지 제8회 조국의 평화통일과 선교에 관한 기독자 도쿄 회의를 개최하기에 이르렀다.

또 1974년과 1994년에 두 번에 걸쳐 마이너리티 문제와 선교전략이란 주제로 국제회의를 주최하고 공생사회 실현을 목표로 하는 사명을 가지고 새로운 선교활동을 전개해 왔다. 그리하여 1998년 10월에는 "일어나 예수 그리스도의 빛을 발하자"라는 표어를 세워 100교회 7,000명에 달하는 신자들로 일본 전국에 현재 5개의 지방회를 구성하여 한인교회의 연합된 교단으로 자리매김을 하고 있다.

5. 재일대한기독교회의 선교 100년을 향하여

암울한 20세기의 시작과 함께 일본에서 나그네의 삶을 살기 시작했던 재일동포들에게 주 예수 그리스도의 복음을 전하기 위하여 세움을 받았던 재일대한기독교회는 선교 90주년을 맞이하여 기념지를 발간하였다. 총회에 속해 있는 교회들이 그들 나름대로의 역사를 정리하여 한 권의 책으로 발간하게 된 것도 뜻깊은 일이라고 본다.

선교 90주년 기념지는 78개의 교회 및 전도소의 발자취를, 그리고 5개 지방회의 역사와 청년회전국협의회와 여성회전국연합회의 역사 등과 연표가 포함되어 있다. 일반 역사는 사료에 의해 기록이 보존되어 오지만 교회의 역사는 그 역사의 흐름 가운데 섭리하시는 하나님의 뜻을 찾게 되는 것이다. 교회의 역사 속에는 좋은 일도 많았지만 시대적인 상황으로 인하여 그 역사가 비록 어둡고 고난이 많았다 할지라도 또한 지배를 당하고 굴욕적인 아픔을 경험한 순간이 있었음에도 불구하고 부족한 자들을 통하여 하나님은 자신의 뜻을 이 땅 위에 이루어 나가고 계심을 믿는다.

이 90주년 기념지가 기초가 되어 재일대한기독교회 선교 100년사가 편집·출판될 예정이다. 100주년에서 200주년을 향하여 나아가도록 선교에 대한 힘을 오늘도 모으고 있다.

6. 재일대한기독교회의 특징

첫 번째로 초교파성, 즉 에큐메니칼적이다. 장로교회, 감리교회, 성결교회의 합동(Uniting)을 이룬 교회로서 형성되어 왔다. 일제의 식민지 통치하에 장/감/성 연합의 교회로 전도 활동을 전개해 왔다. 그동안 타 교파와의 선교 협력과 협약을 체결하는 일로 여러 가지 신앙 스타일이 교회 안에서 초교파성을 지니면서 하나가 되어 왔다.

이어 두 번째로 소수성(minority)을 들 수 있다. 재일로서의 존재와 피차별의 체험으로부터 오는 인권·인간 존엄에의 대처이다. 이것이 아픔을 안고 교회를 방문하는 사람들의 아픔을 공유할 수 있는 기반이 되어 온 것이다.

그리고 세 번째로 다양성(diversity)이다. 교회의 구성원은 제2차 세계대전 시에 강제로 일본에 징병과 징용으로 끌려온 1세와 그 후손인 재일 2세부터 5세까지 있는 재일의 세대와, 최근에 도일한 소위 신 1세, 그리고 일본 국적을 지닌 자와 재일 코리언 국적을 지닌 부모 사이에서 태어난 더블, 한국에서 건너와 일본인과 국제 결혼하여 사는 분, 한국인이나 한국에 흥미를 가진 순수한 일본인 등 다양한 구성원이 교회에 출석하고 있다. 그에 따른 사용 언어의 이중성, 아이덴티티의 문제 등이 있지만 그것들을 풍부함으로써의 다양성으로 일본선교의 원동력으로 전환시킬 수 있다고 본다.

7. 재일대한기독교회의 목회와 교육론

1) 기류민의 교육 선교

선교는 사람들의 생활이 어느 상태에 머물러 있는가, 어떠한 종류의 불안과 소외감으로 고통을 받고 있는가, 그리고 실제로 그들의 생활을 이끌고 있는 요인이 무엇인가를 파악하는 데서부터 시작되어야 한다. 일본의 한인교회는 역사적으로 거슬러 올라가면 기류민의 모습이 보인다.
    기류민이란 조국의 귀환을 기다리는 일본에 거하는 재일 한인 1세를 칭하는 성서적인 표현의 용어이다. 그 후 재일 2세와 3세 이후의 현실은 크게 달라져서 재일 5세에까지 이르는 세대교체의 시기를 맞이하였다. 뿐만 아니라 일본의 국적을 취득하기 위해 귀화한 자나 일본인과 결혼하여 그 사이에서 출생한 자, 주재원, 유학생, 결혼비자로 일본에서 살고 있는 한인 등 다양한 형태의 부류의 사람들이 교회에 모여 신앙생활을 하고 있다. 이에 따라서 교회에서 사용하는 언어도 일본어와 한국어의 이중언어 문제가 있다. 또한 일본 땅에 최근 새로이 도일한 한인들의 생활 속에서도 취직문제, 가정문제, 새로운 사회에의 적응을 위한 형태의 유형론적 선교와 목회를 생각하게 한다.
    우리들은 존재의 의미를 상실할 정도로 일상적인 억압에 의해 고통을 받고 있는 돌아갈 본향을 바라보며 괴로운 나날을 보내는 약자의 부르짖음도 들을 수 있어야 한다. 그 외침에 대해 복음이 지닌 의미를 항상 새롭게 해석하고, 그 힘을 현재화하는 것이 교육 선교요, 목회의 사명이요, 특히 2세, 3세 등의 차세대를 향한 교회의 역할이라고 본다.

2) 더불어 살기 운동
    하나의 공동체 속에서 다수자는, 즉 강자가 약자의 소리에 귀를 기울일 때에 비로소 공생이 가능하다는 것을 알게 됨으로 그 공동체는 더불어 살아갈 수 있는 존재가 된다. 이러한 의미로 볼 때 일본에서 사는 재일 코리언을 불행한 운명의 역사적 산물로 보는 것이 아니라 일본 사회의 내일을 위한 역사 형성의 주체라는 적극적인 의미로 그 존재성을 보는 것이다.
    오늘날 탈냉전사회의 세계가 새로운 질서를 모색하고 있다. 새로운 움직임이 세계 모든 민족과 종족이 차별과 불이익을 당하는 일이 없이 살아가는 것이 가능한 공생사회이다. 따라서 교회는 하나님의 창조질서를 보전하고 인류가 함께 사는 사회를 만들기 위해 보냄을 받은 것이다.

일본의 한인교회도 세대교체가 진행되고 다원화와 다양화, 그리고 변화에 의해 구체제에서 새로운 변혁이 일어나고 있다. 또한 요즈음 급격히 불어난 최근에 도일한 새로운 1세의 증가로 인해 일본 사회에 새로운 과제를 안겨 주고 있다. 이런 시대적인 흐름과 아울러 도쿄 교회도 100년의 역사를 맞이하는데 예배출석 1,000명을 돌파하는 소식이 널리 알려지고 있다. 한인과 일본인이 매주일 한 교회에서 만나고 교제하며 더불어 신앙으로 살아가는 모습을 볼 수 있다. 이제 지금까지의 정체성 위기를 경험한 일본의 한인교회들은 하나님과의 만남을 통해 선교적 사명을 구체적으로 실천하는 전도, 교육, 봉사의 각 분야에 있어서 자기변혁을 하도록 요구되어지고 있다.

3) 재일대한기독교회의 교육적 사명

재일대한기독교회의 교역자들을 보면 한국에서 파송을 받은 선교사와 본국 태생인 자가 일본에 있는 신학교로 유학을 하여 졸업 후에 안수를 받고 목회하는 경우와 일본 태생으로 일본의 신학교를 졸업하고 목사 안수를 받아 목회하는 부류의 목회자가 있다. 최근에는 재일대한기독교회 총회 신학교를 졸업하여 목사로 목회선상에서 일하는 교역자도 배출되어 다양한 구성을 이루고 있다.

교회학교의 면을 보면 오랫동안 어려운 상황 속에서도 교안을 독자적으로 만들어 4세, 5세의 젊은이들에게 신앙과 문화의 유산을 물려받을 수 있게 하고 있다. 1980년대에는 교회가 지문압날 거부운동에 앞장서서 성서가 말하는 인권교육의 사명을 다해 감으로 인해 지문압날제도의 철폐를 가져오게 하였다. 그러나 아직도 남아 있는 외국인의 차별문제, 지방 참정권 문제, 일본식의 이름이 아닌 본래의 자기 이름, 즉 본명을 쓰게 하는 운동들이 교회를 통해 전개되고 있다.

과거 일본의 식민지 시대 속에서 한인들은 강제연행과 징용으로 일본에까지 끌려와 차별과 억압 속에 살아 왔다는 엄연한 역사가 존속되고 있다. 일본인으로부터 조센징이란 소리를 들으며 멸시와 천대를 받았었다. 오늘날 교회 안에서는 조센징이란 표현이 영어로 발음대로 표기하면 Chosen People이라고 할 수 있으니 우리들은 자손들에게 언어교육을 시키면서 동시에 의미 부여를 잘하자고 강조한다. 하나님이 우리를 선택하셔서 하나님의 백성 삼으시고 이 땅에 살게 하셨으니 하나님의 선택받은 백성답게 살자는 선교적 사명을 인식하고 있는 것이다.

8. 하와이 한인 이민 100주년을 기념한 모임

지금까지 일본 선교의 과거 현재의 역사와 현실을 살펴보면서 여러 가지 어려움을 볼 수가 있었다. 지난 2002년 4월 2일부터 5일까지 하와이에서 한인 이민 100주년을 기념하여 "백년을 돌아보고, 백년을 내다보며"라는 주제로 해외 한인교회 교육과 목회 협의회 모임이 있었다.

거기서 세계 속에 흩어진 한인교회로서 다음 100년을 바라보면서 다음과 같은 고백과 비전을 통해 서로 협력하여 하나 되기를 원하였다. 영어와 일본어, 그리고 우리말로 작성했던 '우리의 고백'과 '우리의 비전'을 검토하면서 세계 속의 한인교회가 의식하고 있는 점의 공통점과 상이점이 무엇인가를 생각하며 동시에 일본 속의 선교의 과제와 전망을 새롭게 인식할 수 있기를 바란다.

1) 우리의 고백

우리는 전 세계에 흩어진 한인과 해외 교회의 역사 속에서 하나님의 섭리와 손길이 함께하심을 믿는다.

우리는 하나님이 변화하는 지구촌에 해외 한인교회를 세우시고, 새로운 사명을 주심을 믿는다.

우리는 하나님이 세계 속의 한인교회가 서로 협력하여 하나님의 나라를 실현하고 확장하게 하심을 믿는다.

2) 우리의 비전

첫째, 이 땅에 이민자로 오신 구세주 예수 그리스도의 복음에 충실한 교회 되기 바란다.

둘째, 예수님 안에 하나의 공동체를 이루어 가기 바란다.

셋째, 후손들에게 삶의 본을 통하여 한국인의 뿌리와 신앙의 유산을 전하기 원한다.

넷째, 지구촌의 모든 민족과 하나님의 사랑을 나누며 성령 안에서 함께 섬기는 교회 되기를 바란다.

다섯째, 지구촌의 모든 생명과 더불어 살아가는 교회 공동체로서 생명의 존엄과 창조 질서 보전을 위해 세계 교회와 협력하기 바란다.

여섯째, 통일된 모국의 평화스런 나라를 그려 보며, 이제까지의 모든 갈등과 상처를 치유함으로 세계 평화에 기여함을 바란다.

일곱째, 다음 세대가 세계 속에서 영적 지도력을 발휘하는 것을 바란다.

여덟째, 격변하는 세계 속에서 변화를 창조적으로 수용하고 응전하기 바란다.

아홉째, 세대 간의 교류교육과 협력을 통해 온전하고 건강한 공동체 되기를 바란다.

열째, 우리가 살고 있는 이 땅에서 문화가 다른 이웃들과 더불어 평화와 평등, 사랑이 넘치는 세상을 바란다.

9. 일본에서의 한인교회 목회와 교육의 전망

재일대한기독교회는 지금까지 수많은 선교의 협력자들의 이해에 의해 좋은 관계를 수립하면서 선교의 과제를 잘 담당해 왔다. 이제 그 전망이나 대안을 함께 생각해 나가는 시간을 가짐으로 공통의 선교 과제를 나눌 수 있기를 바란다.

지금까지의 일본 선교의 역사를 생각해 볼 때 재정적인 문제나 인사처리, 프로그램 등이 외세 의존적인 관리나 감독하에 있었던 것도 사실이다. 이제는 에큐메니칼적인 선교의 원탁에 둘러앉아 대등한 파트너로서 자율, 자조의 교회로서 적절한 역할을 수행해 나가며 파트너십을 가진 선교의 과제와 전망을 조명해 가야 하겠다.

우리들이 살고 있는 지역에는 여러 종류의 출신과 성분이 다른 사람들이 공생하고 있다. 더불어 살아야 한다는 현대 사회 속에서 하나님 나라의 징표를 만들어 가는 선구자적인 소수자로 재일대한기독교회를 하나님께서 이 땅에 세워 주셨음을 인식하는 사명감을 재확인해야 하겠다. 그리스도인으로 소망 중에 우리들이 살아가는 지구촌의 동티모르과 같은 작은 나라 한구석 한구석에 대해서도 수많은 선교의 과제를 검토해 나가야 하겠다.

10. 일본 속의 선교 과제

첫째, 점점 더 좁아져 가는 지구촌 시대 속에서 우리들의 선교 신학을 재구축하고 새로운 선교 전략을 전개해 나갈 필요성이 있다.

둘째, 이주 노동자나 난민인 소수자, 그리고 오끼나와, 아이누, 재일 코리언 등의 오랜 역사성을 지닌 소수자에 대한 뿌리 깊은 차별에 대한 문제점을 해소해 가야 한다.

셋째, 부유한 자들과 빈곤한 자들의 남북간의 격차를 줄여 가기 위한 총체적 선교활동이 요구된다.

넷째, 일본에서 태어난 2세, 3세의 코리언과 한쪽편이 일본인, 다른 한쪽편이 한국인 양친 사이에 태어난 이전에는 하프라고 했지만 지금은 소위 더블이라고 표현하는 자들이 증가되어 교회 구성원이 되었다. 그리고 최근에 도일한 1세인 뉴컴머와 일본 국적을 취득하기 위하여 귀화한 코리언들이 교회 안에도 많은 수를 점유하고 있는 등 다양한 배경에 의한 재일의 포괄적인 아이덴티티를 확립해 나갈 필요성과 과제가 대두되고 있다.

다섯째, 재일대한기독교회에 있어서 여성의 지위와 역할도 강화시켜 가는 프로그램의 필요성도 하나의 과제이다.

여섯째, 청년이나 학생 자신이 스스로의 아이덴티티에 대한 확신을 가지고 자연환경의 보전이나 주변화된 사람들에 대한 사회적 정의 등 세계적인 과제에 대해 확실히 언급할 수 있기 위해서는 그들의 자각과 의식을 환기시킬 필요성이 있다.

일곱째, 전 세계에 흩어져 있는 코리언들을 비롯하여 민족적인 소수자들의 네트워크를 구축해 나갈 필요성이 있다.

여덟째, 재일대한기독교회와 선교협력 관계를 맺고 있는 단체에 관한 역사적 자료의 연구와 보존의 필요성을 느낀다.

아홉째, 노인들의 돌봄을 위한 운동 및 신자들의 고령자들에 대한 봉사의 훈련이 필요하다.

열째, 에큐메니칼 단체와 효과적인 교류를 하기 위해서는 재일대한기독교회의 일군들이 국제 무대에서도 의사소통을 원활히 해 나갈 수 있는 어휘력을 보강할 필요성이 있다.

참고도서

재일대한기독교회 역사편찬위원회 편. 「선교90주년기념지」. 서울 : 쿰란출판사, 2002.

10. 한인 이민목회와 교육 출판자료

김춘자 목사 | 미국장로교총회 한국어자료개발실

    지난 20여 년 가까이 미국장로교총회는 다른 많은 소수인종 교회들 가운데 특별히 한국어와 스페인어로 교육자료를 출판할 수 있도록 정책적인 배려를 함으로써 한인교회의 성장과 발전에 특별한 관심과 지원을 아끼지 않았다. 여기에는 한인교회를 사랑하시고 귀하게 사용하기 원하시는 하나님의 뜻이 있어 왔다.

    지난해에 있었던 우리 총회의 대규모 구조조정으로 인하여 기존의 회중사역부가 없어지면서 한국어자료실은 예배, 신학 및 교육부에 소속하게 되었고, 계속 한국어 교육자료를 출판할 수 있게 되었다. 현재 총회에서 소수인종 교회 중장년 성경공부와 제직훈련 교재를 자기 나라 말로 출판하는 교회는 한인교회뿐이다. 앞으로 어떤 변화가 일어날지 알 수 없지만 총회 한국어자료개발실은 성심 성의껏 최선을 다하여 한국어 자료개발을 위해 힘쓸 것이다.

    이 글에서는 그동안 우리 총회가 출판해 왔던 몇 가지 한국어 책들을 세계 속에 흩어져 있는 한인교회들에게 간단히 소개하여, 한인 이민교회의 목회와 교육에 조금이라도 도움이 되었으면 하는 바람이다.

1. 말씀과 함께(The Present Word)

21세기 이민 한인교회를 위한 소그룹 성경공부의 새로운 장을 열게 될 '말씀과 함께' 성경공부 교재는 말씀과의 만남을 통한 삶의 변화를 촉구하는 이야기식(narrative) 성경공부이다. '말씀과 함께'를 사용하는 교회는 말씀을 만나며 신앙과 인격이 성숙해지는, 그래서 생명력 있는 신앙공동체를 세우는 변화의 역사가 일어날 것이다. 또한 '말씀과 함께'는 비디오 자료가 함께 있어, 이 교재를 효과적으로 사용할 수 있는 인도방법을 안내해 준다.

2. 구역예배 말씀(Monthly Bible Study)

이민교회 목회자들에 의해 집필되고, 이민교회의 상황에 맞는 구역예배 교재가 출판되었다. 12과로 구성된 본 '구역예배 말씀'은 교회의 절기와 관계되는 신앙성장과 섬김의 도리, 그리고 그리스도인의 인격과 삶에 필요한 주제들을 다양하고 폭넓게 다루고 있다.

3. 충성된 종이 되는 길(Ways to Be a Faithful Servant)

본 교재는 한인장로교회의 특수 상황과 미국장로교회의 전통과 문화적 배경을 고려하면서 평신도 지도자들이 꼭 갖추고 알아야 할 개혁신앙과 예배모범, 그리고 청지기직과 제자직 등에 관한 중요한 문제들을 폭넓게 다루고 있다. 아울러 장로교 직분자들에게 필수적인 규례서 공부를 효과적으로 할 수 있도록 집필하였으며, 장단기 훈련과 제직 자격시험을 치를 수 있도록 만든 편리하고 알찬 교재이다.

4. 장로교인의 질문과 답변(Presbyterian Questions, Presbyterian Answers)

본 서는 장로교인들이 믿는 기독교 신앙의 중심 주제들을 질문과 대답 형식으로 간결하면서도 핵심적으로 다루고 있다. 성경, 하나님, 예수 그리스도, 성령, 인간, 구원, 교회 등 전부 13장에 걸쳐 목회현장에서 교인들이 묻는 기독교 신앙에 대한 질문들을 포괄적으로 다루고 있는 본 서는 목회자들에게 유용한 자료가 될 뿐 아니라 평신도들에게도 꼭 필요한 책이다.

5. 더 좋은 교사가 되는 길(Ways to be a Better Teacher)

최초로 이중언어로 된 이 책의 집필진은 미국장로교 신학교에서 공부한 2세 목회자들이다. 초판이 매진된 후 보다 내용을 쇄신하고 보완하여 이민 한인교회의 상황에 가장 적합한 교사훈련 교재로 나온 개정판이다.

6. 이야기식 소그룹 성경공부 방법(Narrative Bible Study for Small Group)

'말씀과 함께'를 인도하는 지도자들을 위해 기획한 소그룹 성경공부 인도자 지침서가 출판되었다. 소그룹 성경공부의 핵심적 원리들과 효과적인 인도를 위한 실제적 내용들이 잘 정리된 책으로 「말씀과 함께」 인도자를 위한 좋은 안내서이다.

7. 새가족을 환영합니다(Manual for New members)

일선에서 수고하는 목회자들에 의해 집필된 이 교재는 신앙과 교회생활의 기본을 9과로 나누었으며, 이민한인교회의 성장과 교인훈련에 필수적인 자료이다.

8. 선택받은 봉사자(Selected to Serve : A guide for Church Officer)

이 책은 교회 제직들, 특별히 처음으로 직분을 맡은 이들을 돕기 위해 쓰여졌다. 경험 많은 목사들과 지도자격인 제직들이 어려운 도전에 직면하여 씨름해야 할 때 이 책이 큰 도움이 될 것이다.

9. 당신의 사역을 준비하라(Consider Your Ministry)

이 책은 새 직분자들이 사역현장에서 흔히 갖게 되는 질문과 의문점을 항목별로 정리하여 제시함으로 제직 자신과 사역, 교회와 세상에 대한 분명하고도 명쾌한 이해와 청사진을 갖도록 도와준다.

10. 십자가를 높이 들고(Lift High the Cross)

남선교회 프로그램 지침서라는 부제를 달고 있는 이 책은 남선교회 회원들의 영적, 사회적, 인간적인 필요를 이해하고 평신도 사역의 활성화를 위한 다양하고 실제적인 프로그램과 아이디어들을 제공해 주는 훌륭한 지침서이다.

11. 사순절과 부활절의 창작활동(Things to Make & Do for Lent and Easter)

이 책의 창작활동은 어린이들이 사순절과 부활절 이야기들을 접할 수 있도록 고안되었다. 이 책에 있는 활동들은 어린이들이 자기 특유의 창의성을 표현하는 길을 제공한다.

12. 대강절과 성탄절의 창작활동(Things to Make & Do for Advent and Christmas)

대강절과 성탄절의 의미들을 어린이 스스로 표현하며 이야기하게 하는 창작 프로그램이다. 유치부, 초등부 저학년, 고학년을 구분하여 또래에 맞는 창작활동을 구성하였다.

13. 신앙의 여정 : 입교-파송(Journeys of faith : Confirmation - Commissioning)

세 가지 소책자를 포함한 이 교재는 한인 이민교회에 꼭 필요한 입교 및 세례 훈련을 돕는 좋은 교재이다. 또한 이 교재는 성인 세례반을 위해서도 효과적으로 활용할 수 있는 내용과 프로그램으로 구성되어 있다.

14. 핵심 교리문답 공부(The Study Catechism)

이중언어로 된 이 책은 사도신경, 십계명, 주님의 기도를 134개 항목의 문답으로 만든 새로운 교리서로, 현대인들에게 익숙한 말로 기독교 교리를 문답으로 간략하게 설명하고 있으며, 한인교회에서 전 연령층이 사용할 수 있다.

15. 이민목회(Korean American Ministry)

이민 한인교회의 역사적 뿌리, 신학, 목회사역 실제, 기독교교육, 사회학적 배경, 2세 목회 등의 주제에 대한 제반 문제를 광범위하게 다룬 책으로, 특별히 영어 세대와 전체 교회를 위해 영문판으로 나왔다.

16. 청지기직의 계약(Covenants of Stewardship)

이민 한인교회의 시급한 과제 중 하나가 청지기직에 대한 보다 심층적인 이해이다. 청지기직의 계약은 포괄적일 뿐 아니라 실제적인 청지기직의 실천을 위한 다양하고도 효과적인 프로그램으로 짜여져 있다. 또한 5과로 된 청지기직 성경공부 자료, 재정과 물질의 청지기직을 조명한 4과로 된 성경공부 자료, 교회력에 따른 청지기 직분자를 위한 예배자료도 있다.

17. 기나 긴 하루(All the Live Long Day : Women & Work)

여성들의 경제적 공평과 일의 영역에서 꼭 언급되어야 할 문제와 논점들을 폭넓게 이해하기 위한 연구 보고서이고, 이것은 제200차 미국 장로교회 총회에 제출되었다.

2부
디아스포라 신학

1. Jesus of Galilee and Asian American Theology

Rev. Sang Hyun Lee |
Kyung-Chik Han Professor of Systematic Theology
Princeton Theological Seminary

A. The Context of Asian American Theology

Social sciences describe non-white minority persons like Asian American as "marginal" or "marginalized." A marginal person, according to the sociologist Everett Stonequest, "is poised in psychological uncertainty between two or more social worlds; reflecting in his soul the discords and harmonies, repulsions and attractions of these worlds, one of which is often 'dominant' over the other." As this quotation indicates there are two dimensions in Asian Americans' situation of marginality. The first is the predicament of being "in between" or "at the edge." This social location, which the anthropologist Victor Turner calls "liminality," is not a comfortable situation but is a potentially creative space. According to Turner, liminality is the in-between state of having left a social structure and the usual social roles and statuses and not yet having arrived at a re-aggregation into a new structure. This condition of being out of structure, according to Turner, gives a person in that condition (1) an openness what is new, e.g. new ideas, new world views, new way of ordering the society, etc., (2) the power to experience a genuine human communion(communitas) with other similarly liminal persons, and (3) the prophetic capacity to critique what is problematic with the existing social order. An Asian American person, in other words, is in a social situation of all these three creative potentials if, of course, he or she faces up to his or her liminality and is willing to be personally aware of this predicament.

Asian Americans are not just liminal, in between or at the edge, they are also marginalized by the racist attitudes and structures of the dominant group in the U.S. Unlike white European immigrants, Asian Americans as a non-white people may achieve a high degree of culture assimilation in this country, but cannot attain the social assimilation with the majority group because of the exclusionary attitudes and actions by the dominant population. An Asian American may have been in this country for along time, and speak English very well, and even have a name like Peter or Nancy. But on the main street America he or she is still a stranger, unable to become "one of us" with the majority group. Race sticks with Asian Americans Marginalization in this sense of course is demeaning, demoralizing, and dehumanizing.

The potentially creative liminality of Asian Americans, then, is in the situation of being marginalized. The creative potentials of Asian Americans' in-between-ness are suppressed and made of no use by the social isolation in the American society and also by their own unwillingness to face up to their situation.

The social context of Asian Americans then is liminality in marginalization. And as I mentioned already, Asian Americans like all human beings have a hard time facing up to situation of uncertainty, isolation, ambiguity, and social rejection. And again, like all other human beings, Asian Americans tend to elude from their reality. Some Asian Americans elude from reality by clinging to their Asian past and by self-ghettoizing themselves so as to insulate themselves from the Asian American in-between wilderness. Others try to believe that they are white Americans so as to forget the Asian side of their identity and life. There are other ways in which Asian Americans try to avoid reality, and these are all inauthentic— that is dishonest—responses to the Asian American context and can only be self-defeating.

B. The Liminality and Marginalization of Galilee and Galileans

As we turn to the biblical witnesses to Jesus who is the Christ and the Savior for Asian American Christians, we notice that Jesus' social context was also liminality, marginalization, and being at the edge in relation to the center, the Jerusalem Temple. When God became incarnate, God did not become a general human being and not just a general Jew, but a liminal and marginalized Jew—that is a, Galilean. Now, Galilee was peripheral and marginalized area.

Geographically, Galilee is encircled by powerful nations which occupied Galilee again and again. All these occupations by foreign powers brought about a mixed population and also an international culture. Trade routes cross Galilee. Galilee always had a distance and detachment from the power center Jerusalem, but the foreign influences made Galilee culturally even more peripheral or at the edge. A biblical scholar Anne Hennessy calls Galilee an "open space… with accessible horizons." Galilee, in other words, was liminal, somewhat loosened up and freed up from the cultural and social structure of the capital Jerusalem.

Religiously, Galilee was liminal or "at the edge" in relation to the religious center, the Jerusalem temple. Galilee did not come under the Jerusalem rule until about one hundred years before Jesus' birth. Galileans had he the same religious roots with the Jerusalem Temple in having the common Israelite traditions. But the new legalistic religion of the Jerusalem Temple with its hierarchy and especially the purity code surely must have appeared strange to Galileans. Galileans felt that they belonged to Jerusalem and at the same time estranged from it. Galileans were regularly looked down upon by Jerusalemites for their lack of the knowledge of the law.

Religiously and culture Galileans were "at the edge."

Galileans were not only liminal but, like Asian Americans in America, were also marginalized by the political, economic and religious center, the Jerusalem Temple. Three-layer taxation(to the Roman emperor, to the temple, and the local authorities) impoverished Galilean peasants, whose indebtedness only increased. Now, the indebtedness to the Temple effectively cut them off from the only source they had for blessings for a better crop and the only source of the forgiveness of their sin-sin of not having done their duties to the Temple. Economic marginalization coincided with religious marginalization, with the resulting demoralization and hopelessness. And Jesus grew up experiencing all the liminality and marginalization of Galilee.

Recall our discussion earlier about the creative potentials of liminal condition. Galileans as liminal people would have had the potential to be open to the new, the ability to foster genuine community(communitas) and also the prophetic capacity to critique the existing social order. But Galileans were not only liminal; like Asian Americans, they were also marginalized by the center of power. It was difficult for them to exert their liminal potentials in face of the marginalizing forces of the Roman Empire and the Jerusalem Temple. The activities of bandits and some other insurrectionary activities in Galilee were certainly expressions, though in distorted forms, of their liminal creativity. Galileans also can be imagined to have been at least more "open to what is new" (thus to Jesus' message) due to their liminal freedom from the existing world order. They were a people who had "nothing to lose," so to speak. Jesus wanted to make use of this liminal freedom of Galileans as he made Galilee the primary arena of his three year public ministry.

Jesus was then a liminal and marginalized Galilean Jew. But he was more than that. Unlike other Galileans who were not able to exercise the creative potentials of their liminality, Jesus of Nazareth was to fully exercise his liminal creativity. Not only did he exercise it fully but also perfectly—that is, for the furtherance of the reign of God or the fulfillment on earth of His Father's will. His liminal openness to the new was fully expressed in Jesus' life in relation to the will of his Father. Jesus' liminality was also exercised by him in forming a new radically egalitarian community with other liminalied persons. Jesus exercised his liminality through his prophetic knowledge and action fully against the Jerusalem Temple and the Roman Empire—all as a way of bringing about the reign of God. For all these reason, Jesus was the New Liminal and Marginal Person, a perfect human being, or the "second Adam." His humanity did not simply fulfill the creative potentials of his liminality in spite of his marginalization. Jesus gave the liminal creativity a new direction, making it serve the reign of God or the will of the Father. Jesus is not just the fulfillment of what is best in humanity. Jesus was what is best in humanity recast by the direction and values of the reign of God.

C. Jesus the Galilean, the Incarnate Son of God

The Christian faith does not see Jesus the Galilean only as a full and perfect human being, but also as the incarnate Son of God, the second person of the Trinity. As St. Paul says, "God was in Christ reconciling the world to himself"(2 : Cor. 5 : 19) What Jesus does and suffers is also the doing and suffering of God. This affirmation of Jesus' full divinity leads me to make the following additions to what I have already said about Jesus the Galilean.

First, if Jesus the Galilean is not just a human being but also God himself, then Jesus' choice to live in the liminal and marginalized Galilee and to do his ministry there must have behind it God's own intention. To borrow from Jonathan Edwards' theology here, God created the world in order to repeat God's internal Trinitarian community of love in time and space. For the accomplishment of God's own project in time, God needed to redeem the fallen humanity so that they can participate in that project. God loves all creation and would redeem all of the fallen humanity, but decided to appeal initially to the liminal and marginalized people of Galilee, because, in spite of their sinfulness, they would at least be a little more open to the message of the reign of God. I might say that this was a strategic move on the part of God.

The Gospels make it quite clear that it was by God's deliberate intention that Jesus lived and grew up in Galilee and made it the primary area for his three year earthly ministry. It was in a dream that Joseph and Mary returning from Egypt were led to go to Galilee(Mt. 2 : 19-22). A dream in the Bible usually means the voice of God. Matthew also quotes from Isaiah 9 : 13 to show that it was by the divine intention that Jesus made his home in Galilee(Mt. 4 : 13). In v.15 and following, we read :

"Land of Zebulun, land of Naphtali,
on the road by the sea, across Jordan,
Galilee of the Gentiles - the people who sat
in darkness have seen a great light, and for those who sat
in the region and shadow of death light has dawned."

The Gospels also are anxious to point out Jesus' geographical location. "Then Jesus came from Galilee to John at the Jordon to be baptized by him," says Matthew(3 : 13). After the baptism, "a voice from heaven said, 'This is my Son, the Beloved, with whom I am well pleased(4 : 13) The word "this" in this sentence can only mean "Jesus [who] came from Galilee," the Galilean Jesus.

Jesus' strategic move to make the initial appeal in Galilee and to the Galileans appears to have worked. All Jesus disciples were recruited in Galilee and they responded promptly to his call. After Jesus' initial proclamation of the reign of God, Mark reports that "a great multitude from Galilee followed him"(Mk. 3 : 7) Returning from a trip to Judea, Jesus "came to Galilee, the Galileans welcomed him"

(Jn. 4 : 45) Although there was one incident when he experienced rejection in his hometown(Mk. 6 : 1-6), Jesus seems to have felt most accepted in Galilee and always considered it the strategic center of his ministry. We recall that after his resurrection, Jesus told his disciples to go to Galilee to meet him. And it was on hill in Galilee that he charged his disciples to a world-wide mission. "Go therefore and make disciples of all nations, baptizing them in the name of the Father and of the Son and of the Holy Spirit"(Mt. 27 : 19). And Galileans did not always disappoint Jesus. At the Pentecost, the persons who started proclaiming the Good News in foreign tongues were Galileans?"(Acts. 2 : 7)

All this is to say that Jesus' decision to live in Galilee and do his earthly ministry primarily in Galilee was also God's decision and God's action. And I am proposing that because of the openness of the liminal and marginalized Galileans, <u>God strategically chose to make his initial appeal to Galileans.</u>

Second, God's calling of the Galileans for a special vocation of serving as the initial responders or the first followers is not a calling for Galileans by virtue of their ethnicity or regional identity. Galileans were not any better people than any one else. It is their <u>social location</u> that God wished to make use of. It is their social position at the edge that makes them at least freer that those at the power-center, freer to new ideas and new ways of thinking and living.

I should note right away that although I started this Christological reflection within the specific Asian American context of liminality and marginality, the Christian message thereby reinterpreted possesses an undeniably universal import. God calls not only Galilean but persons of all ethnic and racial backgrounds either to appropriate their already existing liminality as an opportunity to see the radically new message of Jesus, or to become a little bit liminal, in-between, at the edge, to be somewhat freed from the dominant center so as to make their own an openness that liminality makes possible.

The third point we have to discus here is how the liminality and marginalization of the Son of God in Jesus the Galilean and God's use of it for God's own purpose in creation-how all this are reflected and rooted in the inner life of the Triune God. We cannot go into this issue is his lecture.

D. "Jesus the Pioneer and Perfecter of our Faith" (Heb. 12 : 2)

We now proceed to outline the ways in which Jesus, in spite of the marginalizing forces against him, fully exercised the creative potentials of his liminal situation and did so singer heartedly for the realization of the reign of God, which is the will of the Father. At the beginning of this discussion, however, we must note the most fundamental disposition of Jesus which governed all that he thought, felt and did. His basic disposition was to love and totally trust his Father, and this disposition was the ground of his complete freedom and confidence in relation to the world. The other side his basic disposition was his self-giving compassion and love for humanity and all creation. This basic disposition governed and energized everything Jesus did and how he did it.

Now we discuss how he exercised fully his liminal creativity and also gave it a new direction and goal, namely, the direction and goal of the reign of God.

<u>Jesus' leaving-home</u> : Jesus did not live in abject poverty, and did not have to leave home. But he still did so to personally to face up to his liminal and marginalized social location. While other liminal and marginalized people lived a denial of their predicament, Jesus took his social reality as a personal condition. The physical and psychological act of leaving home was a concrete expression of his intention to be honest with that condition.

<u>Jesus' openness to the will of the Father</u> : The first aspect of the liminal creativity is an openness to what is new. This is kind of readiness to consider what is new when one is loosened up from the existing social structure and is thereby freed to some degree from the constraints of social structure and social role playing.

Jesus' openness to the new, however, was not an openness to anything and everything. His openness was ordered and given a meaningful direction by his devotion to the Father's will. Jesus' openness was to the will of the Father. Jesus did not regard the actions of the Father with a presumption of always knowing the Father' is doing. When the centurion's salve was healed through the centurion's faith in Jesus, Jesus "was amazed"(Mt. 8 : 10). Jesus' openness to the Father will, of course, turned into an agonizing prayer in the Garden of Gethsemane as Jesus : "Yet, not what I want, but what you want"(Mk. 14 : 36). This openness to the Father enabled Jesus to accept the pain of the cross.

Jesus' communitas(genuine community) with others : The second aspect of the creative possibility of liminal situations is that they can engender what Turner calls "communitas," a genuine human communion. Whenever Jesus meets with other persons also liminal in their situations(think of, Zacchaus, the woman at the well, Mary Magdalene, the sick, the handicapped, and so on), Jesus' own liminal situation and their liminality together engendered a mutually-accepting genuine human fellowship. Jesus then extends these individual I-Thou communions to the creation of an alternative social order in the form of a totally egalitarian human community without any patriarchal head but with only the heavenly Father as the head and with all persons being related each other as siblings. "And call no one your father on earth, for you have one Father-the one in heaven," Jesus said(Mt. 23 : 9). As the New Testament scholar Richard Horsely points out, "The different strands of the synoptic tradition share a conception of renewed community as familial, but with sharp criticism of the patriarchal forms"(Sociology and the Jesus Movement, p. 123). To form such a community, individuals have to transcend or leave their natural families and enter into liminal condition. "For whoever does the will of my Father in heaven is my brother and sister and mother"(Mt. 12 : 50). Jesus led the way in making the liminal condition his own by actually leaving his family, and used this condition to generate a new family with God as the Father.

Jesus' Prophetic Witness Against the Oppressive Center : The third aspect of liminal creativity is the prophetic stance that liminality or being at the edge provides vis-a-vis the power center. Jesus, throughout his three year public ministry, exercised his strategic position to critique the oppressive practices of the political-economic-religious power centered at the Jerusalem Temple. Time and again Jesus crossed the borders drawn by the Temple's legalistic purity code to show compassion and healing to the marginalized people. Jesus' resolute allegiance to the will of his Father in heaven was a threat to Roman Empire as well as to the Jerusalem Temples authority. Jesus' uncompromising exercise of his prophetic calling eventually lead him to the cross-a path that was inevitable for him to follow if he was going to be loyal to his Father's will to the end.

E. The Cross and the Resurrection

The crucifixion of Jesus on the cross was the dominant power center's response to Jesus' unflagging loyalty to God's will to love and redeem the fallen creation. On the cross,

Jesus' liminality or being at the edge reached its loneliest and also its potentially most creative point. Death also posed for Jesus the most isolating and demoralizing "marginalization" possible. On the cross, liminality and marginalization practically lost their distinction. To be liminal or to be at the edge to the point of death is not practically different from death itself. However, Jesus' exercise of his liminality to achieve the will of the Father in loving the fallen creation and in building a beloved community on earth did not falter. Even as he experienced the most extreme liminality of feeling being abandoned by his own Father, Jesus' will to use even this liminality to show God's love for humanity and to struggle against all marginalizing forces did not fail.

Jesus' Resurrection from death affirms the truth that God's love embodied in Jesus' life is stronger or more real than any menacing threats of marginalization or even death itself. The resurrection of Jesus is the resurrection of the Galilean Jesus, the one who lived in the liminal edges of life and of the one who was marginalized by the oppressive and dehumanizing principalities and powers. The resurrection is a resurrection of the liminal creativity that is exercised for God's sake, and is a resurrection of the love that continues to be love even in the face of marginalization.

Now it is profoundly significant that Jesus went back to Galilee as the resurrected Lord and that it is there he met his disciples again to launched his ministry to the ends of the earth. The liminal space, and edge, is the strategic space for those who would follow Jesus. So, we, too, must go to Galilee to meet up with our resurrected Lord. All of us, Asian Americans, and the men and women of all ethnic and racial backgrounds, are called to come to Galilee, and become a little liminal, a little liberated from the mainstreams and the centers, whether they are the self-isolating and self-ghettoizing Asian American ethnic centers, or the cultural centers of the American mainstream, so that we may be free enough to hear and see Jesus and, by grace, be made into his first and pioneering followers. In the liminal space, we will find Jesus who will make us his followers in God's struggle against all marginalizing forces in creation.

F. The Redemptive Work of Jesus Christ

Jesus Christ is the Redeemer in that he led the kind of human existence that God intended human to lead. He is also the Redeemer is the sense that he reconciled God and his fallen and alienated creation. Jesus was, therefore, more than the Example. He also made it possible for fallen humanity to be transformed so that they could live the way Jesus Christ led his life. Not that humans could ever be exactly like Jesus, but they are empowered by Christ's redemptive work in the power of the Holy Spirit to live as "the followers of Jesus."

What was redemptive in Jesus Christ is his embodiment of God's forgiving and compassionate love throughout his earthly ministry and on the cross and through the resurrection. The cross and Jesus earthly ministry, therefore, cannot be separated. Because Jesus lived a life of forgiving and compassionate love, he was executed on the cross as a person dangerous to the Roman authorities and to the rule of the Jerusalem temple. As we noted earlier, Jesus on the cross entered into the most extreme space of liminality. He was thrown into the deepest abyss of liminality by his Father who did not come his aid, on the one hand, and his male disciples and other followers who all abandoned him.

But this deepest abyss of liminality that Jesus entered on the cross was also the space in which the deepest experience of communitas with God in Jesus could be experienced. The women who stood by Jesus, the repentant criminal on Jesus' side, and the believing Roman soldier experienced the unconditional acceptance and forgiveness through the redeeming communitas that emerged in Jesus' space of abysmal liminality. Those who join with Jesus in this space of liminality experienced and will experience the unconditional acceptance by God in Jesus and a transformation into a new life of following Jesus.

Why did Jesus have to suffer on the cross? The answer is, first of all, that Jesus' life of compassion and forgiveness is suffering on the cross inevitable. In that sense, his suffering on the cross the continuation of Jesus' practice of forgiveness and compassion that made him cross all kinds of borders that human beings had erected. Jesus' suffering on the cross is also his substitutionary bearing of God's wrath upon human sin. Finite human beings could not bear the wrath of an infinite God. Jesus bore God's infinite wrath on the sinful humanity's behalf.

Faith, therefore, means the sinful human beings' act of united with Jesus in Jesus' experience of liminality and his communitas on the cross. To united with Jesus in faith then means an act of departing from the structures that govern human beings' lives and joining Jesus' liminal space in which they will enter into a redeeming communitas with the forgiving and accepting God.

Now this forgiveness and compassion of God experienced in Jesus' space of liminality would not be real and have life-giving power if death ended Jesus' life on the cross. The resurrection of the liminal and crucified Jesus makes God's forgiveness and acceptance valid. The resurrection is not only the event in which the dead Jesus was raised from the death. The resurrection also bring about a new existence for the fallen human being. The resurrection of Jesus is very much future and eschatologically oriented in that it confirms that the end for which God created the world will continue to be accomplished in history in spite of the evil and sinful forces that oppose it.

1. Asian American Christian's Discipleship and the Asian American Church

The special calling Asian American Christians as a liminal

and marginalized people is to appropriate and utilize their liminality as a facilitating factor for their joining with Jesus in Jesus' liminal space and in the redeeming communitas with God in Jesus, and also to exercise the three creative potentials for the values of the reign of God, especially in a struggle against in injustice of marginalization with a compassion love even for the oppressors.

Asian Americans have the vocation of exercising their liminal openness to the will of God. Freed from those structures and borders that hinder human fellowship, Asian American Christians have the special calling to embrace the people who are "different" and also to be "inclusive" in the construction of their Asian American identity.

Asian American Christians also have the special calling to meet those who are liminal and marginalized in their liminality and thereby promote the emergence of communitas and solidarity with them.

Asian American Christians have the special calling to exercise the prophetic perspective or their liminal social location for the promotion of justice and the struggle against injustice of marginalization.

Asian American church is the gathering of those Asian Americans who have experienced redeeming communion with the unconditionally loving God in Jesus Christ and have begun to live a new life following Christ and exercising the creative potentials of liminality for the reign of God. Asian American church is both communitas and structure. Asian American church provides a liminal space through its reading of the Scriptures, preaching, worship, sacraments, and other activities, and in the liminal space repeats the original redeeming communitas with the unconditionally accepting God in Jesus and thereby becomes empowered to exercise their liminal creativity for the values of the reign of God in and outside of the church.

Asian American church strives to transform its structure constantly with the egalitarian spirit of the communitas with Jesus in which all are equal brothers and sisters with Jesus as the head. Asian American churches have the special responsibility to reform its patriarchal hierarchy and culture. In addition, Asian American churches have a special calling for the mission work of bringing the gospel to other liminal and marginalized peoples of the world.

* Note : The ideas outlined in this article will be soon published as a book. In the book, the theology will be much more fully developed, and all the references and footnotes will be provided.

2. 삼위일체 영성과
디아스포라의 삶

> 정성욱 목사 | 미국 트리니티 신학대학 교수

1. 들어가는 말

'디아스포라'(diaspora)라는 말은 '흩어진 나그네'(scattered aliens)라는 뜻을 담고 있다. 현재 600만 명의 한인 디아스포라들이 전 세계에 흩어져 있다. 그중에 상당한 수가 그리스도인들이다. 얼마 전에 나온 통계에 따르면 전 세계에 흩어져 있는 이민교회가 5,000여 개가 된다고 한다. 그 5,000여 개의 교회 중에 3,500여 개가 미국과 캐나다를 포함한 북미에 있다고 한다.

어떤 이유로 이민이라는 나그네 삶을 시작했든지 간에 우리 디아스포라들은 하나님의 비밀하신 섭리와 계획이 우리를 인도했다고 고백할 수 있어야 하겠다. 그래서 우리가 어디에서 우리 삶의 뿌리를 내리고 있든지 간에 우리는 "하나님께서 우리를 왜 이곳에 두셨는가?"라는 질문을 던지고, 그 질문에 성실하게 응답하는 하나님의 사람들로서 살아야 한다.

오늘날 우리 디아스포라들의 삶을 좀 자세히 들여다보면, 상당히 많은 수의 디아스포라들이 하나님의 거룩한 뜻에 부응하지 못하는 삶을 살고 있음을 발견하게 된다. 예를 들어 한인 디아스포라들의 삶 속에서 우리는 연합이나 연대나 상호존중 같은 아름다운 성경적 미덕을 발견하기보다는 분열, 갈등, 대립, 정죄, 상호비난과 같은 추한 모습들을 발견하게 된다. 이민사회나 교회만 그런 것이 아니다. 한반도가 남북으로 분열되어 있으며, 남한 역시 경제적 양극화, 우파와 좌파의 이데올로기 대립, 세대 간의 갈등과 분열, 지역사회의 분열과 대립 등으로 점철되어 있다. 한국 교회 120년의 역사 또한 연합과 화해의 역사라기보다는 분열과 갈등의 역사였다. 전 세계적으로도 인종 간의 갈등, 국가와 민족 간의 갈등, 테러와 전쟁들이 역사의 많은 부분을 차지해 왔다. 그리고 최근에는 기독교와 이슬람, 이슬람과 힌두교 등 종교 간의 갈등이 고조되어 왔다.

21세기를 살아가는 우리 디아스포라들에게 있어서 가장 시급하게 요청되는 것은 분열과 대립과 갈등의 문제를 해결하고, 통합과 화해와 연합과 연대와 상호존중의 정신이 우리의 삶을 지배하도록 하는 것이다. 논자가 보기에 위에 제기된 문제를 해결하고 화해와 연합의 아름다운 삶을 재정립하는 데 있어서 가장 중요한 것은 삼위일체 하나님에 대한 바른 인식과 그 인식에 기초한 삼위일체 영성의 체현이라고 믿는다. 이 글을 통하여 우리가 정립해야 할 삼위일체 영성이 무엇인지, 그리고 삼위일체 영성을 구현하는 삶의 모습은 어떠해야 하는지를 논의해 보고자 한다.

2. 20세기와 삼위일체론

1) 삼위일체론의 복권

20세기 후반 구미 신학계는 지각 변동을 겪었다. 그것은 칼 바르트에 의해 주도된 삼위일체 신학의 복권이었다. 18세기 계몽주의 사상이

기독교의 초자연적 성격을 거부한 이래로 19세기 자유주의 신학은 삼위일체론에 대한 무관심으로 일관했다.

대표적인 실례가 슐라이어마허일 것이다. 그는 자신의 주저인 *Christian Faith*의 앞부분에서 삼위일체론에 대하여 거의 다루지 않다가 마지막에 와서 잠깐 언급하였다. 그러면서도 정통교회가 지탱해 온 삼위일체론보다는 이미 4세기 때 이단으로 정죄되었던 양태론적 삼위일체론을 자신의 입장으로 제시하였다. 슐라이어마허와 함께 서구 자유주의 신학에서 삼위일체론은 신앙생활에 무익한 사변으로 치부되기 시작했다.

칼 바르트의 신학적 공헌은 무엇보다도 삼위일체론을 기독교 신앙의 중심에 복권시킨 것이다. 그는 자유주의 신학권에서 훈련을 받았고, 또 자유주의 신학에 심취해 있었다. 그러나 스위스의 작은 마을 자펜빌(Safenwil)에서 목회하면서, 바르트는 자유주의 신학의 치명적인 약점에 대하여 각성하게 된다. 그 후 그는 성경과 루터, 칼빈을 포함한 종교개혁자들의 신학을 연구하면서 '성경의 이상한 신세계'를 접하고 자유주의 신학에 대한 저항의 깃발을 들었다. 바르트의 주저인 「교회교의학」은 삼위일체론적 구조로 저술되었다. 제1권이 계시론인데 바르트는 자신의 계시론을 철저하게 삼위일체론으로 구성했다. 제2권이 신론, 제3권이 성부/창조론, 제4권이 성자/화해론, 제5권이 성령/구속론으로 이루어져 있다. 제1권과 제2권이 삼위일체론의 총론적인 성격이라면, 제3권부터 제5권까지는 삼위일체론의 각론적 성격이라고 볼 수 있다.

물론 정통 복음주의 신학의 관점에서 바르트의 삼위일체론은 비판받아야 할 점이 없지 않다. 하지만 바르트가 삼위일체론을 기독교적 담론의 중심무대로 다시 회복시킨 것은 그의 신학적 업적 중 가장 중요한 것이라는 점을 부인할 수는 없어 보인다. 바르트가 삼위일체론을 복권시킨 뒤 다수의 세계적인 신학자들은 삼위일체론에 대한 다양하고도 깊은 연구를 내놓았다. 대표적인 학자들 중에 영국계인 Thomas F.

Torrance와 얼마 전 타계한 Colin Gunton이 있다. 독일 개신교 신학자인 Jurgen Moltmann과 Wolfhart Pannenberg, 독일 가톨릭 신학자 Karl Rahner가 있다. 그리고 미국 신학자들 중에는 Robert Jensen과 David Cunningham 같은 남성 신학자들과 Elizabeth Johnson, May Ann Fatula, Catherine Mowry LaCugna 같은 여성 신학자들이 있다. 이와 더불어 그리스 정교회 신학자 John Zizioulas와 남미 해방신학자 Leonardo Boff가 삼위일체론에 대한 창조적인 저술을 냈다.

2) 삼위일체 영성에 대한 관심 증대

삼위일체론과 더불어 20세기 후반과 21세기 세계 신학계의 화두 중 하나는 영성이다. 영성에 대한 관심이 커지기 시작한 가장 근본적인 원인은 현대사회의 세속화와 물질주의화에 있다. 황금만능주의가 현대인들의 정신세계를 지배하면서, 사회와 문화의 거의 모든 영역이 세속화되고, 상업화되어 버렸다. 물질적인 풍요가 정신적인 풍요를 동시에 가져올 것이라는 환상은 깨져 버렸다. 물질에 지배를 받는 삶은 참된 정신적, 영적 풍요로움을 가져다주지 못한다는 것을 많은 현대인들은 인식하기 시작했다. 이러한 상황에서 참으로 가치 있는 것, 인간의 본질과 관련된 정신세계와 영적인 세계에 대한 갈증을 해결해 줄 수 있는 길은 영성적인 삶을 회복하는 것이라는 사실을 많은 현대인들은 인식하게 되었다. 사회와 문화뿐 아니라 신앙의 영역 역시 세속화의 큰 흐름에 지배되기 시작하자, 다수의 기독교 영성 작가들이 등장하여 신앙생활의 방향을 정말 영적으로 가치 있는 삶을 추구하도록 재정위시키는 일에 힘을 기울이게 되었다.

영성이란 말을 어떻게 정의하든지 간에 영성은 삶과 관련된 것이고, 삶의 지향성과 연관되어 있다. 그리고 기독교적인 영성의 삶 그 중심에는 삼위일체 하나님이 계신다는 것이 요즘 영성신학을 이끌어 가는 지도자들의 공통된 견해다. 20세기 후반에 복권되기 시작한 삼위일체론과 새로운 관심을 끌기 시작한 영성운동이 결합하여 삼위일체 영성에 대한 범교단적 관심이 커지고 있다.

3. 삼위일체론의 신학적 요점

1) 통일성과 다양성

한 분 하나님이 세 위격의 통일체 또는 연합체로 존재하신다는 삼위일체론은 한 분 하나님이라는 통일성과 세 위격이라는 다양성을 포함한다. 따라서 삼위일체 하나님의 존재는 통일성을 강조하면서 다양성을 무시, 억압하는 획일성을 거부하며, 다양성을 강조하면서 통일성을 무시하는 무질서적 다원주의를 또한 거부한다. 삼위일체 하나님의 존재 자체가 통일성과 다양성을 동시에 균형 있게 담지할 수 있음을 보여 주는 것이다.

2) 삼위 간의 관계성

"어떻게 삼위가 한 하나님일 수 있는가?"라는 신학적 질문에 설득력 있는 답변을 제시한 교부들이 갑바도기아의 세 교부들이다. 이 세 교부들은 세 위격의 구별성을 강조하면서 동시에 이 세 위격이 perichoresis의 관계로 존재한다고 주장했다. 여기서 perichoresis란 상호 내주(mutual indwelling), 상호 침투(mutual penetration), 상호 참여(mutual participation)라는 뜻을 담고 있다. 다시 말하면 삼위 하나님이 서로 서로 내주하시고, 침투하시고, 참여하심으로 하나의 통일된 존재로 계신다는 말이다. 성부는 성자와 성령 안에 계시고, 성자는 성부와 성령 안에 계시고, 성령은 성부와 성자 안에 계시므로 삼위가 구별되기는 하나 결코 분리될 수 없는 영원한 존재론적 통일체를 이루고 있다는 것이다.

3) 삼위 간의 코이노니아

삼위가 perichoresis의 방식으로 존재하면서, 삼위는 상호 긴밀한 koinonia, 즉 교통과 교제와 친교를 누리고 계신다. 삼위의 교통은 서로에 대한 사랑의 교통이다.

성부는 성자와 성령을 사랑하시고, 성자는 성부와 성령을 사랑하시고, 성령은 성부와 성자를 사랑하신다. 또 이 사랑은 다양한 모습으로 표현되는데 성자는 성부를 사랑하셔서 성부의 뜻과 계획에 순종하심으로 성부를 영화롭게 하신다. 성령도 성부와 성자의 뜻과 계획에 순종하심으로 성부와 성자를 영화롭게 하신다.

성부도 성자와 성령을 영화롭게 하신다. 따라서 상호 영화(mutual glorification)가 삼위 간의 코이노니아의 본질에 속한다. 이러한 상호 영화는 서로의 영광에 봉사한다는 의미에서 diakonia를 포함한다. 삼위가 서로 사랑하시고, 서로를 영화롭게 하시는 삶의 방식은 서로에 대한 존중(mutual respect), 서로에 대한 인정(mutual affirmation), 그리고 서로에 대한 환영·환대(mutual welcoming·hospitality)를 함축한다.

이러한 삼위 간의 연합적 친교를 표현하기 위해 현대신학자들은 communion이라는 단어를 사용한다. 하나님은 삼위의 연합적·통일적 친교의 방식으로 존재하신다는 것이다(God is a communion of the Father, Son, and Holy Spirit).

4. 삼위일체 영성

위에서 논의된 삼위일체 하나님이 가지시는 존재방식과 삶의 방식은 우리 그리스도인들이 지향하고 구현해야 할 영성의 올곧은 모습을 보여 준다.

1) 다양성의 예찬

우선 하나님의 존재 방식이 다양성을 포함한다는 것은 결국 다양성 자체가 선한 것임을 확증한다. 다양성은 선한 것이며, 동시에 다양성은 창조의 원리이다. 하나님께서는 만물을 창조하실 때 각기 그 "종류대로" 또 다양하게 창조하심으로써 당신의 존재 안에 다양성을 품고 있을 뿐 아니라 다양성을 존중하고 예찬하시는 분임을 증거하신다.

2) 통일성의 추구

하나님께서 삼위라는 다양성 속에서 통일되고 연합된 한 분으로서 존재하신다는 것은 다양성이 파괴적이고 무질서한 분열주의나 대립주의로 퇴락되는 것이 결코 하나님의 뜻이 아님을 보여 준다. 동시에 다양성 안에서 통일성과 하나됨과 연합을 추구하는 것이 하나님의 존재적 본질에 일치하고(consistent), 조응하는(corresponding) 삶의 모습임을 증거한다.

3) Perichoresis의 관계성

하나님의 삼인격이 상호 내주와 상호 침투와 상호 참여의 관계성 속에 있다는 것은 피조물 개인의 충족성과 자율성을 지나치게 강조하는 현대정신에 반한다. 따라서 모든 존재 특히 인간은 하나님과의 수직적인 관계와 타인들과의 수평적인 관계 속에서 자신의 참된 본질과 정체성과 목적을 발견하고, 참된 행복을 향유할 수 있다.

따라서 개인의 독립성을 지나치게 강조하는 유아독존식의 삶의 방식은 관계성 속에 존재하시는 하나님의 존재에 일치하지 않는 영성이다. 오히려 자신의 존재와 삶이 타인과의 바른 관계에 의존되어 있다는 상호의존성(interdependence)의 원리가 삼위일체 영성의 본질이다.

4) 사랑의 코이노니아와 디아코니아

하나님의 삼인격이 서로 사랑하며, 존중하며, 인정하며, 영화롭게 하는 긴밀한 친교 속에 있다는 것은 서로를 대적하며, 무시하며, 부인하며, 멸시하는 관계가 결코 참된 영성의 삶과 일치되지 않음을 증거한다. 삼위일체의 영성의 본질은 다양한 사람들이 서로를 존중하고, 인정하며, 환영하고, 높이는 사랑의 코이노니아이다.

사랑의 코이노니아를 이루기 위해서는 서로에 대하여 종노릇하고 섬기는 diakonia의 영성이 반드시 수반되어야 한다. 타자를 위하여 자기를 내어주는 디아코니아의 영성이 없이는 참된 사랑의 코이노니아가 실현될 수 없다.

5. 삼위일체 영성의 구현

1) 남편과 아내

부부간의 긴밀한 코이노니아와 연합적 친교를 구현해야 한다. 부부관계는 삼위일체 하나님의 관계성이 가장 아름답게 구현될 수 있는 현장들 중 하나이다. 남편과 아내가 상호 내주와 침투와 참여의 관계성 속에서 서로를 인정하고, 존중하고, 사랑하고, 높여 주며, 그러기 위해서 서로를 섬기며, 서로에게 종노릇하는 삶의 방식을 추구해 갈 때 삼위일체 영성은 부부관계 속에서 아름답게 구현될 수 있다.

2) 부모와 자녀

부모와 자녀의 관계는 일방적인 상명하달식의 관계가 아니라 오히려 상호 존중과 상호 의존의 관계이다. 부모는 자녀에게 의존되어 있고, 자녀는 부모에게 의존되어 있다. 부모는 "또 아비들아 너희 자녀를 노엽게 하지 말고 오직 주의 교양과 훈계로 양육하라"(엡 6 : 4)는 주의 명령을 받았다. 자녀를 노엽게 하지 않기 위해서는 자녀를 하나님의 눈으로 보고, 존중하는 법을 배워야 한다.

동시에 자녀는 "자녀들아 너희 부모를 주 안에서 순종하라 이것이 옳으니라 네 아버지와 어머니를 공경하라 이것이 약속 있는 첫계명이니"(엡 6:1-2)라는 주의 명령을 받았다. 부모에게 순종하고 공경하기 위해서는 하나님의 눈으로 부모를 바라보고, 부모를 인정하고 존중하는 사랑의 마음을 회복해야 한다.

3) 교 회

교회에서의 형제자매들 간의 관계는 삼위일체 하나님의 관계성이 가장 아름답게 구현될 수 있는 현장들 중 하나이다.

(1) 다양성과 통일성

교회는 그리스도의 몸이다. 하나의 몸이다. 그러나 이 한 몸은 많은, 다양한 지체를 가진다. 따라서 다양성과 통일성을 담지하는 교회의 존재방식은 삼위일체 하나님의 존재 방식과 일치한다.

교회는 다양한 문화적, 사회적 배경을 가진 사람들로 구성된다. 우리는 이런 다양성을 예찬하는 법을 배워야 한다. 획일적으로 다양성을 억압하는 것은 바른 자세가 아니다. 동시에 그 다양성 속에서 통일성을 지향하고 추구해야 한다. 각자의 은사가 다르고, 기능이 다르고, 직분이 다르지만, 교회의 머리 되신 그리스도의 영광과 영예를 드높인다는 통일된 목적에 있어서는 하나임을 항상 기억해야 한다.

(2) Perichoresis의 관계성

교회의 다양한 지체들은 한 몸으로 부름을 받았고, 그 한 몸에 함께 참여하고, 그 한 몸으로 인하여 서로 내주하고 서로 침투하는 상호 의존 관계성 속에 있음을 자각해야 한다.

"눈이 손더러 내가 너를 쓸데 없다 하거나 또한 머리가 발더러 내가 너를 쓸데 없다 하거나 하지 못하리라"(고전 12 : 21).

(3) 사랑의 코이노니아와 디아코니아
교회의 다양한 지체들은 서로 사랑하라는 주의 명령을 받았다. 그런데 이 사랑은 성령 안에서 긴밀한 연합적 친교를 통해 표현되어야 한다. 즉, 서로를 진심으로 존중하고, 인정하며, 서로를 높이고, 환대하는 친교를 지향해야 한다. 서로를 대적하고, 무시하고, 부인하며, 멸시하는 관계는 결코 바른 영성의 결과가 아니다.

그리고 서로에 대한 사랑과 존중과 인정과 환대와 높임을 위해서는 서로에 대한 종노릇함과 섬김의 정신의 실천이 요구된다는 점을 기억해야 한다.

"형제들아 너희가 자유를 위하여 부르심을 입었으나 그러나 그 자유로 육체의 기회를 삼지 말고 오직 사랑으로 서로 종노릇하라"(갈 5 : 13).
"그리스도를 경외함으로 피차 복종하라"(엡 5 : 21).

4) 목회자와 성도
이민교회의 여러 가지 분열상황의 중심에는 성도들 간의 갈등도 있지만, 목회자와 성도 간의 갈등도 있다. 목회자와 성도는 서로의 다름을 존중하고 예찬하는 법을 배워야 한다. 목회자의 사역과 은사는 일반 성도들의 사역과 은사와 다를 수밖에 없다.

그러면서도 그 다름이 서로를 분리시키고, 단절시키는 것이라기보다 하나님의 영광과 복음의 진보를 위해 연합적으로 존재해야 하는 것임을 자각해야 한다.

동시에 삼위일체 영성을 통해서 목회자는 성도들을 진심을 다해 사랑하고, 존중하며, 인정하고, 높이고, 성도들 역시 목회자를 사랑하고, 존중하고, 인정하고, 높이는 관계를 지속적으로 발전시켜야 한다.

3. 흩어진 나그네, 택하신 족속

이상철 목사 | 캐나다 연합교회 증경총회장

1. 성경 안에 있는 이민자들의 이야기

성경에는 수많은 이민자들의 이야기가 있다. 그래서 '성경은 이민자들의 이야기'라고 말해도 무방할 것 같다. 바벨탑을 쌓던 사람들을 하나님께서 온 땅으로 흩으셨다는 기록이 이민자들의 이야기 시작이다. 좀더 구체적인 이민 이야기는 하란에 살던 아브라함이 가나안 땅으로 이민 갔던 이야기이다. 아브라함 이민 이야기는 사실은 그의 아버지 데라에게서 시작된다. 데라는 바빌로니아의 우르를 떠나 가나안을 향해 가다가 하란에 이르러 일시 정착을 했는데, 아브라함은 하란을 떠나 새 땅으로 가라는 하나님의 지시를 받은 것이다.

아브라함의 이민 이야기는 단순한 어느 가족의 이야기가 아니고, 이민의 의미를 정의해 주는 내용이어서 중요하다. 창세기 12장 이하에 나타나는 아브라함의 경험 이야기는 하나님께서 아브라함에게 첫째로 하늘의 별과 바다의 모래같이 많고, 큰 민족이 되리라는 축복을 하셨다.

191

이것을 우리의 언어로 한다면 민족공동체 형성의 과제를 받았다고 할 수 있다.

둘째는 다른 모든 민족들에게 하나님의 축복을 나누어 주는 사명을 받았다. 이것은 이민자들은 점령집단이 아니고 새 땅에서 만나는 사람들에게 자기들이 받은 축복을 나누어 주고 그들과 더불어 사는 평화공존을 이룩해 가는 사명을 가진 사람들이라는 뜻이다. 이것은 이민자들의 선교적 사명이라고 부를 수 있다. 그러나 아브라함의 가족은 새 땅에서 할 일을 미리 다 계획을 세워 떠난 사람들이 아니었다. 그들이 받은 하나님의 지시는 "너희 아버지의 집을 떠나서 내가 보여 주는 땅으로 가거라." 하는 말씀뿐이었다. 신약의 히브리서 기자는 이때 아브라함 가족의 상황을 "믿음으로 아브라함은 부르심을 받았을 때에 순종하여 장차 분깃으로 받을 땅으로 나갔다. 그런데 그는 어디로 가는지를 알지 못하였지만 떠났다."라고 설명해 주고 있다.

이민자들은 미지의 땅으로 믿음과 용기를 가지고 찾아가는 사람들이다. 그런데 성경은 그들은 아무것도 모르고 갔지만 그들의 배후에는 눈에 보이지 않는 하나님의 섭리의 손길이 움직이고 있었다고 가르친다.

애굽에 간 요셉의 일가도 애굽 땅에 사는 사람들에게 놀라운 축복을 나누어 주었다. 그리고 민족의 숫자로도 크게 성장하였다. 그러다가 이스라엘이 노예화의 과정을 겪으면서 신음하게 되니 하나님은 모세를 보내 민족해방운동을 일으켜 주셨다. 그 후에 이스라엘은 전쟁에 지고 바빌로니아로 강제이민을 당해 끌려간 이민들도 하나님이 버리지 않았다고 한다. 예언자 예레미야를 통해 바빌로니아를 위해 기도하라고 권하고, 포로 수용소에서 에스겔, 제2이사야 등의 예언자들을 배출해서 살아남는 은총을 받게 했다. 이와 같은 이스라엘의 경험에 의하면 하나님은 이민자들의 보호신이라는 것이었다. 그뿐 아니라 이민자들을 통해 하나님은 스스로의 뜻과 사랑과 긍휼과 인류구원의 계획을 추진시키는 분이라는 것이다.

신약시대의 디아스포라들은 '보냄을 받은 나그네' 의식을 뚜렷하게 가지고 있었다. 예수는 제자훈련의 과목 속에 선교사 훈련 혹은 디아스포라 훈련을 포함시키고 있었다. 그는 제자들을 선교지로 보내면서 "가거라. 내가 너희를 보내는 것이 어린양을 이리 가운데로 보내는 것과 같다. 전대도 자루도 신도 가지고 가지 말고 길에서 아무에게도 인사하지 말아라. 어느 집에 들어 가든지 먼저 '이 집에 평화가 있기를 빕니다'라고 말하여라."라고 가르쳤다.

신약시대의 디아스포라들의 특징은 자기 동족에게 배척을 당하고 박해를 받아 다른 민족에게 가서 생존을 보장 받아야 했다는 것과 도피해 간 나라들이 우호적이기보다 오히려 원수의 관계에 있든지 아니면 업신여기고 싫어하는 관계였다는 점이다. 특히 바울과 베드로가 간 로마는 폭력적인 지배국이었다.

구약시대의 흩어진 백성들이나 신약시대의 디아스포라들은 돈을 가지고 이민 간 사람들은 아니었다. 또 그들의 국가 배경은 '제로'에 가까운 것이어서 그들에게 힘이 되어 주지 않았다. 그래서 그들은 '믿음'만 가지고 갔다. 즉, 하나님만 자기 삶 속에 모시고 가서 그분을 타민족들에게 나누어 준 셈이다.

2. 미국에 온 초창기 한국인 이민자들의 이야기

1902년 12월 22일 인천항에서 배를 타고 떠난 101명의 한국인들이 1903년 1월 13일 호놀룰루에 도착한 것이 최초의 한국인 미국 이민이었다는 것은 널리 알려진 이야기이다. 이 첫 이민선에 이어 1905년까지 56번에 이른 선편들에 의해 7,226명(남자 6,048명, 여자 637명, 아이들 541명)이 미국 땅에 들어왔다는 것이다.

이 초창기 한국인 미국 이민의 길을 열어 준 사람들이 여럿 있었는데, 당시 인천 내리감리교회를 담임하고 있는 George Heber Jones를 중심으로 지명하고 있다. 그는 이민을 권장하는 일, 한국 정부를 설득하는 일, 하와이 주정부와의 교섭, 이민사업회사를 조직하는 일 등을 주변 사람들을 동원하여 성공을 거두었고, 그런 관계로 하와이 이민선에는 그의 교회 교인들이 섞여 있었고, 통역 등을 담당하는 사람들은 이미 이민교회 설립과 선교의 꿈을 가지고 이민선을 타고 갔다고 한다. 그들은 배를 타고 항해하는 동안 예배드리는 일을 시작했으니, 그것이 이민교회의 시작이라고 할 수 있다.

이렇게 해서 하와이에 와서 사탕수수 농장에서 노동하며 살게 된 한국인 이민들의 생활 현실은 어떠하였겠는가? 이 질문에 대답하는 몇 사람의 이야기를 들어 보면 다음과 같다.

"나는 새벽 4시 30분에 일어나 아침을 먹고 5시에 일터로 나가 5시 30분에 일을 시작해야 했다. 나의 점심식사 시간은 30분이었고, 오후 4시 30분에 일을 끝냈다. 나는 하루 10시간 노동하고 67센트의 임금을 받았다. 하와이 말로 Lunas라는 십장이 우리 일하는 것을 감시했는데, 독일인이었던 우리 십장은 일단 일을 시작하면 담배를 피우거나 허리를 펴는 것을 용납하지 않았다. 그는 우리를 소나 말처럼 다루었다. 그의 명령을 어기면 가차 없이 매를 맞았다. 우리는 해고를 당할까 두려워 그의 학대에 대항할 수 없었다. 우리들은 이름으로 불리지 않고 번호로 불리웠다. 나는 막사에 살았는데, 그것은 병사들의 막사 같았고 나무 마루바닥 위에 놓인 나무침대에서 담요 한 장을 덮고 잤다. 대개 독신 남자 4명이 한 방에서 잤다"(이호기 씨 회고담).

"내가 배에서 내렸을 때 본 하와이는 침울하고 여기에서 무슨 희망을 찾을 수 있을 것 같지 않았다. 내가 살 막사를 둘러보고 하와이의 뜨거운 햇빛 아래서, 그리고 이 막사에서 어떻게 살아갈 수 있을지 걱정이 되었다. 그러나 70년이 지난 지금 돌이켜 생각하면 여기에 온 것은 잘한 일이라고 생각한다. 나는 다른 여성들과는 달랐다. 나는 한국에서 이미 결혼하고 먼저 하와이로 온 내 남편을 따라 온 것이기 때문이다. 나는 사진만 보고 결혼하려 온 여자들과는 달랐다. 농장 노동자들은 나의 남편과 우리 부부를 부러워했다"(17세 때 온 김태연 씨 회고담).

이 여인은 농장 노동자들을 위한 하숙업을 했다. 일인당 숙박료는 6불, 세탁료는 1불을 받았다고 한다. 그것으로는 경비를 충당하기 어려워서 공지에 야채 재배도 해서 김치를 만들어 대접하기도 했다고 한다. 그는 21명의 장정들을 먹이기 위해 새벽 3시 30분에 일어나 아침 식사부터 하루 세 끼를 대접하고, 빨래와 다림질을 하는 일까지 하루에 17시간 노동을 해야 했다.

이와 같은 이민 당사자들의 경험담이 있음에도 불구하고 하와이의 한국 이민자들의 실정을 훨씬 낙관시한 사람들도 있다. 하와이 한국이민 추진의 주역이었던 조지 존스 목사는 하와이 현지답사를 한 후 한국 이민자들은 현지에서 최선을 다한다고 하였다. 한국 이민자들은 현지에 빨리 적응하고 많은 것을 배우고 있다고 평가했다. 당시 한국 정부를 대표해 하와이 현지답사를 한 윤치호 씨도 이민정책을 세운 것은 잘한 일이고, 이민의 미래에 대해서 낙관하는 견해를 밝혔다. 미국 백인사회는 "한국 이민자들은 모든 동양인 이민들 중에서 가장 뛰어난 이민자들이다."라고 평가하기도 했다.

한국 이민자들 사이에는 처음부터 기독교 선교운동이 활발하였다. 이민자들이 거주하는 농장 부근이나 개인 집 혹은 공공건물에서 전도사 경험이 있는 몇 사람과 평신도들의 인도로 기도회와 예배가 일찍부터 시작되었다. 이민 온 지 6개월도 채 못 된 시점에서 1903년 7월 4일에 목골리아 사탕수수 농장에서 김이제 전도사의 인도로 예배를 시작하였고, 동년 11월 10일에는 호놀루루에서 안정수, 우병길 등이 중심이 되어 감리교회가 창립되었다. 이렇게 하여 약 10년간 39개의 교회가 창설되었고, 전체 교인 수도 2,800명 정도로 부흥되었다.

1905년 에바 농장에 있는 감리교회는 135명의 교인들이 모은 3백 불의 건축기금을 농장주에게 전달하면서 예배당을 지어 달라고 했더니 농장주는 감동을 받아 1천 불을 들여 교회당을 지어 주고, 한인교인들의 3백 불은 교회당 내부를 꾸미는 데 사용했다는 미담도 있다. 위에서 언급한 김태연 할머니의 증언에 의하면 한국 이민자가 있는 곳에는 영락없이 교회가 설립되고, 교회 지도자들이 한인사회의 지도 역할을 하고, 교회가 한인사회의 일반 집회장소가 되기도 했다고 한다.

하와이의 한인 이민자들은 농장과의 계약기간이 끝나는 대로 호놀룰루에 진출해서 도시생활을 하기도 하고, 약 1천 명은 미국 본토에 건너가서 또 새로운 디아스포라 생활을 시작하기도 하고, 약 1천 명은 본국으로 돌아가는 역이민의 길을 택하기도 했다. 미국 본토에 건너간 한인들은 그곳에서 한인사회와 교회 설립에 여러 모양으로 공헌을 하였고, 본국으로 돌아간 역이민자들도 그곳 사회와 교회에 나름대로 공헌했을 것이라 짐작한다.

하와이로 간 한국 이민자들은 아브라함의 가족과 마찬가지로 갈 바를 알지 못하고 갔다. 그러나 하나님께서는 이들에게 새 땅을 축복으로 주시고, 그 땅에서 하나님의 부르심을 받고 그리스도의 증인으로 사는 영광을 누리게 하신 것이다.

하와이 이민교회는 현지 이민사회 건설과 조국의 독립을 위해 깊은 관심을 가지고 성장하였다. 모국의 독립운동 지원에 있어서는 이념과 방법의 차이 때문에 대립과 갈등과 분열의 경험도 한 바 있었다. 그러나 그것은 하나의 민족의 성장으로 간주할 수 있고, 지나치게 치명적인 사건으로 매도할 필요는 없을 것 같다.

하와이의 한인 이민사회에는 문화충격, 인종차별, 임금차별, 빈곤 등의 외부에서 오는 난제들이 있었다. 동시에 뿌리를 내리지 못하는 나그네, 가정을 이루지 못하는 독신자들, 모국의 식민지화, 자녀교육, 분명치 않은 미래 등의 문제도 심각했다. 그러나 모국에서 배운 동회제도를 도입해 자치체제를 만들기도 하고 빼앗긴 조국의 독립운동 지원 등도 하면서 생존을 위한 싸움을 계속하였다. 이런 이민자들의 삶의 현장에 교회는 방관하지 않고 동참자로 존재하였다. 이것은 이민교회의 바람직한 존재 형태라고 생각되고, 오늘의 이민교회에도 전승되어야 할 전통이다.

3. 미국 본토에 진출한 한국인 이민사회

하와이 한인 이민자들의 일부가 미국 본토로 진출한 것은 1904~1907년 사이의 일이었다. 이 무렵 샌프란시스코를 거쳐 미국 본토에 들어간 한인은 약 1천 명 정도였다고 한다. 1907년에 동양인들이 하와이로부터 본토에 들어오는 것을 미국 대통령의 행정명령으로 금하지 않았다면 더 많은 사람들이 본토에 갔을 것이다.

미국 본토에 맨 처음 생긴 한인교회는 샌프란시스코 한인감리교회였다. 1904년경 샌프란시스코에는 약 50명 정도의 한인들이 이미 살고 있었다고 하는데, 이들은 1902년 한국에서 유학생 신분으로 온 안창호 씨 부부의 인도하에 이미 가정교회 형식의 예배를 보고 있었다고 한다. 그들이 감리교회로 조직 창립한 것은 1905년 10월로 되어 있다.

나성에서는 1904년 3월부터 전 감리교 선교사 Mrs. F. Sherman에 의해 한국인 어린이들을 위한 선교학교가 세워지고 점진적으로 교회로 발전했으나 교역자 관계로 중단되었다가 오랜 후에 다시 시작하기도 했다.

오클랜드에서는 1914년 6월에 한인감리교회가 세워졌다. 1919년 3월에 시카고 한인교회가, 1921년 4월에는 뉴욕 한인감리교회가, 1922년 3월에는 리들리 한인감리교회 등이 설립되었다.

장로교회의 경우 1904년부터 1920년 사이에 남가주 지역에 8개 교회가 설립되었다. 최초의 한인장로교회인 나성한인장로교회는 1906년 5월에 창립되었다. 그 뒤를 이어 1907년 3월 업랜드 한인장로교회, 1912년에 디뉴바 장로교회, 1913년에는 롬폭 장로교회, 1915년에는 싼타아나 장로교회 등이 설립되었다.

이 시대의 한인교회들은 교인의 수로는 몇십 명씩 모이는 소규모의 교회들이었다. 교인은 당시 노동자들, 소규모의 상인, 그리고 유학생들이었다. 목회자들은 대개 유학 온 목사들이었다. 1924년 미국이 동양인 이민금지법을 발표한 후로는 유학생 이외에는 입국이 불가능해져서 한인인구는 크게 늘어나지 않았다. 그럼에도 불구하고 이 시대의 한인교회들은 힘겨운 일들을 많이 한 셈이다. 민족문화 보존을 위한 교육활동, 모국의 독립운동 지원, 출판활동, 동족상호협조활동 등 갸륵하다고 느껴지는 활동을 계속하였다. 이와 같은 교회들의 모습은 폐쇄적이 아니고 열린 교회, 사회참여 등에 적극적인 교회로 보여져서 자랑스럽게 느껴지기도 한다.

4. 제2차 세계대전 이후의 한인교회의 변화

미국에 사는 한국인 이민사회에 큰 변화가 오기 시작한 것은 두 말 할 것도 없이 제2차 세계대전 이후이다. 유학생의 급증은 물론 입양아들과 미군들과 결혼하여 입국하는 여성 등으로 한인들의 수는 증가하게 되었다. 그러나 역시 1968년의 미국이민법이 동양인들에게 이민 문호를 개방해 준 것이 큰 계기가 되어 이민인구는 급격한 성장을 하게 되었다. 그 후의 이민사회는 그 수의 급증도 있었지만 이민자들의 연령, 성별, 학벌, 직업, 이민 온 동기 등에서 다양성을 띄게 된 것은 주목할 만한 현상이다.

하와이 섬에 이민 온 7천여 명의 코리언들이 북미에 2백만을 헤아리게 됐다면 그것은 옛날 아브라함이 꿈꾸던 하늘의 별과 바다의 모래같이 많은 민족공동체의 꿈이 이루어진 것이 아닌가 하는 감격도 있다. 또 미국 내에 있는 한인교회 수가 3천을 돌파했다고 하니 그것 역시 엄청난 발전이라고 할 수 있다.

1970년대 이전의 한인 이민사회와 교회활동은 거의 전적으로 한인사회에 국한된 것이었다. 이민사회 용어로 한다면 폐쇄사회(Ghetto)에 살고 있는 셈이다. 그러나 이민의 수가 늘어나고 다양한 직업을 갖게 되고, 미국에서 교육 받고, 주류사회에 진출하게 됨에 따라 한인사회는 게토에만 머물러 있을 수 없게 되었다.

미국사회도 냉전시대가 지나가고 세계화의 물결이 밀려옴에 따라 더불어 사는 세계의 꿈을 꾸게 되어서 다양한 민족들을 끌어안아 폭을 넓혀 가게 되서 한국이민뿐 아니라 모든 이민자들에게 새로운 기회와 도전이 주어지게 된 것이다.

5. 한인사회와 교회의 반성과 희망

일반적으로 한인 이민자들은 이 대륙에 모여온 다양한 이민자들 중에 우수한 그룹에 속하는 것으로 평가되고 있다. 부지런하고, 악착같고, 빨리 성공한다는 것이다. 젊은 세대들의 대학진학이나 사회진출도 높이 평가할 만하다.

민족공동체 형성의 면에서 여러 가지 시행착오가 있었지만 비교적 잘 하는 편이라고 할 수 있다. 한인 이민자들은 잠깐 와서 돈만 벌어 고국으로 다시 돌아갈 생각을 하는 사람들이 아니다. 역이민 현상이 있기는 하지만 그것은 극소수에 불과하다. 절대다수는 미국을 제2의 조국으로 삼고 대대손손 살게 될 것이다. 그런 까닭에 이 땅을 만들어 가고 사랑하고 건설해 가는 책임 있는 시민이 되어야 할 것이다.

1968년의 동양인에게 문호를 크게 열어 준 새 이민법 배후에는 숨은 이유가 있었다는 것을 주장하는 사람들도 있다. 그것은 미국사회가 백인과 흑인들 간의 대립과 갈등이 극에 달해서 그것을 중화시키는 역할을 아시아계 이민자들이 해 줄 것이라는 기대였다는 것이다. 이것이 사실이라면 한국인 이민자들은 중요한 임무를 맡았다고 생각해 볼 수 있다. 코리언들이 미국의 백인, 흑인, 그리고 원주민들 사이에 peace maker의 역할을 할 수 있다면 그것은 큰 의미를 지니며 영광스러운 직책이기도 하다.

미국은 수많은 인종들이 함께 사는 나라가 되었다. 미국은 인류가 차별 없이 더불어 사는 세계를 건설할 수 있다는 모델을 만들어 낼 수도 있다. 또 21세기의 세계는 그런 모델이 필요한 것도 사실이다. 앞으로 세계의 지도자들은 다른 민족과 더불어 평화공존하는 경험을 가진 자들이 될 것이다. 그런 의미에서 이민자들은 새 세계를 이끌어 가는 훈련을 받는 사람들이기도 하다. Korean-American들이 이와 같은 세계사적인 도전을 의식하는 것이 중요할 것이다.

미국에 있는 3천여 개의 한인교회에 대해서도 살펴볼 것이 있다. 한인교회들은 열심히 하기도 하지만 잘못도 많이 범한다고 말할 수밖에 없다. 누구나가 공통되게 지적하는 몇 가지는 "교회 수가 너무 많다.", "교파적인 분열이 너무 심하다.", "교회 내에 분쟁이 끊이지 않는다.", "교역자들의 질이 향상되어야 한다.", "편협하고 포용성이 모자란다." 등이다. 이와 같은 비판을 귀 기울여 듣고 시정하는 것이 필요하다. 물론 장점들도 있다. 교회들의 자립정신, 선교적인 열성, 정성스러운 헌금, 모국의 민주화와 통일에 대한 지원 등은 칭찬 들을 만한 일이다. 그러나 교회들이 이 땅에 뿌리를 내리는 일보다 모국교회의 지교회로 존속하려는 것과 같은 인상을 주는 것은 문제이다. 왜냐하면 그런 형태는 2세, 3세로 내려가면 존속되기 어려울 것이고, 또 미국 전체 교회와의 화합에도 방해가 될 것이기 때문이다.

또한 매우 중요한 요청이 한 가지 있다. 그것은 한인 기독교인들이 미국에 보냄을 받았다는 자각을 가지고 미국을 위해 선교활동을 해야 한다는 것이다. 미국은 천사들의 나라가 아니다. 때로는 너무 풍요하고 강한 것 때문에 위태로워지는 일이 생긴다. 냉전시대에는 공산권이 미국의 탐욕적인 독재를 견제하는 역할을 해 왔는데, 지금은 누구에게도 견제를 받지 않고 독주하는 자국이익 추구국이 되어 간다. 혹자는 미국을 Pax-Americana로 부르기도 하는데, 이것은 Pax-Romana를 연상시키는 표현이다.

Korean-American들은 자신들이 경험한 여러 침략, 억압, 착취, 차별대우 등을 소재로 미국이 세계의 미움을 사지 않는 나라가 되도록 도와주어야 한다. 많은 젊은이들을 비한국계 미국교회 목회에 진출시키면 좋을 것 같다. 큰 교단의 총회장도 배출한 경우도 있으니 이제 미국 주류교계에 본격적으로 진출할 때가 된 것 같다. 동족끼리 옥신각신하는 한국인 게토의 담은 낮아지고 허물어져야 한다. 민족의 정체성 유지는 게토 안에서 유지된다는 생각은 편견이다. 오히려 넓고 다양한 사회에 나가 다른 민족들과 삶을 나눌 때 우리의 정체성은 뚜렷해지고 성장할 수 있는 것이다. 2세, 3세 한국인들은 그런 현실을 파악하고 1세들의 곁을 떠나야 건전하고, 전체 사회에 공헌할 수 있는 Korean-American이 되고 새로운 사회나 교회건설도 시작되어 가는 것 같다.

주최 측이 이번 발제의 주제를 주면서 베드로전서 2:9~10의 성경말씀을 제시해 주었다. "그러나 여러분은 택함을 받은 족속이요, 왕 같은 제사장이요, 거룩한 국민이요, 하나님의 소유가 된 백성입니다. 그것은 여러분을 어두움에서 불러내어 그의 놀라운 빛 가운데로 인도하신 이의 덕을 여러분이 선포하게 하려는 것입니다."라는 베드로의 말은 그가 자기 백성들에게 거는 기대와 희망이 담긴 말이라고 생각된다.

이 말씀을 미국 한인교회에 적응하려고 생각해 보면 너무도 엄청나고 오히려 부끄러워지는 심정이기도 하다. 그러나 기독교 역사는 희망이 없어 보이는 백성들을 하나님께서 변화시켜서 놀라운 일을 하신 일이 여러 번 있었다는 것을 우리에게 가르쳐 준다. 하나님께서 상처가 많고 약한 한인 기독교인들을 변화시켜 큰 백성으로 삼아 주소서 하는 기도를 해 봐야 할 것 같다.

6. 나의 캐나다에서의 경험담

마지막으로 내가 캐나다에서 경험한 이야기를 한두 가지 나누려 한다. 나는 캐나다에 아내와 세 딸을 데리고 올 때 3년만 살다가 한국으로 돌아간다 약속을 하였다. 그런데 우리 가족이 와 얼마 안 되어 캐나다가 한국인 이민을 받기 시작하여 매주 새 이민자들이 들어오게 되었다. 캐나다연합교회는 나에게 3년 계약 이야기는 이제 잊어버리고 캐나다에 영주해 주어야겠다고 했다. 한국인이 계속 들어와 내가 필요하다는 이야기였다. 나는 3년밖에 내다보지 못했는데, 하나님께서는 벌써 한국인들의 캐나다 이민의 실현을 아시고 나를 캐나다로 먼저 부르셨다고 깨달으면서 캐나다 이민교회 목회자로 여생을 보내게 되었다. 후회 없고 감사하게 생각한다.

1960년 초반 한국인들이 처음 캐나다로 이민 오기 시작했을 때 캐나다 백인사회는 자주 나를 불러서 한국인들에 대한 이야기를 해 달라고 했다. 그런데 이야기가 끝나면 으레 나오는 질문이 있었다. "한국인들이 왜 캐나다로 이민 오느냐?"는 것이다. 그런 질문을 하는 사람은 내가 할 대답을 이미 마음속에 생각하고 있는 것 같았다. '한국에 전쟁위험이 있어서', '너무 가난해서', '잘 살아 보려고', '자녀교육 때문에' 등이라고 짐작이 되었다. 그런데 그때 나는 젊고 오기가 있어서 그런 대답은 하고 싶지 않았다. 그래서 대답 대신 오히려 역질문을 했다. 그 당시 캐나다인들이 즐겨 부르는 노래가 있었다. "This land is my land. This land is your land. This land was made for you and me."

나는 내 이야기를 듣는 사람들에게 이 노래에서 'you'를 말할 때 누구를 생각하느냐고 묻고는 했다. 내 의도가 무엇인지 몰라 보통 얼른 대답이 나오지 않았다. 누군가가 "What do you think?"라고 되물었다. 나는 기다렸다는 듯이 "코리언들을 가리킨 말이다."라고 엉뚱한 소리를 했다. 그리고 한국인들은 캐나다에 이민 와서 돈이나 벌어 돌아가려는 사람들이 아니다. 그들은 여기서 자식을 낳고 키우면서 영주할 것이고, 점진적으로 이 땅을 자기 땅으로 삼고 "This is my land, this is my country." 하면서 살 것이니 그렇게 알고 대하라고 했다. 그리고 그들은 내 말이 결국 옳았다고 인정해 주었다.

1988년 캐나다연합교회 총회장으로 당선되었는데, 이것은 전혀 예상치 못한 일이었다. 어느 날 어느 교회에서 저녁 집회에 와 이야기해 달라고 해서 갔다. 3백여 명의 청중 앞에서 이야기하고 질문시간이 되었다. 한 백인 신사가 "당신은 캐나다에 온 지 얼마 안 되는 외국인으로 이 교단의 총회장이 되었는데, 무슨 특별한 자격이라도 가지고 있다고 생각하느냐?"고 물어 왔다.

뜻밖의 언중유골 같은 질문이어서 당황했다. 뼈대 있는 대답을 해야 되겠다고 생각이 되었다. "이 훌륭한 교단의 총회장이 되려면 첫째 키가 작아야 하고, 둘째 얼굴에 근사한 수염이 있어야 하고, 셋째 가슴을 헤치고 보면 extra large size의 heart를 가지고 있어야 합니다."라고 대답했다. 청중은 환호하며 우뢰와 같은 박수를 쳐 주었고, 질문한 사람은 나가 버렸다. 얼결에 한 농담 섞인 대답이었는데, 후에 곰곰히 생각하면서 "그래, 하나님이 extra large size heart를 가지신 분이고, 예수님도 성령님도 그래서 우리의 죄를 몇 번이고 용서해 주는구나." 하고 생각하기도 했다. 그래서 세계화의 물결이 밀려오니까 21세기는 extra large size heart를 가진 사람들의 세기가 되겠구나 하는 생각도 하게 되었다.

참고도서

김원용, 「재미한인 50년사」.
김택용, 「재미한인교회 75년사」.
유동식, 「하와이 한인과 교회」.
이덕희, 「하와이 한인이민, 교회 등에 관한 문서들」.
　　　　「뉴욕한인교회 70년사」.
최창희, 「한국인의 하와이 이민」.
민병용, 「미주이민 100년」.
문창길, 「하와이」.
최범철, 「초기 미주한인 선교와 민족운동연구」.
Bong Youn Choy, *Korean in America*.
Barbara Kim, *Wahiawa Korean Christian Church History*.

4. 일본 디아스포라 교회의
       선교와 신학

김성제 목사 | 일본 나고야 교회, 구약학 박사

I. 들어가는 말

예수는 부활 후 제자들에게 '대선교 명령'(마 28 : 16-20)을 내렸으며, 더욱이 승천 직전 제자들에게 땅끝까지 복음의 증인으로(행 1 : 1-8) 일하는 사명을 부여했다. 주께서 명하신 선교사명은 20세기 전반, 조국은 일본의 식민지였기에 일본에 건너갈 수밖에 없게 된 사람들에게도 주어진 사명으로 오늘의 재일대한기독교회의 출발이 되었다.

조선이 일본의 식민지로서 병합된 것이 1910년이며, 본격적으로 토지를 잃은 사람들이 도일(渡日)해 온 것이 1920년대이지만, 재일대한기독교회의 역사는 이러한 고난의 역사에 앞서 1908년에 시작되었다. 「하나님의 선교」(missio Dei)란 교회사역의 선행(先行)뿐만이 아니라 시달린 백성의 고난에도 앞서 개시되는 것을 재일대한기독교회는 역사 속에서 체험해 왔다.

일본군국주의의 폭풍우 속에 재일대한기독교회(당시, 재일조선기독교회)는 종교 단체법에 의해 1940년부터 1945년까지 일본기독교단에 강제적으로 병합되는 탄압의 역사를 겪어 가며, 1945년 8월의 해방과 함께 흩어진 한인 기독교인들은 즉시 재일조선기독교회의 재건 준비에 들어갔다. 그러나 그때도 해방된 조국에 귀국할 기회를 잃은 동포 그리스도인의 교회재건이라고 하는 목적만이 아닌, 사람의 생각을 초월한 하나님의 계획이 재일대한기독교회 재건 속에 숨겨져 있었다고 말할 수 있다.

하나님은 해방된 조국에 돌아갈 기회를 잃은 한인 기독교인들을 위해서만 재일대한기독교회의 재건이 허락된 것이 아니라, 이 일본 사회에 재일대한기독교회가 파견되어 쓰임받게 된 것은 재일 코리언의 젊은 세대를 양육하여 지키는 모체가 되어, 후에(1980년대 이후) 새롭게 도일(渡日)하게 되는 뉴 커머들을 앞서 기다려 받아들이는 피난소로써 존재하는 재일대한기독교회의 새로운 부흥의 원동력이 되었다. 또한 일본 사회가 맞이하는 21세의 글로벌 시대의 다민족화에 직면할 때, 하나님은 재일대한기독교회가 사회적 약자인 재일 외국인의 입장으로부터 평화적 공생사회를 구상해 나가는 파이오니아로서 일하도록 이끌어, 더욱이 아시아의 화해와 평화의 복음선교 프런티어로서 재일대한기독교회가 일하는 것을 계획하신 하나님 자신의 선교를 실현시키기 위한 것이다.

재건된 재일대한기독교회가 전쟁전·후 쌓아 올려 온 선교협력관계는 다음과 같다.

- 캐나다장로교회〈PCC〉(1927년부터)
- 일본그리스도교협의회〈JNCC〉 가맹(1956년부터)
- 세계개혁교회연맹〈WARC〉 가맹(1958년부터)
- 세계교회협의회〈WCC〉 준회원 가입(1962년부터)
- 아시아교회협의회〈CCA〉 가맹(1964년부터)

- 재일북미선교위원회〈JNAC〉준가맹(1973년) 정식 가맹(1978년)
- 본국 7 교단 : 예수교장로회(통합 1981년;합동 1981년;대신 1985년) ;
  기독교장로회(1981년) ; 대한기독교감리회(1981년) ;
  기독교대한성결교회(1995년) ; 예수교장로회(합동정통 2003년)
- 일본기독교단(1984년)
- 미주한인교회(1985년)
- 조선기독교도연맹〈KCF〉(1989년)
- 미국연합기독교교회〈UCC – USA〉(1995년)
- 오스트레일리아연합교회〈Australia Uniting Church〉(1997년)
- 일본기독교교회(1997년)
- 세계개혁파교회연맹 동북아시아부회〈NEAAC – WARC〉(1998년)

이러한 선교협력관계의 형성 가운데 디아스포라 한인교회의 역사적 성격과 미래적 가능성이 각인되고 있다고 말할 수 있다.

재일대한기독교회가 전쟁 후, 재일 한인 1세의 중심된 신도들과 함께 교회재건의 길에서 내향적인 선교 자세가 크게 전환해 나가는 시기를 맞이한 계기가 된 것은 선교 60주년(1968년)이며, 그것은 재일대한기독교회의 표어("그리스도를 따라 이 세상에")에 선명하게 나타나고 있다. 그것은 바로 「선교 기본정책」(1973년)이나 「선교 이념」(1988년) 에서 이념화되어 가게 되었다. 이와 같이 오늘에 이르게 된 재일대한기독교회의 성격을 에큐메니칼(합동)성, 소수자성, 다양성으로 특징 지을 수 있을 것이다.

20세기 후반부터 21세기를 향해 우리의 세계에서는 자본, 정보, 시스템의 글로벌리제이션(지구 규모화)과 함께 인간의 유목민화(혹은 기향·이향화)와 게르화(이주자·기류자)라고 디아스포라화(diasporaization ; diasporizing) 현상이 진행되고 있다. 오늘날 약 2,500만으로부터

3,000만의 사람들이 생활 기반을 위해 외국에서 살고 있으며, 본의 아닌 사정으로 약 1,800만의 사람들이 외국에서 살지 않을 수 없는 현실에 놓여 있다. 따라서 약 5,000만 가까이의 사람들이 고향의 나라를 떠나 이향(異鄕)에서 살고 있는 시대가 되고 있는 것이다. 이러한 현상이 진행되고 있는 한편, 지금도 세계의 기본 시스템인 국민국가의 체제(특히, 그 나라의 이민정책)는 여러 가지 측면에서 도전을 받고 있다.

재일대한기독교회는 내년(2008년)을 100주년으로 맞이해 새로운 선교의 길을 모색하면서 걸으려 하고 있다. 이러한 시대에 있고 재일대한기독교회는 지금까지의 100년의 고난의 역사를 신학적으로 또는 선교론적으로 세계적인 지평 안에서 의미를 되새겨, 대담한 선교전략을 전개할 때를 맞이하고 있다. 앞으로의 선교의 길을 개척해 가기 위해, 우선 우리는 지금 자신들이 이 일본이라고 하는 영역에 있고, 어떠한 시대에 직면하고 있는지를 냉정히 바로 보지 않으면 안 된다.

II. 1980년대 이후 두 개의 새로운 동향

1. 재일 동포 : 국적과 세대의 다양화

'재일 동포'라고 하는 '우리들' 공동체의식을 나타내는 개념을 이전과 같이 이용할 수 없는 만큼 재일 한인사회는 급격한 다양화의 추세에 있다. 재일대한기독교회가 재건된 1945년 이후도 '재일 동포' 선교를 지상과제로서 오늘까지 걸어온 것은 분명하다. 하지만 여러 가지 면에서 다양화가 진행되는 상황 속에 여지껏 당연히 여겨 왔던 '재일 동포'를 어디부터 어디까지 '재일 동포'라고 불러야 하는지에 대한 의문에 직면해 오고 있다.

가장 기본적인 기준은 역시 국적이며 한국·조선 국적인지 일본 국적인지의 분류에 의해 '재일 동포'의 범위를 확정해 오기도 했다. 그러나 오늘날 그러한 국적을 기준으로 일국의 민족적 소수자의 에스닉·아이덴티티를 규정하는 것은 이전에도 더욱 더 곤란하게 되어지고 있는 것을, 우리는 냉정하게 받아들이지 않으면 안 된다. 말하자면 지금까지의 고정관념을 초월한 다양화된 배경을 가지는 사회적 존재라고 하는 새로운 포도주에 지금 새로운 인식과 이해의 새 가죽부대가 요구되고 있다고 말할 수 있을지도 모른다.

다양화 양상을 역사적인 좌표에 대해 볼 때, 우리는 우선 세대의 다양화를 생각하지 않으면 안 된다. 제2차대전 이전의 일본식민지시대의 희생자이며, 그 시대에 일본에 건너온 재일 한국인 1세는 전체의 10%로 큰 비중을 차지하고 있고, 지금 2, 3세뿐만 아니라 4, 5세까지가 태어나 성장하고 있는 현상이다. 따라서 우리는 재일 한국인의 민족적인 배경의 다양화에 대해서도 생각하지 않으면 안 된다.

2. 신도일자의 급증

1980년대에 들어와 여러 가지 이유(결혼, 주재원, 취직, 기업, 구직 등)로 도일(渡日)하여 장기체류에 이르거나 정주하게 된 사람들이 급속히 증가해 왔다. 그리고 1990년대에 들어 일반 영주자의 수가 매년 증가하고 있다. 그 일반 영주자의 증가수에는 이전에는 정주자, 결혼 비자였지만, 보다 안정된 일반 영주로 지위 변경하며 간 사람들이 생각할 수 있다. 오늘날 일본 전국에 약 100곳 있는 재일대한기독교회에서 한국으로부터 파견된 선교사가 재일대한기독교회의 전 교역자의 반수 근처에 이르고 있는 사실은 1980년대부터 1990년대에 걸친 신(新) 도일(渡日)자들의 새로운 물결이 밀려든 현상을 반영하고 있다고 볼 수 있다.

3. 아이덴티티 위기의 다양화

신(新)도일(渡日)자들에서도 특히 결혼관계로 도일(渡日)하게 된 여성들은 일본에서 가정을 형성하는 것에 있어 그것은 그 가정에 남편의 출신(a – 역시 한국에서 온 사람, b – 일본인 : 특별 영주자로서의 재일 한국인 2·3·4…세, c– 일본 국적 취득자·귀화자로서의 재일 한국인 2·3·4…세)에 따라 태어나는 아이들을 생각할 때, 그 모든 것이 압도적으로 영향을 가지는 일본사회 문화를 공유하면서도 그 배경으로서 아이덴티티 문제 시점으로부터 분류한다면, a ' – 신 2세, b ' – 혈통·문화적인 더블, c ' – 문화적인 더블로 나누어져, 또한 실제로는 이러한 요소가 한 명의 아이에 혼성하고 있는 현실도 있는 것이다. 어떤 의미로 이 아이들이 겪어 가며 직면해 나가는 아이덴티티의 위기는 그와 그녀들의 부모님이나 또 재일 출신의 아이들보다 심각한 형태를 취하는 일도 생각할 수 있다.

재일대한기독교회에 있어 지금까지의 민족차별사회에 있어서의 재일 한국인의 아이덴티티 상실의 문제와 그리스도에게 있는 새로운 자기 확립의 신학적 관점에서의 고찰은 깊어져 왔지만 시대의 새로운 국면에 있어 일어나고 있는 보다 복잡한 양상을 가지는 문제에 관한 관심과 신학·사회학·심리학·문화론적인 연구, 그리고 목회·교회교육·선교적인 대책이 재일대한기독교회의 목회현장에 있어 한층 요구되는 시대를 맞이하고 있다고 말할 수 있다.

Ⅲ. 재일대한기독교회의 교회상의 다양화와 일치

현재 재일대한기독교회에 속하는 약 100개의 교회는 방문하는 모든 사람들에게 열려 있다. 따라서 결혼관계, 개인적인 동기로 재일대한기독교회에 참가하게 된 일본인 신도(信徒)·구도자(求道者)가 있다. 동시에 자기에게 있어 둘도 없는 신체적인 루트(고향)이며, 게다가 다양한 출신으로 나누어진 부모님의 배경을 가지는 재일 한인 신도·구도자를 포괄하고 있는 것이 오늘날의 재일대한기독교회이다.

재일대한기독교회에 속하는 각 교회가 이처럼 다양한 멤버에 의해 형성된 혼성적 공동체가 되고 있다고 말할 수 있지만, 실제는 교회마다 '본국 출신자 중심 교회'와 '재일 출신자 중심 교회'로 상대적으로 나뉘는 경향에 있다. 도시지역에 있는 대교회에서는 본국 출신자와 재일 출신자와의 전형적인 혼성형 교회가 되고 있다. 그러한 교회 공동체에서 본국 출신자와 재일 출신자 사이에 가치관이나 신앙의 성격이나 표현 형식, 또 전도 방법에 대해 심각한 갈등과 대립이 일어나기도 한다. 그 문제는 성도 사이의 단계를 넘고, 그 교회에 있어 목회하는 교역자(목사·전도사 : 본국 출신 vs. 재일 출신)에까지 이르는 경우도 있다.

따라서 교회 공동체 멤버의 배경으로 인한 다양성이 갈등이나 대립의 조건으로부터 하나 되는 그리스도의 몸된 다양한 지체로써 다양한 달란트와 봉사로 변화되어 가는 은혜의 계기로 포괄적인 교회 형성을 지향해 나가는 것이 오늘의 재일대한기독교회의 지상과제라고 할 수 있다.

교회생활 중심인 예배에 있어, 사용언어를 두고 다양화가 어떻게 구현되고 있는지를 다음과 같이 예시할 수 있다.

1. 예배(언어 사용=이중 언어) 유형의 다양화

재일대한기독교회는 일본군국정부의 압력 아래, 1940년에 일본기독교회·일본기독교단의 통합 시에 통합조건의 하나로 조선어(우리말) 사용금지라고 하는 차별과 억압을 경험했다. 해방(1945년) 후, 재일대한기독교회가 재건되었을 때, 당연히 우리말 예배 공동체가 회복되어 전도가 전개되어 갔다. 그러나 우리말, 즉 모국어를 이해할 수 없는 2세

세대가 성장함과 동시에 교회학교는 물론이거니와 성인 예배에 일본어를 도입할 수밖에 없는 상황으로, 시간의 흐름과 함께 진행되어 갔다. 한편 본국 출신 신도가 중심이 되고 있는 교회에서는 설교자가 완전히 일본어를 사용하지 않아도 메시지가 전달되어 예배가 성립한다. 그러나 그 예배 공동체에 일본인 아내 혹은 일본인의 남편이 동석하고 있거나 또 교회학교에 한국어를 알아들을 수 없는 자녀가 오게 되면 필연적으로 일본어 사용을 개시해야 완만할 것이다.

그처럼 한국어·일본어의 사용 형태 기준에 오늘과 내일의 재일대한기독교회의 예배 유형을 분류한다면 다음과 같이 된다.

- A. 단일언어 교회 : 교회 내에서 사용되는 언어가 일관해서 100% 한국어 혹은 100% 일본어로 이루어짐.
- A-1. 단일언어 교회(동시 통역 첨부) : 예배의 내용을 필요에 따라 동시 통역기를 사용해 다른 한편의 언어로 통역한다.
- B. 교회 내 분리형 예배공동체 : 하나의 교회 안에서 한국어 예배와 일본어 예배가 나뉜다.
- B-1 : 시간차적 분리형 예배 : 예로서

    제1부 예배 : 오전 10시부터, 일본어 예배(또는 한국어 예배) – 동시통역도 있을 수 있다.

    제2부 예배 : 오전 11시 15분부터, 한국어 예배(또는 일본어 예배) – 동시통역도 있을 수 있다.
- B-2 : 동시적 분리 예배 : 같은 시간에 다른 예배실에서, 각각 한국어 예배와 일본어 예배가 이루어진다. 특히 일본계 미국인 교회에서 잘 이루고 있다.
- C. 혼합(공생)형 예배 : 한 예배에 양쪽의 언어를 사용하는 예배 – 예배 시간은 1시간 반 정도가 된다.
- D. 주별언어 사용 구별 예배 : 몇 주의 주일에 따라 한국어와 일본어의 사용을 구별하는 예배

이상에서 제시한 것처럼 예배의 언어 사용에 따라 교회의 타입을 분류할 수 있지만, 재일대한기독교회는 그 방식에 통일된 견해를 가지지 않으며, 또 현재의 단계에서는 통일할 필요는 없을 것이다. 각각의 교회의 사정에 따라 실시할 수밖에 없다고 생각할 수 있다. 그러나 위에 제시한 유형 중 어떤 것을 채용하는가는 그 교회의 목회자와 신도들이 교회공동체와 예배공동체를 어떻게 이해하고 있는가 하는 교회론, 목회론, 그리고 선교론에 따라 달라진다.

2. '그리스도를 만나 약속된 다양한 자와 하나의 몸'으로서의 재일대한기독교회

우리는 그러한 교회의 다양화의 문제를 바울이 고린도전서 12장(롬 12장)에 나타난 교회론에 있어 고찰할 수 있다. 바울의 교회론에 제시된 교회란 다양한 출신(그리스인, 유태인, 자유인, 노예 등)이 있는 가운데, 그리스도를 깨달아 교회에 이끌린 사람이 단지 무질서하게 또는 무의미한 다양성 안에 공재(公在)하는 것이 아니라, 그 시대와 사회 속에서 그리스도에 의한 하나님의 나라와 하나님의 의(義)를 이루기 위하여, 다양한 봉사를 담당하는 다양한 지체로서 공생함으로 다시 태어나는 공동체이다. 그렇지만 현재의 재일대한기독교회를 구성하는 신도의 사회적 배경은 전쟁 전·중·후를 계속해 재일 한국인으로서 살아온 사람, 한국으로부터 도일해 온 한국인, 중국으로부터 도일해 온 조선족, 일본인과 한국인과의 사이에 더블로서 태어난 사람(태어났을 때부터 일본 국적이 된다), 일본적 한국인, 그리고 일본인이라고 하는 카테고리로 크게 분류할 수 있다.

재일대한기독교회는 교회에 모이는 모든 지체가 각각 독자적인 경로(ROUTE)의 기억을 가져가며, 각각 지리적·정신적 고향과 자기의 현실과의 사이에 묻기 어려운 단절 혹은 결여라고 하는 아이덴티티의 위기의 원인을 안으면서, '재일'의 생의 의미를 요구해 모이는 공간(헤테로토피아<E·소쟈 ; M·후코>)이다. 바꾸어 말하면, 그리스도에게 있는 자기 자신의 '재일화'(ZAINIC-HI-ZATION)의 새로운 길을 성령의 인도에 따라 걷기 시작하는 것이다. 이른바 '자이니치'라고 불리는 한국인뿐만 아니라 일본인·한국인의 사이에서 태어난 더블의 일본적(日本籍)자나 재일대한기독교회에 참가한 일본인이든지, 그리스도가 바라는 약속되는 길, 즉 타인으로서 재일과 함께 살아가는 자기 존재라고 하는 의미로 '재일'의 아이덴티티를 추구하는 도상에 있다고 말할 수 있는 것이며, 본국 출신자도 이향(異鄕)의 땅, 일본에 있어 살게 된 생의 의미를 그리스도인의 신앙에 의해서 추구해 나갈 때, 그 자체가 자기 자신의 재일화의 길인 것이다.

Ⅳ. 재일대한기독교회의 선교적 과제

이상과 같은 고찰을 근거로 하여 나는 재일대한기독교회의 21세기를 향한 선교의 키워드로서 '만남의 지대'(Contact Zone)와 '접합 문화'(Joint Culture)라고 하는 개념을 신학적으로 저작(咀嚼)하며 제기한다. 재일 한국인은 지금까지 한국·조선과 일본의 틈에 놓여 이 지상의 어디에도 정말로 자신이 있는 그대로 받아들여지는 장소를 가지지 못한다는 불안과 허무감을 가지고 살아왔다. 그러나 컨택트·존이란 그것까지 부정적으로 파악해 온 자신의 '재일'이라고 하는 위치를 오히려 그 경계선 위에 놓여지기 때문에 그야말로 잃고 있던 루트(roots)와의 만남을 일깨워 주는 장소이며, 또 자신과 같이 루트를 잃어 다양한 배경을 바탕으로 여기까지 이르게 된 사람들과의 만남의 장소로서 재일대한기독교회에 자신이 주로 이끌려서 연결되는 영적 체험이 일어나는 장소를 의미한다.

이 컨텍트·존과 조인트·문화 속에 우리 재일 한국인의 창조적인 생과 존재 이유를 찾아내 갈 수 있다. 그리고 이 두 개의 키워드를 가지고 재일대한기독교회는 일본 사회의 200만 재일외국인사회와 다른 피차별 민족적 소수자 중에서 새로운 사회적 과제를 찾아내 더욱이 분단된 한반도가 존재하는 동북 아시아의 세계에 있어 주 예수 그리스도의 화해의 종으로서 사명이 주어짐을 한층 더 명확하게 자각할 수 있다.

위와 같은 이해를 가지고, 우리는 아래와 같이 재일대한기독교회의 선교적 과제를 정리한다.

1. 민족 차별적 환경 속에 숨겨진 존재로서 사는 재일 한국인의 그리스도에게 있는 새로운 아이덴티티의 구축

현재 약 45만의 특별영주자(2005년 말. 대략 4,000명 정도는 대만 출신자)로 재일한국·조선인은 1세에서 5세까지 포함하는 사회가 되고 있지만, 국적적으로 볼 때 최근, 매년 대략 1만씩 특별 영주자로서의 재일 한국인의 인구가 감소해 나가는 추세이다.

아이러니한 현실이지만 귀화수속으로 일본 국적을 취득해 나가는 재일 한국인의 수가 1990년대에 들어와 매년 약 1만 명씩 셀 수 없다. 그에 따라 오늘의 재일 한국인(한국·조선 국적)의 약 85퍼센트 이상이 일본 국적자(대부분이 민족적으로 일본인)와의 결혼이다. 그러한 부부 사이에서 태어난 자녀는 1985년, 국적법이 개정된 후, 부모의 어느 쪽이 일본 국적인가에 관련되지 않고, 일본 국적의 아버지나 어머니의 호적에 기재되게 되어 22세까지 일본 국적을 포기하지 않는 한 자동적으로 그 자녀는 일본 국적·일본 호적에 속한다.

우리는 에스니시티라고 하는 개념을 지금까지 근대 국민국가적인 차원(국가-국민-국토-민족)로 이해해 온 것을 탈구축(脫拘縮) 또는 극복해 가는 새로운 프런티어적인 기준과 개념을 가지고, 차별적 환경에 놓여진 민족적 소수자의 에스닉·아이덴티티의 존재 의미와 의의를 이해해야 하는 시대에 직면하고 있다. 바꾸어 말하면, 국민국가의 배타적인 경계성을 해 나가기 위해 신도일 이주자와 재일 한국인이라고 한다. 즉, '재일'이라고 하는 생활 공간에 대해 비일본 국적이라고 하는 주록(週錄)을 공유해 사는 소수자를, 또는 일본 국적을 취했다면 '일본인답게'라는 사회·심리적 압박에 노출되면서도, 더욱 더 재일 한국인로서의 에스니시티를 의식하면서 살려고 하는 일본 국적 재일 한국인도, 그 양쪽 모두의 프런티어적 존재를 포괄해 나가는 포괄적인 선교 전략의 구축이 우리에게 요구되고 있는 것이다.

한국·조선 국적이든, 일본 국적이든, 일상생활에 있어 민족차별을 회피하려고, 일본식 통칭명의 아래에서 '보이지 않게 된 존재'(Hidden Being - Silent Being)가 되고 있는 재일 한국인이 예수·그리스도와의 영적인 만남을 통해 그리스도에게 있는 새로운 아이덴티티 구축의 길을 개척해지는 것이 재일대한기독교회의 선교의 중요한 과제 중 하나라 할 수 있다. 잃어진 양을 끝까지 찾아내 회당의 구석에 숨고자 하는 손이 부자유스러운 사람을, 회당이라고 하는 공간의 한가운데에 이끌어 내어 위축되게 해 왔던 손을 뻗을 수 있도록 명할 수 있는 그리스도(막 3:1-6)가 광복(1945년 8월 15일) 이후 오늘에 이르기까지 일본에 남겨진 재일 한국인과 함께 '재일'의 길을 자신의 십자가로 인해 받아주심으로 일본에 가라앉혀진 디아스포라·한국인 한 사람 한 사람을 계속 찾아 주신다는 신앙고백에 재일대한기독교회는 서 있다.

2. 재일 한국인과 디아스포라, 그리고 그리스도에게 있는 새로운 아이덴티티

현재 재일 한국인의 젊은 세대에 묶여 있는 아이덴티티의 위기를 우리는 재일 한국인의 정신적인 디아스포라(이산)화라고 본다.

그것은 가장 먼저, 재일 한국인에게 있어서의 신체적 고향인 1세 세대의 상실이라고 하는 디아스포라 체험이다. 재일 한국인의 신체적 고향으로서의 존재 의미를 가지는 1세들의 고령화는 한층 더해 가는 가운데 3·4세라고 하는 젊은 세대는 어떤 의미로 1세가 부모인 2세보다 한층 심각한 아이덴티티 위기에 잡혀 있다고 말할 수 있다. 자기 자신의 존재 안에 한국인이라고 하는 루트(ROOT, 한국어로 '뿌리')가 관계되는 것을 알면서도 현재 자신의 현실과 그 루트와의 사이에 덮어 두기 힘든 공허, 또 그 부족함을 의식할 때 도대체 왜 자신은 한국인인가라고 하는 정체성으로부터의 알 수 없는 불안감과 허무감에 사로잡히는 경우가 많다. 사회적으로는 아직, 해소되지 않는 민족차별의 환경은 재일 한국인이 거느리는 문화적인 불안과 허무를 말에 표출시켜, 넘어야 하는 길을 막아 오히려 잠재적 의식 속에 부정적인 마음의 현상을 억제하여 은폐시켜 버리는 힘이 계속 미치고 있다.

두 번째로, 한국인과 일본인의 두 개의 에스니시티(ethnicity)가 자신 안에서 복합화됨으로 태어나는 ROOT로부터의 디아스포라 체험이다. 일본인과 한국·조선인의 사이에 '더블'로 태어났을 경우, 자신의 에스닉·아이덴티티를 확인하는 과정에 좌절해 버리는 경우가 많다. 민족에 관한 전통적인 통념에 의해서 자기 자신의 아이덴티티를 이해하려고 할 때, 도대체 자신이 누구인가를 확인할 수 없는 좌절감 때문에 그 문제에 대해 언급되는 것에 알 수 없는 긴장감을 금할 수 없는 심리적인 상태가 지속된다. 거기에 더해 일본인과 한국·조선인의 역사적 갈등과 한국·조선인에 대한 일본인의 민족차별의식에 직면하게 되면, 자기 자신의 존재 속에 분열과 갈등을 한층 깊은 마음의 어둠으로 내향화시켜 버리는 것이 많다.

세 번째로, 국적과 에스니시티의 괴리로부터 태어나는 디아스포라 체험이다. 여러 가지 직접적·간접적 동기로부터 일본 국적에 귀화한 재일 한국인은 오늘에 이르러 25만 명을 넘는다고 한다. 그중에는 귀화하여 일본 국적을 취득하는 것으로 에스닉·루트를 은폐하지 않는 삶의 방법이 양립하는 것으로서 한국인의 이름을 통해 공공연하게 자기의 에스닉·아이덴티티를 사회생활에 대해 드러내고 있는 사람들도 있다. 그러나 한편으로, 많은 일본 국적 취득자는 대부분의 한국·조선 국적자와 동일하게 일본식 성명을 이용하고 있는 것이 현상이며, 게다가 일본 국적 취득 후의 일본 사회·일본인과의 관계 형성에 대하고, 한국인라고 하는 배경을 완전히 지워 없애려고 하는 경우도 많다. 그때 철저히 민족적 배경을 은폐하려고 하는 자세와 완전히 지워 없앨 수 없는 현실과의 사이에 생기는 괴로움이 있다. 일본 사회에 참가하려고 해도 항상 비밀을 가지고 긴장감과 지금 '동포'라는 관계마저 회복할 수 없다는 고립감에 빠지는 것이다.

위 세 가지의 디아스포라 체험이 복잡하게 얽히면서, 다양한 형태를 취해 개개인 중에 결정 또 표출하는 것이 현실이지만, 이러한 현실 속에 우리는 그리스도의 십자가와 부활의 복음을 받아들이려고 하는 것이다. 그때 복음의 수용은 다음의 네 가지 방향에 대해 이끌려 간다.

1) 루트와 자기와의 사이에 생긴 실존적인 공허 또는 결여의 현실 중에서 십자가의 그리스도가 자신을 찾아 구할 수 있는 소리를 듣는 영적인 은혜의 체험으로 복음을 통해 이끌리는 것

2) 루트와 자기의 사이의 채우기 힘든 정신적 도랑이 실존적인 디아스포라의 현실이 십자가의 그리스도에 발견하여 받아들일 수 있었던 장소로 여겨진 것에 그 내면적인 장소는 자신과 다른 아픔 가운데, 잊혀지고 있던 다른 이의 소리도 들어가며 공감, 공진하는 영적인 공간으로서 바꿀 수 있어 가는 것

3) 자신의 존재 안의 갈등하는 두 루트의 사이에 화해의 십자가를 가지고 서는 그리스도를 위해 서로 용서하고 수용하는 힘을 풍부하게

자라나는 은혜에 눈을 떠 새로운 문화결합(쿠레오르)의 창조로 이끌리는 것

4) 하나님 나라의 시민권에 속하는 그리스도인의 아이덴티티로부터 지상의 세속적인 국적 개념을 상대화하여 국적 취득, 그 판단의 결정권이 완전하게 국가 권력에 독점된 시스템으로서 또한 현상에 대하는 동화정책의 시스템으로서 기능하는 귀화가 아닌, 정치적 참가권을 행사하기 위한, 선택의 권리로서 자리 매김을 해 가는 것이다.

3. 21세기를 향해서 새로운 세대를 기르는 재일대한기독교회

현재의 재일대한기독교회가 직면하는 가장 심각한 문제의 하나란 차별적인 환경에 사는 자녀들에게 교회생활이라고 하는 시간으로 공간을 갖출 수 있는 것에 의해 자녀들이 새로운 자기 발견과 보다 넓은 세계 체험에 이끌리는 만남의 지대(Contact Zone)로 이루기 위해 구유익의 치밀한 연구와 궁리와 실천이 지금까지의 재일대한기독교회에 있어서 너무 빈곤해 있었다.

재일 한국인이 지금까지 빼앗겨 온 것은 선거권, 민족교육권, 그리고 경제적으로 공평이 보장되어 살 권리에 지나지 않는다. 단지 재일로서 '단지 살아남는 것', '사라지지 않게 연결해 멈추는 것' 이상의 비전이 우리에게 요구되고 있는 것이다. 사회에 결여되어 있는 것을 새롭게 만들어 내거나 세계에 나아가 새로운 만남과 공헌의 길을 모색하고 일본과 북동 아시아의 평화와 공생의 문화나 교류의 포럼 만들기에 깊은 관심을 가져 나가는 삶의 방법에 눈을 떠 한국·조선(K)도 아니고 일본(J)도 아닌 K-J라고 하는 요소를 독특하게 이어 짜 가는 접합문화(Joint Culture)의 창조에 정열을 태우는 삶의 방법에 재일 한국인의 젊은 세대가 자각해 나갈 수 있는 장소로서 재일대한기독교회가 지금부터

존재하고 기능해 나가지 않으면 안 된다.

우리가 지금까지 지켜 온 예배, 성경공부, 교회학교 교육 속에 있어서 앞에 제기한 것 같은 세계와 미래에 해방된 가치관과 생각과 삶의 방법에 눈을 뜨게 하는 통찰, 해석, 메시지, 정보, 그리고 음향적·영상적 심볼과 미디어가 대담하게 도입되어 가는 것과 동시에, 재일한국인의 경계선을 밟아 넘어 이 사회와 세계 안에서 생명의 존엄과 함께 사는 공동체를 추구하는 사람들과의 가치가 있는 만남과 교제를 요구해 자녀들을 데리고 나가는 프로젝트를 계획·실천해 나가야 할 것이다.

4. 이주자를 위한 영적인 피난소로서의 재일대한기독교회

최근 네오·내셔널리즘이 일본 사회에 고양(高陽)하는 한편, 일본사회 자체는 머무는 것을 알지 못하고 소자고령화의 길로 나아가고 있다. 올드·컴과 그 자손으로서 기존 재일 한국인이 20세기 전반에 일본의 식민지 지배의 희생자로서 도일하게 된 겔(기류자·이주자)과 그 자손이라면 뉴·컴으로서 주로 1980년대 이후 도일해 온 사람들은 20세기 후반 세계자본주의의 글로벌화 안에서 압박받은 아시아의 국내 경제의 악영향의 희생자로서 생활 기반의 위협으로 기향(棄鄕)하지 않을 수 없게 된 새로운 겔이라고 생각할 수 있다.

도일에 이른 각 개인의 사정으로 한번 일본에 있어 겔이 되어 버리면, 여러 가지 임금 착취와 민족 차별에 노출되면서, 소외와 고독을 체험하게 된다. 이처럼 나중에 도일해 정주화해 가는 형제자매들을 위해서, 재일대한기독교회는 하나님의 원대한 계획 가운데 앞서 보내진 것을 자각하여, 이러한 형제 자매를 맞이하고 주가 바라는 환대(호스피텔러티)를 제공해 분담하는 다문화 공생 센터로서 재일대한기독교회가 지역사회에 뿌리내려 가는 선교를 확립해야 한다.

올드·컴과 뉴·컴의 사이에는 가끔 문화와 가치관의 갈등이 생기지만, 그리스도의 몸 되는 교회는 갈등하는 사람과의 화목을 세울 수 있었던 그리스도의 십자가의 신앙에서 관용과 수용의 윤리에 의한 극복의 인내와 강한 노력이 요구되고 있다. 뉴·컴으로서 일본의 새로운 겔이 된 사람들도 시간의 흐름과 함께 재일화되어 가는 것이다. 하물며 그 아이들은 더욱 더 그러하다. 지금 일본의 지역사회에 재일 한국인뿐만 아니라 중국·동남아시아·남미로부터, 많은 뉴·컴으로서의 기류자들이 증가하고 있다. 재일대한기독교회가 이처럼 다민족·다문화화하는 지역사회 속에서 "모두 살기 위해서 물을 나누는 평화의 우물"(창 26장)로서의 역할도 기대되고 있는 것을 잊어서는 안 된다.

V. 글로벌리제이션 시대의 동북 아시아 · 일본 사회의 평화와 겔의 인권

재일 외국인·이주 노동자의 인권 확립과 일본 사회에 있어서의 다문화 공생 포럼의 형성에 솔선해 참여하는 사업은 재일대한기독교회가 공동체를 구성하는 멤버의 다양화에 대해서 신학적·선교론적으로 응답해 나가는 과제라고 말할 수 있다.

우리가 우선 직면하지 않으면 안 되는 것은 국민국가에 있어서 국민 이외의 사회적 존재, 즉 외국인에 대해서 인간적으로 또 민족적으로 인권의 제한을 받아도 어쩔 수 없다는 일본 사회의 일반화된 인권 감각의 질의 문제이다. 1945년 8월 15일 이후, GHQ의 관리 아래 있던 일본 정부는 일본 국적을 가진 재일 한국인을 외국인이라고 하는 위치에 몰아넣어 일본국 헌법의 적용으로부터 제외되어 식민지 시대의 피해와 고통과 상처에 대한 무슨 적절한 보상도 실시하지 않고, 그 후 "추방인가 동화인가?"라고 하는 정책을 전개해 갔다. 그 고난의 역사의 기억을 가진 우리는 오늘도 방치되는 차별적인 제도에 대해서 그것이 재일 한국인에 대해서 그 이외의 외국인에 대해서도 묵시할 수 없다.

현재 에큐메니칼 운동의 흐름 속에 전개되고 있는 "외국인 주민 기본법(안)" 제정운동은 지금까지의 재일 한국인의 인권운동의 집대성이며, 글로벌(지구 규모적 유동화)화 – 유목민화 – 겔(다른 사람으로서의 정주화)화의 시대에 있어 필연적으로 긴급한 과제가 되고 있다.

"너는 이방 나그네를 압제하지 말며 그들을 학대하지 말라 너희도 애굽 땅에서 나그네이었었음이니라"(출 22 : 21, 23 : 9).

우리는 이 성서의 말에 비추어 오늘날 이 일본에 사는 외국인 및 이주 노동자의 인권의 보호와 확립에 대한 선교적인 사명을 자각, 담당해 가는 가운데 우리 자신의 백년간의 민족차별의 역사 체험의 의미를, '작게 여겨진 사람들'에게의 이웃사랑이라고 하는 윤리적 과제에서 활성화해 나가지 않으면 안 된다. '재일'이라고 하는 말이 '재일 한국·조선인'을 지시하게 되어 있는 배경에는 재일 한국·조선인이 가지는 역사적, 사회적 특수성에 대한 이해가 있다. 그러나 성경은 그 나라의 국민으로서든 영주자로서든, 아니면 그 외이든, 우리가 현재 정주하고 있는 토지라고 하는 선물(Gabe)을 진정한 토지의 소유자인 하나님에 의해 "평화롭게 모두 산다"라고 하는 과제(Aufgabe)와 책임을 완수하는 스페이스를 창조하기 위해서 맡길 수 있던 것으로서 받는 '기류자, 나그네(겔)'의 아이덴티티에 눈을 뜨는 것을 우리에게 재촉하고 있다. 그로 인해 땅, 일본이라고 하는 '국가'의 지평을 넘고, 하나님으로부터 질문을 받아 맡길 수 있었던 과제로서 받아들이는 생각을 우리에게 지시한다. 그 지평에 서면서 배타적으로 전개하는 영토 – 국가 – 국민 아이덴티티의 이데올로기에 대처해 나가는 것이 지금 우리에게 요구되고 있는 것이다.

평화적 공생의 스페이스를 창조하는 사명을 띤 하나님의 겔로서의 선교적 포지션으로부터 우리는 이 동북 아시아의 세계에 있고, 오늘날 일본의 배타적인 내셔널리즘의 조류에 논쟁하면서 화해와 평화의 복음 선교의 사명을 가지지 않으면 안 된다.

VI. 맺는 말

재일대한기독교회의 역사는 일본에 의한 식민지 시대가 본격화하는 2년 전부터, 당시 조국의 운명을 우려하는 조선인 유학생들의 기도모임으로부터 시작되었다. 말하자면, 디아스포라 지식인으로서의 그리스도자 학생들의 역사적인 출발을 우리는 기념하지 않을 수 없다. 1920년대부터 45년의 해방 때까지 식민지 통치하에서 민중의 유목민화-젤화 디아스포라화가 일어나 일본에 디아스포라 한인사회를 형성하게 되었다. 우리가 재일대한기독교회라고 하는 공동체를 다양한 서브·문화에 의해서 성립되는 복합·포괄적인 아이덴티티로서 이해하는 것은, 오늘날과 같은 사회적 현실 안에 촉구 받아 온 것이지만, 그것에 의해서 이끌린 새로운 아이덴티티 이해는 우리의 역사 인식의 초점의 놓는 방법마저 탈구축적인 통찰에 이끈다.

전근대 조선사회에 있어 지배적인 생활 공간에서는 각각의 지방 농촌 사회의 강력한 유대에 묶이고 사람들은 살아 있었지만, 식민지 지배에 의해서 그 유대는 폭력적으로 파괴되어 갔다. 그 결과 한반도의 방대한 수의 사람들이 오늘의 우리에게 있어서의 '재일 동포 1세'로서 이향의 땅, 일본으로 이동해 오는 것을 피할 수 없게 되었다. 그리고 차별과 빈곤에서 그들은 그리스도의 몸 되는 재일조선기독교회에 표착하며 갔던 것이다. 바꾸어 말하면, 한반도에 있어서는 본래 만나서 살 수 없었다. 조선의 다양한 지방 문화에 구속되어 살아온 사람들이 재일대한기독교회에 대해 복합적으로 합류해 공생하고 있는 것이다. 재일 한국인 1세 신도에 의해 시작된 초대교회 자체가 어떤 의미에 있어서의 다양한 서브·문화에 의해서 성립한 복합·포괄적인 공생공동체이었던 것이다.

식민지 통치하는 아니지만 1980년대 이후의 시장원리의 지배하는 글로벌리제이션 시대의 시작과 함께, 새롭고 유목민되어 도일해 온 한국인과 디아스포라·한인사회를 보충·확대시켜 왔다. 그 사이 재일 한국인의 젊은 세대는 정신적인 의미에 대해 고향 상실을 체험해 고뇌하고 있다. 지금 재일대한기독교회는 그러한 재일 한국인과 함께 구세주 예수 그리스도가 십자가의 길을 이 땅에서 걸어 주시는 것을 증언하고, 그 신앙고백하면서 200만을 넘는 재일 외국인이라고 하는 겔과 일본사회의 평화적 공생의 구축을 사명으로 하는 공동체로서 걸음을 내딛으려 하고 있는 것이다. 그 걸음은 일찌기 건축사가 버린 모퉁이돌이 신의 영적 집의 머릿돌로 세워졌다는 성서의 말씀이 21세기를 주로 이끌려 땅의 끝까지 보내지는 재일대한기독교회 안에서 실현되는 길이라 할 수 있다.

참고도서

1952년 국제선교협의회 Willinge회의 성명문에서 제창.
쟈크 아타리. 「21世紀事典」(柏倉康夫 他 訳) 産業図書, 1999年. Jacques Attali, Dictionnaire du XXIe, siecle/Librairie Artheme Fayard, 1998.
Stuart Hall. "New Ethnicities," in : The Postcolonial Studies Reader, edit° by Bill Ashcroft, Gareth Griffiths, Helen Tiffin, London : Routledge, 1995.
「現代思想」総 特集 "스튜아트 홀," 第26巻 4号 <1998年>3月臨時増刊.
James Clifford. ROUTES. Cambridge : Harvard University Press, 1997.

5. 호주 한인
디아스포라 신학을 말한다

| 양명득 목사 | 호주연합신학대 방문교수

호주에서의 이민신학을 논하기에 앞서 먼저 확인해야 할 것이 있다. 다름 아닌 '이민신학' 이라는 용어이다. 현대사회에서 우리가 쓰는 많은 단어들 중 같은 이해를 한다고 생각하고 서로 사용하다 오해를 가져오거나 전혀 다른 의미로 인하여 대화의 단절을 초래할 수 있기 때문이다. 이민신학이란 용어가 때로는 순례자신학, 나그네신학, 변두리신학 등으로도 쓰여지고 있는데, 공통된 의미를 가진 신학적 용어인지 아니면 다른 신학적 훈련과 내용을 요구하는 고유명사들인지 비교해 보는 것도 흥미 있는 작업이겠다. 이 글에서는 이민신학이란 단어에 초점을 맞추어 글을 시작하려 한다.

1. 이민과 이민신학의 용어

이민신학이라 함은 이민과 신학이라고 하는 두 단어의 합성인데, 각각의 의미와 또 두 단어가 한 단어로 사용될 때 그것이 학문적으로 타당하고 효과적일 수 있는가 하는 질문이다. 먼저 '이민'이라고 하는 단어이다. 신학을 한다는 전제로 이민이라는 단어를 들여다보면 몇 가지 문제점이 드러나는데 먼저는 이민이 한 번으로 끝나는 여정임을 암시한다는 데 있다. '이민을 떠났다' 혹은 '이민을 왔다' 라는 말 속에는 어느 한 지역에서 출발하여 다른 지역에 정착한 단번의 사건을 말하는데, 실제 이민의 과정은 그것보다 훨씬 복잡하고 많은 단계를 거친다는 것을 경험해 본 사람은 다 알고 있다.

이민의 과정을 크게 세 가지로 나누어 본다면 본 고향에서 뿌리를 뽑아 자리를 옮기며 이별하는 과정, 목적한 지역에 도착하기까지의 여행, 그리고 새 지역에 다시 뿌리를 내리며 정착하는 단계가 있다. 어떤 사람은 이민을 떠났지만 몇 년이 지나도록 여전히 여행중에 있거나 타 지역에 자리를 잡고 삶을 시작했지만 정착을 못하는 사람, 심지어는 이민을 떠났다고 생각을 했는데 여전히 심적으로 고향에 머물러 있는 사람들이다. 이민이라고 하는 것은 사람에 따라 다르지만 한 번의 사건이라기보다 오랜 기간을 두고 진행되는, 그리고 어쩌면 평생 동안 진행되는 미완성의 과정인지도 모를 긴 여행이다.

일본계 미국신학자 마주오카(Masuoka)는 이 과정을 '거룩한 불안정'(holy insecurity)으로 표현하고 있는데, 이 중간 단계가 세상적으로는 여러 혼란을 불러 불안정한 시기이지만, 신앙적으로는 하나님을 집중적으로 경험하는 거룩한 공간이라고 말하고 있다(Masuoka, 1995). '이민'이라는 단어는 이 중간 단계를 조속히 끝내야 할 과정으로 여기거나 그 의미를 경시하는 경향이 있다.

또한 이민이라는 용어는 '이민자'라는 이민의 주체자를 발생시키는데 이민자라는 단어도 여러 의미를 유발시킨다. 호주에 이민을 와 "이곳에 얼마나 오래 살았는가?" 또는 "이 나라의 시민이 되었는가?"와는 상관없이 계속하여 '이민자'로 취급되지 '호주인'으로 인정되지 않는 경우이다. 호주의 경제가 어려워지거나 실업률이 높아질 때 이민자가 원망의 첫 대상이 되어 왔고, 안보에 대한 위험이 증가될 때 경계의 대상이 되는 것도 역시 이민자였다. 한때는 아시아인들이 타겟이 되고, 다른 때는 중동인들이 타겟이 된다는 차이일 뿐이지 주류사회의 시각에서는 한 번 이민자는 평생이민자로 호주인이 될 수 없다는 데 있다.

호주인들을 처음 만날 때 으레 듣는 "Where do you come from?" (당신은 어디서 왔습니까?)라는 질문은 이제 순진한 인사나 지리적인 관심의 차원이 아니라는 것을 우리는 알고 있다. 누가 물어보느냐, 물어보는 목소리의 톤은 어떠냐, 어떤 목적으로 물어보느냐에 따라 그것이 심문이나 취조가 될 수 있기 때문이다. 이민자의 과거가 계속하여 현재를 정의하고 있고, 이 현재가 지나간다고 해도 여전히 우리는 이 땅에서 이민자 그룹의 한 소수민족일 수밖에 없다는 사실이다.

더 나아가서는 우리의 후세들과도 직접 관계되는 문제인데, 그들은 문자 그대로 이민한 세대가 아니라 이 땅에 태어날 때부터 호주인임에도 불구하고 여전히 '이민자' 혹은 '이민자의 후손'으로 취급을 당한다는 이야기이다. 우리의 자녀들도 계속하여 "당신은 어디에서 왔습니까?"라는 질문을 받을 것이고, 호주에 정치·사회적인 문제가 생길 때마다 그 희생양이 될 가능성은 항상 존재한다는 현실이다.

그러므로 '이민'이나 '이민자'라는 단어 자체가 여러 편협함과 편견을 동반하고 있고, 또한 중요하게는 주류사회 구성원들이 본인과는 상관없는 소수민족들만의 주제로 도외시하는 경향이 있기 때문에 '이민신학'이라는 단어 자체는 한계성을 가진 효과적이지 못한 신학용어로 보여진다.

2. 디아스포라와 그들의 삶과 신앙

'이민신학'이 이상과 같은 한계를 가지고 있는 언어라면 그것을 극복하고 폭넓고 다양한 시각에서 접근할 수 있는 대안적인 신학적 용어가 있을까? 이민을 하는 자들뿐만 아니라 이민을 받는 사회도 함께 고민하고 대화할 수 있는 큰 신학적인 틀은 무엇일까? '디아스포라'와 '디아스포라 신학'이 바로 그것이다. 디아스포라 신학은 물론 새로운 것이 아니고, 오래 전부터 유대교와 기독교가 가지고 있는 주요한 신학적 명제 중의 하나이며, 현재 지구화시대에 더 넓게 확산되고 공감되고 있는 용어이다.

디아스포라 함은 헬라어에서 직접 가져온 단어로 'dia'(in different directions)와 'spora'(sowing)의 합성어로 '여러 방향으로 씨를 뿌린다', 즉 '흩어지다'(scattering) 혹은 '퍼뜨리다'(disperson)의 뜻을 갖는다. 그 원형을 먼저 성경에서 찾아볼 수 있는데, 유대인들이 그들의 역사적인 고향을 강제로 떠나 이방 땅에서 여러 민족을 만나는 사건들, 16세기부터 유럽 강국 식민주의자들로 인하여 노예로 잡혀 해외로 팔려간 아프리카 흑인들, 그리고 20세기 초 터키인들의 침략으로 인하여 사방으로 흩어진 알미니아인들을 대표적으로 꼽을 수 있다. 이런 전통적인 유형의 디아스포라 공통점은 강제적으로 고향을 떠나야 했다는 것과, 타 지역에 살고 있어도 고향으로 돌아갈 날을 고대한다는 것, 그러나 세대가 지나감에 따라 현실적으로 이제는 점점 가능치 않다는 상황들이다.

이런 디아스포라의 전통적 이해에 반해 현대의 디아스포라는 성격이 완전히 다르다는 데 주목할 필요가 있다. 그들은 대부분 자발적으로 선택하여 고향을 떠난다는 것, 스스로의 결정으로 해외에 이주해 살지만 이중국적 혹은 이중문화의 삶을 살 수 있다는 것, 그리고 본인만 원하면 고향을 방문하거나 역이민할 수 있다는 것이다.

뿐만 아니라 이민을 받는 국가들도 적극적으로 기술, 투자, 그리고 사업이민 등으로 해외의 엘리트들을 유치하고 있다. 이것은 물론 이민을 받는 국가의 경제적 이익과 기술개발이 주요 동기지만 새로운 기회를 찾는 많은 현대인들을 디아스포라로 만드는 요인이 되고 있다.

이런 사회적인 현상은 전통적인 이유에서이든 아니면 현대적인 이유에서든, 고향을 떠나는 사람이든 아니면 이민을 받는 사회이든 둘 다에게 큰 영향을 끼치고 있다. 이민이나 여행으로 인한 인종과 인종의 만남이, 문화와 문화의 만남이 때로는 계획했던 대로 삶에 긍정적인 기회를 제공하는가 하면, 때로는 생각지 못한 파괴적인 요소로 사회에 극심한 혼란을 가져오기도 한다는 것은 오늘날 신문이나 TV를 통해 보아 오는 주지의 사실이다. 이런 맥락 속에서 디아스포라 신학을 적극적으로 개진시킨다면 '이민신학'이 가지고 있는 한계를 극복할 수 있을 것으로 기대된다.

또한 '디아스포라'라는 용어는 계속되는 순례의 여정을 광범위하게 내포하기에 한 번의 사건으로 정의되는 것 같은 이민이란 용어의 편협함을 뛰어넘을 수 있다. '씨앗의 흩어짐' 혹은 '흩어진 나그네'로도 표현되는 디아스포라는 여러 생명체가 사방으로 흩어져 타 지역에 내려앉아 그곳의 토양과 날씨에 적응해 가며 뿌리를 내려 새로운 정체성과 문화를 꽃 피워 가는 백성들이다. 이 내용은 미국 이정용 교수의 *Marginality*란 책 속에 보면 한 민들레의 꽃씨가 떠돌다가 한 곳에 뿌리 내려 꽃피우는 아픔과 희망이 서정적인 형식으로 잘 이야기되고 있다(Lee, 1995).

디아스포라는 단순히 한 국가에서 다른 국가로 이민하는 지리적인 움직임을 넘어 삶의 의미와 기회를 찾아 계속되는 우리 인간들의 여정, 한 세대 안에서 다른 세대로 전해지는 신앙과 정체성의 과제를 이야기하고 있다. 이럴 때 '이민자'라고 하는 편견적인 소수민족 정체성이 디아스포라고 하는 좀더 통전적이고 보편적인 공동체로 전이될 수 있을 것으로 생각된다.

또한 디아스포라는 결국 주류사회에도 큰 영향을 가져오기 마련이다. 이민을 떠난 사람들만 고향을 떠난 것이 아니라 이민을 받는 사회의 사람들도 그들의 삶이 달라질 수밖에 없다. 호주의 피어슨 교수는

'Postcode Theology' (우편번호의 신학)를 제기하였는데, 예를 들면 캠시의 2194, 라쳄바의 2195, 애쉬필드의 2131, 스트라스필드의 2135, 이스트우드의 2122 등의 우편번호에는 여러 인종들이 모여 이웃을 이루고 살아 원래 그 지역에 살던 사람들도 삶의 내용이나 관계의 설정이 달라질 수밖에 없고, 그것이 하나님에 대한 새로운 이해를 가져온다고 주장하고 있다(Pearson, 2004).

예를 들어 시드니의 이스트우드 지역을 보자. 전통적으로 백인 중산층 지역이었던 그곳에 중국인과 한국인이 들어가기 시작한 이래, 지금은 주요 거리의 상점들이 거의 중국화 아니면 한국화되어 가고 있고, 그 지역의 초등학교 학생들이 집에서 사용하는 언어가 영어보다 중국어와 한국어를 더 사용한다고 한다. 그 지역의 백인들이 타 지역으로 많이 이사를 갔고, 오랫동안 그곳에 살고 있는 백인들도 지리적으로 움직이지만 않았지 이스트우드가 자기들이 알고 생활하던 그 이스트우드가 더 이상 아니라 생각하고 있었다. 그들은 자기 땅에서 디아스포라가 된 셈이다.

디아스포라라는 명제가 이민자들에게만 해당되는 것이 아니라 그들도 흩어짐을 당한 사람들로, 그들의 삶의 가치나 하나님과의 관계 등을 새롭게 고민하고 씨름해야 할 숙제가 주어진 것이다. 사실 현재 호주라는 국가가 가지고 있는 집단적 이슈가 바로 이런 정체성과 관계성의 문제이다.

3. 디아스포라 신학의 질문

이상 디아스포라는 용어가 가지고 있는 여러 의미와 그 관계성에 관하여 논의하였다. 그러면 이제 디아스포라를 신학이란 용어와 접목하여 디아스포라 신학이라 한다면 여기서 말하는 신학적 내용은 무엇일까? 어떤 신학을 말하는 것일까?

신학을 진지하게 공부하는 사람들은 '신학'이란 단어가 단순하지도 또는 순진하지도 않은 용어임을 잘 안다. 이민이란 단어와 비슷하게 신학도 누가 하느냐(혹은 어느 교단이 하느냐), 누구를 위해 하느냐, 어디서 하느냐, 언제 하느냐, 왜 하느냐에 따라 천차만별 그 내용이 달라질 수 있기 때문이다. 신학이 다르면 신앙고백에 차이가 있고, 신앙고백이 차이가 있으면 하나님에 대한 이해나 경험이 같지 않다는 이야기이다. 그러나 디아스포라 신학은 본질적으로 다양한 이민자들의 신앙 경험이므로 복합적으로 드러날 수밖에 없다.

신학이 예수 그리스도를 통해 계시된 하나님에 관한, 그리고 하나님을 믿는 신앙에 관한 체계적인 학문이고, 그 연구과정이라고 한다면 디아스포라 신학은 디아스포라 과정에서 경험하는 예수 그리스도를 학문적으로 연구하고 표현하는 훈련이다. 예수는 우리 이민자에게 누구이신가? 살아 계신 하나님이 현재 디아스포라 공동체 안에서는 어떤 역사를 하고 계실까? 여러 민족들과 더불어 함께 살아가는 우리는 누구인가? 그중 나는 어떤 존재인가? 우리는 공동체적으로, 그리고 개인적으로 어떤 고침과 구원이 필요한가? 우리는 얼마만큼 한국문화성을 유지해야 하고, 또 얼마만큼 세계인이 되어야 하는가? 복음과 문화는 어떤 상관관계가 있을까? 이런 질문에 디아스포라 신학은 '다차원적이고, 다중심적이고, 그리고 다언어적인' 방법으로 접근하여 응답하는 훈련이다.

이러한 디아스포라적인 질문을 가지고 신학을 접근한다는 것은 신학의 연속성과 불연속성을 말하는데, 신학의 연속성이라 함은 그동안 주류교회가 해 왔던 전통신학, 그중에서도 기독론과 구원론을 바탕으로 전개하는 것이고, 불연속성이라 함은 현재 디아스포라의 특수한 삶의 정황을 진지하게 성찰하여 오늘 여기에서 예수 그리스도는 누구이고, 어떤 구원을 가져오는지에 대한 성찰의 노력이다. 이런 의미에서 디아스포라 신학은 전통신학과 현대 상황신학의 만남이라 할 수 있고, 예수의 두 가지 질문 "사람들이 인자를 누구라 하느냐?"와 "너희는 나를 누구라 하느냐?"(마 16 : 13 - 14)에 대한 동시적인 응답이라 할 수 있다.

4. 디아스포라 신학의 내용

그러면 디아스포라 신학은 어떤 내용을 가지는 것일까? 이 질문은 물론 예수는 누구이시며, 어떤 일을 하셨는가라는 기독론의 핵심질문으로부터 접근되어야 한다. 이스라엘 백성은 구약의 유목문화에서 가축들을 먹이기 위해 초장을 찾아 이리저리로 이주해 다니는 생활이었고, 이것은 아브라함과 롯의 여정에서 시작하여, 특히 애굽의 바로 앞에 선 야곱의 고백에 잘 표현되고 있다. "야곱이 바로에게 고하되 내 나그네 길의 세월이 일백 삼십년이니이다 나의 연세가 얼마 못되니 우리 조상의 나그네 길의 세월에 미치지 못하나 험악한 세월을 보내었나이다 하고"(창 47 : 9).

그들이 가나안 땅에 정착하면서 농경문화와 접하게 되고, 더 이상 이주하지 않아도 되는 듯하였지만, 외세의 침략으로 인하여 강제로 바벨론이나 애굽으로 이주해야 했고, 그 후 유다 땅으로 귀환한 후에도 백성들은 로마의 압제 아래 자기 나라에서 고향을 잃은 것 같은 디아스포라적인 삶을 살고 있었다.

이런 배경에서 예수나 그의 제자들도 가족과 고향을 떠나 갈릴리와 유대지역을 다니면서 하나님 나라의 임박함을 선포하고 다녔던 것이다. 여기서 예수는 그런 상황에서 갈 바를 모르고, 소외되어 주변에 살고 있는 여러 종류의 사람들과 함께하면서 그들과 더불어 하나님 나라의 공동체를 이루면서 "누구든지 하나님의 뜻대로 하는 자는 내 형제요 자매요 모친이니라"(막 3 : 35)라는 선포를 한다. 당시 사회의 주변에서 새로운 가족공동체를 이루면서, 그 사회의 주변성이 하나님의 구원의 중심성으로 바뀌는데, 이것이 디아스포라들에게 희망과 기쁨을 주어 창조적인 삶을 확장할 수 있도록 한 것이었다.

호주에서의 디아스포라 상황도 크게 다르지 않다. 이민자들을 포함해 호주인들의 가장 큰 꿈 중의 하나가 자기 집을 소유하는 것이다. 집을 갖기 위해 온갖 수고를 마다하지 않고 밤낮으로 일하는 이 땅의 대부분 디아스포라들에게 집값의 상승으로 그 꿈은 점점 멀어지는 것 같은 현실이지만 그것보다 더 좋은 소식이 여기에 있다. 집을 소유할 수는 없을지 모르지만 예수가 소개하였던 하나님의 새 공동체를 이룰 수 있다는 것이고, 이것이 디아스포라들에게 삶의 새로운 의미와 희망을 주고 있다. 집은 소유했지만 가족을 잃은 사람들이 얼마나 많은가? 새로운 의미에서의 가족공동체를 이루면서 예수는 때로는 그 공동체의 손님으로, 때로는 주인으로 다가오셨다. 삭개오 집에 손님으로 가 그곳에 구원을 이루시는가 하면, 엠마오 도상의 두 청년들을 식탁으로 초대하여 주인으로 성만찬을 베풀기도 하면서 이 땅에서의 디아스포라적인 삶이 어떤 것인지를 홈 메이커(home maker)의 모습으로 보여 주셨다.

우리가 이민자라고 호주사회 속에 영원한 손님이 아니다. 우리가 호주 사람들의 교회당을 사용한다고 평생 손님이 아니다. 호주 백인들도 때로는 손님으로 우리 중에 초대되어야 하고, 우리도 때로는 주인으로 그들을 섬길 때 진정한 하나님의 가정을 이 땅에 이루면서 살 수 있을 것이다.

주인과 손님 관계의 키워드는 물론 '따뜻한 환영'이다. 우리가 아직 이방인이었을 때 하나님이 먼저 우리를 불러 자녀 삼아 주신 것처럼, 환영(hospitality)도 우리와는 전혀 상관이 없어 보이는 외인들과 손들을 동일한 시민으로 하나님의 권속으로(엡 2:19) 맞는 것이다. 이것은 단순히 친절하고 관용을 베푸는 차원이 아닌 예수의 길을 따라 적극적인 하나님의 공동체를 이루는 종말론적인 행위이다.

여기서 이어지는 또 하나의 디아스포라의 신학 주제가 있다. 하나님은 창조 때부터 여러 모양으로 세상을 만드시고, 그 다양함 속에 영광을 받기를 기뻐하셨다. 인간들과 더불어 하늘과 땅, 그 속에 거하는 만물이 하나님을 찬양한다. 또한 하나님은 인간들을 흩으시어 지면 곳곳에 거하게 하시고, 각 나라와 족속과 백성과 방언으로 영광을 받으신다. 아브라함을 떠나게 하시고, 부르짖는 백성을 인도해 내 홍해를 건너게 하시고, 한 곳에 정착하는가 했더니 다시 유리하게 하시고, 그리고 급기야는 그들을 전 세계로 흩어지게 하셨다. 이런 과정이 때로는 축복의 모습으로, 때로는 심판을 통해, 때로는 기근과 가뭄을 동원해, 그리고 때로는 예언자들의 입을 빌어 그렇게 해 오셨다.

신약에서도 하나님은 예수를 통해 유다와 사마리아와 땅 끝까지 가라고 명령하고 계시고, 결국 예루살렘 교회는 안디옥으로 애굽으로, 그리고 로마로까지 흩어지고 있다. 이렇게 하시는 하나님의 의도는 아브라함의 부르심에, 그리고 사도들의 파송에 잘 나타나 있다. "……땅의 모든 족속이 너를 인하여 복을 얻을 것이니라 하신지라"(창 12 : 3). 디아스포라로 하여금 하나님이 그들의 주인임을 경험케 하시어 새 공동체를 이루게 하시고, 그 관계 속에 세상의 모든 백성들 중에 복의 근원이 되게 하시기 위함이다.

그러므로 우리 디아스포라들도 이 호주사회에 공헌할 수 있도록 부름을 받았다는 사실이다. 호주 땅에 많은 이민자들이 들어옴으로 이미 이 사회는 큰 변화를 겪고 있는데 호주 주류사회의 백인들에게는 그것 자체가 큰 축복이다. 백호주의라는 인종차별적인 정책 속에서 호주 정부나 교회들이 그 당시 원주민들과 이웃의 아시아와 남태평양인들에게 큰 죄악을 범하고 있었는데, 이제 하나님이 문을 열어 주시니 이들이 다른 민족을 만나면서 회심을 경험하고 있다. 경제적이고 문화적인 실제적인 축복은 물론이고, 영적으로 신학적으로 이들은 큰 기회를 맞아 호주 땅 안에 생각지도 못한 디아스포라적인 경험을 하고 있는 것이다.

우리가 이 땅에서 서로가 서로에게 어떤 축복이 될 수 있을까? 이 땅의 원주민들에게 어떤 공헌을 할 수 있을까? 어떻게 이 성읍의 평안을 위해 힘쓰고, 또 여호와께 기도할 수 있을까?(렘 29 : 7) 단순히 복지적이나 선교확장적인 차원을 넘어 실존적이고 신앙적인 축복을 줄 수 있을 때 하나님의 공동체를 이곳에서부터 이루어 갈 수 있을 것이다.

다음의 디아스포라 신학 주제도 계속하여 연관되는 내용이다. 우리를 흩으시어 이곳 호주에 살게 하시는데, 이곳이 어떤 상황이냐는 질문이다. 단일문화를 자랑으로 삼던 우리가 다민족, 다문화사회로 들어오면서 겪는 시행착오가 엄청나다. 우리가 이땅에 가지고 들어 오는 편견이나 문화의 일부가 이곳 다문화사회에 축복이 되기보다 오히려 걸림돌이나 독이 될 수 있다는 것을 우리는 경험을 통해 잘 안다. 이스라엘 백성이 세상의 빛이 되려면 먼저 그들의 교만과 죄를 자복해야 했던 것처럼 우리가 이 땅에 복이 되려면 개인과 민족의 편견과 교만을 알고 변화를 체험해야 한다. 우리 자신과 교회가 변하지 않으면서 이 땅을 변화시키려 한다면 그것은 디아스포라적인 축복이 아니라 과거 식민지적인 선교확장에 불과하지 않는다.

호주사회에서는 주류사회인 유럽계 백인들만 있는 것이 아니라 원주민을 포함한 여러 소수민족들이 살아가고 있다. 그들과 우리는 어떤 관계를 맺으며 하나님나라를 이 땅에 이루어 나갈 것인가?

미국의 앤드류성 박 교수는 변형신학 혹은 변화신학(Theology of Transmutation)을 말하는데, 소수민족이 이민이라고 하는 고단한 상황에서 공통적으로 겪고 있는 '한', 즉 '깊은 상처'에 주목하고 있다. 이런 깊은 상처에서 우리는 고침을 받아야 하고 해방을 받아야 하는데, 이것이 구원과도 밀접한 관계를 가지고 있다고 주장한다. 그러나 여기에서 중요한 것은 소수민족이 단순히 피해자 혹은 희생자가 아니라 우리도 때로 가해자이고, 상황에 따라 가해자도 피해자도 되는데, 여기에서 서로 회개하고 고침을 받아야 한다. 디아스포라는 서로서로의 죄에 도전하고, 또 서로서로가 가지고 있는 하나님의 형상에 대해 확인하면서 변화해야 한다고 말하고 있다(Park, 2001).

예를 들면 월남 사람과 중국 사람들의 식당은 우리가 즐겨 가지만 영적으로, 실존적으로 우리가 그들에게 어떤 하나님의 형상을 확인해 주고 있으며, 우리는 그들을 통해 어떤 고침을 경험하고 있는가 하는 질문이다. 오늘 여기 다문화 호주에서 역사하시는 성령의 인도하심을 디아스포라 신학은 말할 수 있어야 한다. 이런 의미에서 이민신학은 다문화신학으로 이어져야 하고, 이민목회는 다문화 목회에서 완성되어야 한다.

여기서 다문화라고 하면 보통 영어로 'multicultural'로 표기되는데, 이 영어 단어는 호주사회 안에서 여러 정치적인 논쟁과 더불어 부정적이고 분열적인 뉘앙스를 가지고 있다. 그래서 '다문화 목회' 하면 많은 호주 교인들이 일단 거부감부터 보이는데, 이것을 지향할 수 있는 단어가 'cross-cultural' 이다. 이 단어는 다문화 혹은 초문화로 번역되는데, cross-cultural theology나 cross-cultural ministry는 이민을 가는 자들과 받는 자들이 함께 공유하고 발전시킬 수 있는 내용이다.

특히 'Cross'는 기독교 신앙의 중심이며, 예수의 십자가는 고난, 오해, 배신, 희생, 사랑, 죽음, 희망 등의 이민자들이 매일의 삶에서 경험하는 내용이 포함되어 있다. 'cross'의 또다른 뜻은 교차로로 문화와 문화가 만나 다민족적 활동과 도전이 있고, 개인과 집단이 회심을 경험하고 있는 곳이다. 'cross'는 또한 '화가 났다'라는 뜻으로도 사용되는데 여러 민족들이 모여 사는 곳에는 항상 차별적이고 불평등한 모습이 있으므로 그런 부정의에 대항하여 하나님의 나라를 이룬다는 뜻으로도 받아들여질 수 있다(Pearson, 2004).

다문화 신학은 그러므로 디아스포라 신학을 보다 구체적으로 목회에 적용할 수 있도록 돕는 실천적 신학 작업을 지향한다고 할 수 있다.

5. 호주 한인들의 정체성과 신학

디아스포라 신학은 결국 하나님과 인간과의 관계, 인종과 인종과의 관계, 그리고 인간과 자연과의 관계를 오늘 여기 다문화사회에서 재해석하려는 작업이다.

호주에 있어서 한인들의 거주 역사가 50년을 지나고 있다. 항간에 1960년대 말 한국에서 공식 이주를 한 가정을 시작으로 이민 40년사라고 하였는데, 1950년대 후반 호주 국감에 기록되어 있는 첫 한인 시민자를 시발로 '이민사 50년'으로 제안한 필자의 의견이 호주한인이민편찬사에 받아들여져 곧「호주한인 50년사」가 출판될 예정이다.

그러나 사실 한국인이 호주 땅을 처음 밟은 기록은 훨씬 더 전인 1921년 9월이다. 김호열이란 마산의 창신학교 교사가 빅토리아 장로교 초청으로 호주에 입국하여 멜버른 대학에서 공부한 기록이 남아 있다. 만약 이 시기를 기준으로 한다면 호주한인사가 80여 년을 지난다고 할 수 있다.

그 후 2차 세계대전 당시 일본에 의해 강제로 징집되어 싸우다 전쟁 포로가 되어 호주 땅에 들어온 사람들, 한국전쟁으로 인해 한국에 파병된 호주 군인들과의 만남, 그리고 전쟁 후에 호주 군인의 아내로 혹은 고아로 호주에 들어온 사람들, 그리고 월남전쟁 막바지나 후에 호주에 입국한 파월기술자들 등 주로 전쟁을 계기로 초기 방문이나 이민이 이루어졌다. 호주 선교사들을 통한 방문, 전쟁포로, 피난민, 임시거주자 등이 초기의 역사라면 그 후에는 전문직 종사자, 가족이민, 기술·사업·투자이민, 그리고 지금은 대량으로 들어오는 유학생들이나 관광객들이 호주의 한인사회에 큰 영향을 미치고 있다. 그래서 호주 한인사회를 이해하려면 전쟁이 가져오는 이민사회의 문화적 구조적 영향을 이해하여야 할 뿐 아니라 호주의 백호주의와 이민정책의 변화, 한인교회의 발전과 이민사회에서의 역할, 그리고 삶을 다차원·다문화적으로 만들어 가는 2세들과 유학생들의 형태 등을 연구해야 한다.

이 글에서는 결론삼아 호주 한인들의 정체성을 간단하게나마 논하고, 그것을 디아스포라적인 관점에서 의미를 찾아보도록 하겠다.

이민자의 정체성은 유동적이고 복합적이지만 크게 네 가지로 나눌 수 있는데, 호주 속의 한국인(Korean in Australia), 한국계 호주인(Korean-Australian), 호주인(Australian Full Stop), 그리고 다문화 호주의 주변인(AustrAlien : Australia와 Alien의 합성어로 호주 속의 이방인을 지칭함.)이다.

첫째, 호주 속의 한국인은 소위 '화분채 옮겨 놓은' 개척 1세 이민자들과, 노년에 자녀따라 이민 온 0.5세대들이다. 대부분의 이들은 지리적 환경만 호주일 뿐이지 한국인으로 한국적인 삶을 사는 사람들이다. 하루 24시간 한국라디오방송에 귀를 기울이지만 이들의 꿈은 호주에서의 사업확장과 자녀교육의 성공을 꼽고 있다(주간지 코리아타운 설문조사, 시드니, 25/7/2006).

둘째, 한국계 호주인은 '화분이 깨져 호주 땅에 뿌리를 내리는' 모습으로 일부 1세나 1.5세, 그리고 2세까지 속하는데, 이들은 한국과 호주를 연결하는 다리세대라고도 말할 수 있다. 한국과 호주 사이 '하이픈'(hyphen)이 상징적으로 말하는 것처럼 양쪽의 문화와 정체성에 편안해하면서 더 넓은 다문화사회로까지 진출할 수 있는 가능성을 가진 세대이다.

셋째, 또한 스스로를 호주인으로만 여기는 한국인 정체성도 있다. '호주 땅에 씨가 뿌려져 싹이 튼' 한국적 유산을 잃어버린 많은 2세나 의도적으로 한국 문화를 멀리하는 1세나 1.5세도 여기에 속할 수 있다. 정말 100% 호주인이 될 수 있느냐 하는 질문은 둘째치고라도 이들 2세 중 65%가 스스로를 호주 백인들과 비슷하다고 생각하고 있고, 미래의 꿈은 자기가 즐길 수 있는 직장을 갖는 것이다(호주한인카운셀링연구소, 기초조사보고서, 시드니, 2000).

넷째, 마지막으로 호주 다문화사회의 주변인으로 '어느 한 곳에 뿌리를 내리지 못하고 떠다니는 씨앗'이다. 이 그룹도 1세, 1.5세, 2세들 중에서 다 나타나고 있는데, 어느 곳에도 속하지 못하고 오히려 비슷한 아시안계 주변인들과 연결되고 있다. 이들이 즐겨 쓰는 말은 "나는 어디에도 속하지 못했다."(I belong nowhere.)이다.

이상의 정체성 구분은 단순화된 구별이지만 디아스포라적인 관점에서는 충분히 의미가 있는 내용이다. 정체성의 구분을 흑백화할 수 없고, 한 사람 속에서 다중적인 모습으로 나타나기도 하지만 결국 다리의 역할을 할 수 있는 1.5세의 모델이 디아스포라의 역할이다. 이것은 세대적인 의미에서의 1.5세라기보다 하나님과 인간 사이, 인간과 인간 사이의 화해자이고 중보자로서의 영적인 1.5세의 역할이다. 하나님의 마음과 사랑을 인간의 언어로 성육화하여 통역한 '거룩한 통역자' 예수의 모습이다. 이것이 디아스포라 신앙인들이 다문화 사회에서 감당해야 하는 정체성이자 선교적 사명이다.

이런 의미에서 이민자는 영적인 의미에서 누구나 1.5세여야 하고, 민족 간의 평화와 화해를 그리스도의 이름으로 이룰 수 있어야 하겠다.

참고도서

Lee, JY. *Marginality – The Key to Multicultural Theology*. Minneapolis : Fortress Press, 1995.

Matsuoka, F. *Out of Silence*. Cleveland : United Church Press, 1995.

Park, AS. "A Theology of Transmutation", in *A dream Unfinished : Theological Reflections on Anerica from the Margins*. ed. Fernandez ES & Segovia FF : Maryknoll, Orbis, 2001.

Pearson C(ed). *Faith in Hyphen*. Adelaid : Openbook Publishers, 2004.

Richmond H & Yang MD(ed). *Crossing Borders*. Sydney : UCA, 2006.

양명득 & 클라이브 피어슨 편. 「호주이민 한인교회 30년」. 시드니 : UTC, 2004.

호주한인50년편찬위원회 편. 「호주한인 50년사」. 서울 : 진흥출판사, 2008.

3부
차세대들의 신앙과 삶

1. 한인 이민교회
2세 사역을 위한 제안

> 노승환 목사 | 토론토 밀알교회 담임

1. 들어가는 말

창세기 26 : 35에 보면 에서가 헷 족속 여인들을 아내로 취한 것 때문에 "그들이 이삭과 리브가의 마음의 근심이 되었더라"라는 표현이 있다. 27 : 46에는 이제 리브가가 혹시 야곱도 헷 족속의 여인과 결혼할까봐 이삭에게 걱정하며 하소연하는 장면이 나온다.

"나는 헷 사람의 딸들 때문에 사는 게 아주 넌더리가 납니다. 야곱이 이 땅에 사는 사람들의 딸들, 곧 헷 사람의 딸들 가운데서 아내를 맞아들인다고 하면, 내가 살아 있다고는 하지만, 나에게 무슨 사는 재미가 있겠습니까?"(표준새번역)

유대인들에게 있어 이방인들과 결혼하는 것은 결국 이방신들, 이방 종교와의 혼합을 의미했고, 그래서 참여호와 하나님을 유일신으로 섬기는 신앙이 타협되어지는 것으로 이해되었다. 그래서 구약성경의 이런 표현들을 오늘날 우리는 신앙의 순수성을 강조하고 세상과 타협하지 않는 신앙, 다른 사상들과 혼합되지 않는 신앙에 대한 교훈으로 받고 있다.

예수 그리스도를 주로 고백하는 우리 역시도 이삭, 리브가, 느헤미야같이 우리 자녀들이, 우리 2세들이 올바로 신앙생활하지 못하고 교회를 떠나거나 타협하는 갓난아이 신앙을 소유하게 된다면 '넌더리나지' 않겠는가? 리브가의 한탄처럼 살아 있다고는 하지만 사실 삶의 가장 중요한 의미를 잃어버리는 것은 아닐까?

교회마다 2세 사역이 중요하다고는 입을 모아 이야기하지만 현재 여러 통계들이 우리에게 주고 있는 경고에 대해서는 아무도 어떠한 대안을 내놓지 못하고 있는 실정이다.

2. 미주한인교회의 현 주소

1996년에 Helen Lee가 *Christianity Today*에 쓴 article 제목이 "Silent Exodus"이었다. 주 내용은 역시 우리 2세들이 교회를 떠난다는 것이었고, 그 후 여러 박사과정 논문을 쓰시는 분들의 조사한 결과로 발표된 통계는 주일학교에서 자란 교포 2세들이 대학에 들어가면 70%가 교회에 안 나가고 대학을 졸업하면 90%나 교회에 안 나간다는 것이었다. 2001년 캐나다의 송민호 목사님께서(현 토론토 영락교회) Trinity Evangelical Divinity School 박사과정 졸업 논문에서도 같은 결론을 내렸다.

주미 한국대사관의 이현주 전 워싱턴 총영사는 2001년 "미국 내 각 지역 총영사관을 통해 파악한 재미 동포는 2001년 현재 212만 명 정도로 추산된다."고 말했다. 미국 내 한인 동포 숫자는 1992년 153만 명, 1995년 180만 명, 1997년 200만 명, 2001년 212만 명으로 꾸준히 늘고 있다.

미주 크리스찬 투데이(발행인 서종천 목사)가 2002년 10월 조사한 바에 의하면 당시 한인교회 숫자는 3,200개로 한 교회당 넉넉잡고 출석교인 100명을 잡으면 32만 명으로 230만에서 32만 명이면 교포의 약 14%가 교회에 출석하고 있다는 계산이 나온다. 기존에 인식되듯이 미국에 이민 오면 교포의 70~80%는 교회 다닌다는 고정관념을 깨는 통계이다.

또 3,200개 교회 중 2003년에 290개의 EM(대학부 포함)이 있고(같은 조사), 지금은 300개라고 치고 평균 50명의 출석교인으로 계산하면 1만 5천 명이 EM(영어목회) 예배출석 인원인 것이다. 32만 명 교회출석 중 1만 5천 명이 EM 출석이다. EM 예배 출석하는 연령층이 적은 것은 아니다.

한인 동포의 평균 연령은 32.4세로 미국 평균 35.3세보다 낮고 캘리포니아 주립대 유의영 교수에 의하면 "이는 한국인이 어린 자녀와 함께 미국에 이민하기 때문"이라고 분석했다.

그렇다면 물론 더 과학적이고 정확한 연구가 필요한 것은 사실이지만 대충 따져 보아도 정말 주일학교에서 자란 아이들의 80~90%가 대학을 졸업할 때쯤이면 교회를 떠나는 것은 사실인 것 같다.

Not 'In spite of' but 'Because of'.

이런 통계가 사실이라면 "우리가 제대로 했으며 열심히 잘했음에도 불구하고 주일학교에서 자란 아이들이 교회를 떠납니다."라는 변명이 통할 수가 없다. 만약 통계가 20~30%의 주일학교에서 자란 아이들이 교회를 떠난다고 한다면 우리가 제대로, 열심히 했음에도 불구하고의 변명이 가능하다. 하지만 80~90%가 떠난다는 것은 제대로 했다는 변명이 가능하지 않다.

오히려 지금 우리가 하고 있는 것들 때문에 아이들이 자기 나름대로의 결정을 할 수 있을 때는 미련 없이 교회를 떠난다. "In spite of……."가 아니라 "Because of……"이다. 지금 이민교회가 2세들에게 보여 주고 가르치고 교육하는 방법과 내용 때문에 오히려 우리 아이들이 교회를 떠나고 있다는 심각한 자각이 필요하다.

"Because of……"의 큰 원인 4가지를 살펴보면 다음과 같다.

(1) 뚜렷한 교육철학과 방향의 부재

대부분 이민교회들의 목회 구조는 장년 중심임을 아무도 부인하지 못할 것이다. 따라서 행정, 예산, 인력, 지도력 등 이 모든 것이 장년에 편중되어 있다. 그것도 이민교회의 70~80%가 자립하지(자체건물과 교회운영) 못하고 있다고 가정해 볼 때 대부분 자립하지 못한 교회들은 생존 모드(survival mode)로 있기 때문에 아이들에게까지 신경을 쓰지 못하고 있는 것이 사실이다.

하지만 교육목회에 있어 자립보다 더 심각한 것은 언어와 문화가 다른 2세들의 교육을 어떻게 할 것인가 하는 교육목회의 방향설정과 교육철학의 부재이다. 대부분 1세 목회자들이 담임을 하면서 영어권 2세 교역자들과는 깊은 대화에 어려움이 있고, 이런 깊은 대화나 목회에 대한 이해가 없는 가운데서 부서 영어권 2세 교역자들에 의해 교육의 방향이 설정된다. 하지만 보통 교육부서 영어권 2세 교역자의 Turn Over Rate가 평균 2~3년이라 할 때 한 교회의 교육목회의 방향은 2~3년에 한 번씩 바뀌는 것이다. 이 문제는 결국 교육전문가의 부재로 이어진다.

(2) 2세 교역자 문제

2세 교역자들 중에는 1세들과의 관계를 어려워하고, 1세 교회에 부정적인 생각을 가지고 있는 분들이 많이 있다. 떠도는 이야기에는 대학을 졸업할 때까지 한인교회에서 자란 학생들이 평균으로 2번 정도 교회 분열을 경험한다는 이야기들을 교육목사들은 하고 있다. 1세와 2세의 문화, 언어, 사고의 차이에 대해서는 깊게 이야기하지 않아도 그 심각성을 다 알고 계실 것이다. EM에 출석하는 30~40대들은 세상에서는 전문가들로 인정받고 활약하고 있다. 그러나 1세 교회 안에 속해 있는 EM에 출석하는 이들은 단돈 $100을 쓰는 것도 허락을 받고 있다. 이런 현실에서 교회에 대한 ownership이 생기지 않고 애착이 덜 가는 것도 사실이다.

2세 교역자들이 한인교회에서 사역할 수 있도록 미국 신학교에서 준비시켜 주는 것에는 한계가 있다. 2세 지도자들을 위한 모국교회에서의 Internship program이나 영어로 이들에게 한인교회, 문화, 전통, 영성에 대해 훈련시킬 어떤 대안들이 필요하다.

(3) 교육과정(Curriculum)의 문제

a. Contextual Education : 교육이란 Text(성경본문) 못지 않게 Context(삶의 정황)의 연구가 중요하다. 교육과정(Curriculum)은 text가 context로 연결되도록 해 주어야 한다. 그러나 Korean-American으로서 우리 학생들의 context 연구는 매우 연약하고 연약하나마 그런 연구가 교육과정에 반영되고 있지 않는 현실이다. 미국의 David C. Cook(한인교회의 약 70%가 쓰고 있는 주일학교 교재)은 백인 중산층을 context로 한 교재이다. 같은 Cook Publishing Company에서 'Echoes'라는 흑인들을 대상으로 하는 Curriculum을 출판하고 있다. 한인 2세들에게 그들 현실에 맞는 교육과정이 필요한 것은 너무도 당연한 주장이다.

b. 학교식 교육의 문제 : 지금까지의 교육목회는 대체로 학교식 체계를 빌어 교회교육을 실시해 왔다. 주일학교(Sunday School) 운동은 1781년 Robert Raikes라는 사람이 영국 글로체스터에서 시작했다. 산

업혁명이 일어나던 그때 사회운동으로 시작한 이 학교식 교육이 주일날로 국한되면서 신앙교육이 그 주 내용이 되면서 우리에게 익숙한 주일학교운동이 되었다. 1780년대에 시작한 학교식 교육은 당연히 근대주의 교육의 영향을 받았고, 그 결과 교회교육이 신앙공동체의 삶과 유리된 채로 지식전달에 머무르게 되었다. IQ가 강조되고, 지식전달이 교육의 우선순위였던 근대주의식 교육의 한계를 그대로 주일학교가 수용한 것이다.

현재 대학생들은 이미 포스트모던 시대에 태어나서 자란 세대이다. 이들에게 근대주의식 교육을 강요하는 것은 너무도 시대에 뒤떨어진 교육방법인 것이다.

교육목회는 더 이상 학교화의 틀 안에서만 수행되어서는 안 된다는 반성이 기독교교육학자들 사이에 이구동성으로 지적되어 온 것은 바로 이 때문이다.

초교파적으로 발행되고 한인교회에서 많이 활용되는 커리큘럼은 바로 학교화를 교육의 장으로 하고 있다. 따라서 전인적 신앙교육, 신앙과 삶 사이의 연결교육을 시키기에는 큰 어려움이 있는 것이 당연하다 하겠다.

c. 탁아소식 교육의 문제 : 성경에서 살펴보면 신앙교육의 장은 사실 가정이다. 미국의 typical한 초등학교 학생이 일 년에 부모님들과 보내는 시간은(직접적, 간접적) 3,000시간이다. 이 학생이 교회에서 교역자나 교사의 영향권 안에 보내는 시간은 일년에 50~60시간을 넘지 못한다. 이 사실 하나만으로도 그동안 한인교회가 자녀들 교육의 최대, 최고 자원인 부모님들과의 연계를 제대로 하지 못한 것의 반성이 있어야 할 것이다. 부모님들은 너무도 교회 일에 바쁜데 아이들은 오히려 비신앙적이 되어 가는 안타까운 모습들을 많이 본다. 교회와 부모가 같은

신앙적 교훈을 줄 수 있다면, 아니 부모들이 가정에서 올바른 신앙교육을 할 수 있도록 교회가 자료를 제공하고, 교육하고, 촉진자의 역할을 한다면 우리 2세들 교육의 질은 많이 바뀔 것이다.

(4) 교육방법과 교육매체의 낙후

Rex Miller은 *The Millennium Matrix*(A Leadership Network Publication)이란 책에서 세대를 Ancient(BC-AD 1500), Modern(1500-1950), Postmodern(1950-2010), 그리고 Convergent(2010-)로 나누고, Ancient 때의 communication medium으로 'Oral', Modern 때는 'Print', Postmodern은 'Broadcast' 그리고 Convergent의 때는 'Digital'이 될 것이라고 했다. Communication은 관계, 공동체, 문화의 매개체이기 때문에 communication method가 바뀌면 그와 더불어 세계관도 바뀐다는 주장을 하고 있다. 교회는 이제 겨우 Broadcast의 문화를 받아들일 준비를 하고 있는데, Rex Miller는 2010년이면 벌써 세상은 Digital 세상이 될 것이라 예상하고 있다.

현대 매체에 지배를 받고 있는 우리 2세들에게 전근대적인 교육매체와 스타일을 사용해서는 복음이 효과적으로 전달될 수 없다. 복음은 변하지 않지만 복음을 전하는 방법은 계속해서 바뀌어야 한다.

복음이 자신이 익숙한 문화의 도구로 전달되지 않을 때 사람들은 복음을 자신의 것으로 만들지 못한다. 진리는 항상 relevant하지만 진리가 항상 relevant하다고 인식되는 것은 아니다.

집에서는 Home Theater로 온갖 시청각이 발달되어 있는 아이들에게 교육학적으로 제일 비효과적이라는 강의식 교육만을 강요하는 것은 세대에 역행하는 것이다.

이와 같이 여러 문제점들을 진단해 보았고, 이에 대한 패러다임 변화 몇 가지를 제안한다.

a. 학교식 교육에서 목회 교육으로의 패러다임 변화 :
   a) De-schooling 작업
   b) 소그룹(관계) 통한 ministry mind 심기

b. 가정과의 긴밀한 연계 :
   a) 부모가 가정에서 교육할 수 있는 resource 제공
   b) 부모 계속교육
   c) 부모와 자녀의 공통된 신앙경험 제공

c. 교육방법과 Communication Medium의 현대화 :
   a) Postmodernism이 한인 2세들에게 미치는 영향을 연구해서 교육방법에 적용하기
   b) 교육 매개체들의 현대화
   c) 교육환경에 대한 투자

d. 교육전문사역자들 훈련 :
   a) 2세 교역자들 모국교회 Internship Program
   b) 한인교회의 부정적인 요소 해결운동

위 네 가지 패러다임 변화 제안 중 1~3번은 저자가 나성영락교회 교육목사로 시무하면서 미약하나마 시도해 보았다.

그중에 가정과 연계하여 자녀들을 교육하는 방법으로 미국 조지아 주 아틀란타의 Northpoint Community Church를 몇 번 방문하며 그 교회에서 진행하는 교회교육 컨퍼런스(Grow Up Conference와 Orange Conference)에 참여하고, 이 교회에서 사용하는 Curriculum을 도입하여 나성영락교회에서 현재 사용하고 있다.

현재 나성영락교회에서 사용하고 있는 아동부(1-6학년) 교재는 252 Basics라고 부르는데, 누가복음 2:52의 "예수는 그 지혜와 그 키가 자라 가며 하나님과 사람에게 더 사랑스러워 가시더라"를 중심으로 예수님께서 지혜, 믿음, 그리고 사람(친구)의 관계 이 세 가지 영역에서 자라셨음을 기초로 하여 "I need to make the wise choice!" - 지혜교육, "I can trust God no matter what!" - 믿음교육, 그리고 "I should treat others the way I want to be treated!" - 인간관계(Friendship) 교육을 위의 세 가지 강조어구를 계속하여 되풀이하며 교육하고 있다.

252 Basics 교재는 위의 세 가지 교육원리를 36가지 성경적 덕목으로 구분하여(예를 들면 '친절' '믿음' '소망' '사랑' 등) 150개의 성경 본문과 성경 이야기를 사용하여 한 달에 한 가지 덕목씩 가르침으로 3년 과정으로 되어 있다. 교재는 교역자와 교사가 직접 Internet Website(www.252basics.com)에서 다운 받아서 필요에 따라 편집도 직접 하여 사용할 수 있게 되어 있다.

주일날 Large Group(주로 예배)과 예배 후 모이는 소그룹에서의 교과과정이 다 포함되어 있고, 예배와 소그룹 때 교육 내용은 한 가지 주제로 연결되어 있다.

나성영락교회가 252 Basics 교재를 사용하기로 결정한 것에는 이 교재가 가지고 있는 세 가지 장점 때문이었다.

첫째, 이 교재의 특징 중 하나는 학생들이 주일날 배운 내용을 주중에 부모님들이 가정에서 다시 교육할 수 있는 교육 자료가 부모님들에게 주어진다는 것에 있다. 매달 부모님들은 Family Times Packet이란 자료를 주문할 수 있는데(www.familytimes.org), 이 Packet은 신명기 6:7 말씀 "네 자녀에게 부지런히 가르치며 집에 앉았을 때에든지 길에 행할 때에든지 누웠을 때에든지 일어날 때에든지 이 말씀을 강론할 것이며"에 기초하여 매 주일 학생들이 배운 내용을 부모님들이 가정에서 일주일에 한 번 '식사시간 때', '취침 전', '운전할 때', '아침에 일어나서' 자녀들에게 교육할 수 있다.

이 252 Basics 교재와 Family Times Packet의 사용은 아동부 사역을 그저 아동부 사역의 Mindse을 가지고는 실행하기 어렵고, 부모와 같이 연계하는 사역을 하는 Family Ministry Mindset을 가지고 있어야 실행 가능한 것이다. Northpoint Community Church에 처음 방문했을 때 저자가 의아해한 것은 교육부가 없었다는 사실이었다. 나중에 알고 보니 이 교회는 교육부나 교회학교, 주일학교라는 명칭을 사용하지 않고 Family Ministry 안에 모든 교육부서들이 속해 있었다.

아동부 사역 mindset과 가정목회사역 mindset으로 아동부 사역을 접근하는 것은 큰 차이를 가지고 있다.

Children's Ministry Mindset	Family Ministry Mindset
학생들을 위한 프로그램 개발에 시간과 자원을 활용한다.	학생들과 부모님들을 위한 프로그램 개발에 시간과 자원을 활용한다.
"학생들에게 무엇을 가르칠 것인가?" 질문한다.	"어떻게 하면 우리가 학생들에게 가르치는 것을 부모님들도 가르치게 할 것인가?" 질문한다.
하고 있는 프로그램을 어떻게 하면 부모님들에게 잘 설명할 것인지에 대해 고민한다.	부모님들이 가정에서 학생들과 무엇을 하고 있는지에 대해 고민한다.
교회에서 되어지는 사역이 가정에서 일어나는 일보다 중요하다.	가정에서 되어지는 일들이 교회에서 되어지는 사역보다 중요하다.

Family Ministry Mindset으로 사역하는 Northpoint Community Church 또한 위의 교재로 주일날 학생들을 교육하고 Family Times

Packet으로 부모들이 가정에서 같은 내용을 가르칠 수 있도록 격려할 뿐 아니라 매 주일 예배 후 부모가 자녀들을 교육부에서 Pick-up하여 Kidstuf란 프로그램을 진행하는 소강당에서 자녀와 같이 45분 동안 예배를 한다(www.kidstuf.com에 더 자세한 내용 설명). 45분 동안 찬양과 말씀, 비디오, 연극 등 14개의 segment를 사용하여 지루하지 않게 다시 그날 학생들이 배운 내용이 되풀이되며, 부모님들은 그날 자녀들이 배운 내용을 배우게 되어 주중에 자녀와 같은 내용으로 영적 대화가 가능하도록 유도한다. 나성영락교회에서는 형편상 1달에 한 번 Family Zone이라는 이름으로 이 프로그램을 진행하고 있다. www.czoneministry.com 에 현재 나성영락교회에서 아동부 교육에 대해 더 자세한 내용을 볼 수 있다.

　이렇듯 252 Basics 교재는 계속해서 부모가 직접 가정에서 자녀들을 교육할 수 있도록 모든 노력을 하고 있다.

　둘째, 252 Basics 교재는 학교화 교육에서 목회교육의 패러다임 변화를 가능케 한다. 교회가 부흥할수록 더 필요하게 되는 교실(classroom)이 소위 미국의 대교회들(Saddleback 교회, Willowcreek 교회 등)에는 많이 없다는 것이 벌써 위 교회들은 학교화 교육에서 벗어나 있다는 것을 의미한다. 학교식 교육이기에 교실과 교사들이 필요하다. 하지만 지식만 전달하는 것이 아닌 지식전달을 포함한 삶이 나누어지는 소그룹 모임은 사실 교실이어도 좋지만 그렇지 않아도 얼마든지 가능하다. 252 Basics 교재의 Lesson의 초점은 그날 배운 말씀의 실생활의 적용이다. 북미주 한인교회에서 사용되는 거의 모든 교재가 그렇듯이 252 Basics 교재 역시 백인 중산층 중심의 교재라 적용 부분에 있어서는 한인교회 교역자들과 교사들의 각별한 노력이 따로 더 필요하다. 그러나 지식전달 위주가 아닌 삶의 나눔의 측면에서 적용이 강한 것은 이 교재의 장점이다.

　셋째, 마지막으로 이 교재는 주일 Large Group 모임(예배), 소그룹 나눔, 그리고 Kidstuf의 원고까지 포함하고 있는데, 가능한 교회에서는 이 교재에서 추천하는 여러 미디어를 활용할 수 있다(www.252basics.com store에서 구입 가능). 꼭 미디어를 사용하고 현대 미디어 매개체를 활용해야만 올바른 교육을 할 수 있는 것은 아니겠지만 이미 요즈음 학생들은 융판을 사용하여 교육하는 모습에 이질감을 느끼기 시작했음 또한 우리가 이해해야 하는 부분일 것이다. 교회가 학생들에게 투자하는 모습에서 학생들은 자신들이 사랑받고 있고, 교회가 관심을 보이는 것으로 생각한다면 교육 매개체를 현대화해 주는 투자는 또다른 교육일 것이다.

북미주에서 교회교육의 흐름은 이미 교회와 가정이 연계하는 것이 대세가 되고 있다. 저자는 이런 흐름이 매우 바람직할 뿐 아니라 성경적이고 실제적이라고 생각한다. 오랫동안 Willowcreek 교회에서 Promiseland(교육) 사역을 담당하던 Sue Miller도 가정과 연계하지 않는 교육의 한계에 대해 절감하고, 이제는 Northpoint 교회 Family Ministry Director였던 Reggie Joiner 목사와(252 Basics 교재 발행인) 손을 잡고 올해부터 Orange Conference(www.theorangeconference.com) 사역을 시작하였다. Orange는 빨간색과 흰색을 섞을 때 나는 색깔로 빨간색은 교회를, 흰색은 가정, 부모를 상징한다. 교회와 가정이 연합하는 것을 상징하는 색이 Orange인데, 이들은 이 Orange Conference 사역을 통해 북미주 교회들이 가정과 연합하여 자녀들을 교육하기를 계몽하기 시작했다.

그동안 해 오던 교육목회의 틀을 깨는 것이 쉽지는 않으나 그 틀을 깨는 것이 이제는 성경적, 시대적 사명으로 우리에게 주어지고 있다. 이 틀이 깨지지 않는 이상 우리는 계속해서 우리 자녀들을 교회 밖으로 내몰고 말 것이다.

2. 재일 코리언 차세대들의 신앙과 삶

> 박수길 목사 | 재일대한기독교회 총무, 본 협의회 총무

　전화벨 소리가 나서 들어 보니 재일 코리언 2세인 집사로부터의 전화였다. 일본 최고 학부인 국립대학에서 공학박사 학위까지 받고 젊은 나이에 서울의 명문대학 교수까지 역임한 경험의 소유자이다. 그런데 그는 말하기를 그동안 자만심과 교만한 마음으로 술을 너무 즐기다가 그만 그 술에 빠져 알코올 의존증 환자가 되었다고 고백을 하였다. 아내가 뇌졸증으로 입원을 하고 있는데, 자기는 다년간 알코올 의존증에 허덕이고 있었다. 그런데 또 이번에도 끊었다고 하던 술을 마신 후에 옆에 식칼을 놓고 당장이라도 자살할 듯 전화를 통해 울먹이면서 말을 하는 것이었다.
　그는 밤 1시든 2시든 상관없이 술을 마시면 고민 끝에 내게 전화를 하곤 했다. 이렇게 반복되는 일로 인해 나도 지쳐서 치료를 위해 병원에 입원하도록 권면하였다. 그러나 막상 입원하면 병원 원장 앞에서 가지고 있는 지식과 지혜로 그럴 듯하게 말해 곧 퇴원을 허락받아 정상으로 회복이 된 듯 보였다. 그러나 얼마가 지나면 식사도 하지 않고 또 계

속 술을 마시는 것을 반복해 왔다. 나는 "하나님, 그가 자살하는 일이 없도록 그를 불쌍히 여기소서."라고 기도를 드렸다.

여기서 재일 코리언의 한 인생의 단면을 보면서 그들이 가지고 있는 갈등과 현상을 분석해 보고자 한다. 소수자라는 입장과 역사적 전통에서 재일 코리언은 특이하다고 간주된다. 상황과 그 다양성은 일본에 제2차 세계대전 전부터 거주하는 올드커머(Old Comer)와 전후 이주자인 뉴커머(New Comer)로 크게 구분할 수 있다. 올드커머 중에서도, 그 문화적 배경과 입장에 의해 몇 개의 그룹으로 분류된다. 올드커머로서의 재일 코리언 1세는 세월의 경과와 함께 점점 줄어들고, 현재는 그 후손인 2세, 3세가 대다수를 차지하게 되었다.

재일 코리언 1세는 문화적으로나 심정적으로 한국·조선(북한)에 가깝지만, 재일 코리언 2세, 3세는 일본에서 출생하여 일본에서 성장하였기에 구조적인 동화는 안 되었지만 문화적인 동화의 면에서, 즉 생활 습관과 정서는 일본에 가깝다.

또 하나는 귀화해 일본 국적을 취득한 자들을 들 수 있다. 이것은 이른바 한국·조선계 일본인이라고 불리는 그룹으로 근래에 급증하고 있다(매년 1만 명). 또한 최근에는 국제결혼이 급증하여 그 자녀 그룹(이른바 더블)의 존재도 무시할 수 없는 상태이다.

최근에는 뉴커머(New Comer)로 불리우는 사람들이 많아졌다. 그 대표로 유학생활을 거쳐 일본에 정착한 자들과 결혼으로 인한 한국인 여성들의 증가를 들 수 있다. 이렇게 재일 코리언은 일본 사회에서 그 아이덴티티 성립이 상당히 특수한 과정을 거쳤다. 그들의 아이덴티티는 다음의 세 부류로 나눌 수 있다.

제1부류는 과잉 적응하려는 부류이다. 유형, 무형의 압력에 의해 과잉 적응한 결과 한국·조선적인 것(의식주를 비롯해 그것을 연상시키는 모든 것)을 은폐하고 일본적인 것을 취하여 그것에 동일화된다. 일본식 이름(통명)을 말하고, 일본인처럼 행동한다. 그러나 한국·조선적인 것

을 배제하는 것은 자기 자신을 부정하는 것이기에 심각한 갈등과 열등감이 생겨난다. 괴로운 나머지 부모에게 왜 재일 코리언으로 태어나게 했냐며 반항하기도 한다.

다음 제2의 부류인 반동의 부류가 있다. 이는 과잉 적응의 반동으로 자기회복(자아발견)을 꾀하려는 성향을 나타낸다. 극단적으로 반일적이 되어 민족의식에 눈을 뜬다. 재일 코리언의 모임에 참가하며 민족명을 말하고 민족의 문화, 역사, 언어, 습관을 익히기에 노력한다. 일본인이 아닌 코리언으로서의 자기를 의식하고, 과잉적응에 의한 갈등을 극복하려고 한다.

다음 제3의 부류는 통합의 부류이다. 민족적인 자각만으로는 반일적 태도로는 진정한 아이덴티티를 보장하지는 못한다는 것을 의식하는 부류이다. 스스로 재일 코리언으로서의 아이덴티티를 지키면서 일본 사회의 구성원으로 살아가는 입장에 서서, 일본 사회와의 공생을 지향한다. 이 경우에는 양국의 중간 역할에 기여하려 한다.

이상의 세 가지 부류에서 특히 주목해야 할 것은 제1부류, 제2부류이다. 이들 시기의 갈등은 인생의 사춘기에서 청년기에 해당되며 심각한 체험이 이뤄진다. 이것은 심각한 아이덴티티 위기를 초래하기 때문에 인격 형성에 일그러진 영향을 끼치는 일이 많다.

아이덴티티 위기의 영향으로, 재일 코리언의 정신장해에는 몇 개의 특징을 지적할 수 있다. 병원이나 시설에서 소위 치료 곤란의 경우가 많다. 인격장해, 성격신경증, 알코올 의존증 등의 진단이 대부분을 차지하고 있다. 불면, 불안, 초조, 우울증 등의 정신 증상이 나타나 입원하는 이도 적지 않다. 병원에서는 규칙 불이행, 방자함 등의 이유로 강제퇴원을 당하기도 하고, 병원 진료를 받은 후 재활치료를 겸하여 받기도 한다.

유소년기에 왕따(이지메)를 당한 체험과 더불어 결손 가정에서 자란 Adult Children의 경향도 주목된다. 이들에게는 다음과 같은 특성이 있다. (1) 주위에만 신경을 쓰기 때문에 자신의 욕구나 바라는 것이 무엇인지 잘 모른다. (2) 상대방의 반응을 두려워하여 자기 주장을 못한다. (3) 있는 그대로의 자신을 받아들이지 못한다. (4) 자신이 소중한 존재라는 인식이 없고 막연한 불안감, 공허감을 느끼며, 자기를 부정하는 감정이 강하다.

Adult Children은 대인관계에서도 심각한 삶의 문제를 끌어안고 있다. 재일 코리언은 Adult Children적 심성을 지닐 확률이 높다고 평가된다. (1) 어린시절에 반복된 왕따(이지메) 체험, (2) 결손가정에서의 성장, (3) 민족적 패배 이미지의 내면화, (4) 사회적 인간관계 면에서의 어떠한 삶의 어려움이나 굴절된 감정을 실감하며, 이러한 요인을 안고 있는 상황을 재일증후군(syndrome)이라 부를 수 있다.

1. 재일 코리언의 역사와 상황

일제 식민지 지배하에 있던 1923년 9월 1일에 발발한 관동대지진으로 인하여 과연 얼마나 많은 재일 코리언들이 학살당하고 유족들로부터 소식이 끊긴 채로 오늘날에 이르고 있는가? 그리고 전후 오늘날에 이르기까지 인권의 차원에서 차별을 받은 재일 코리언의 존재를 주변의 사람들이 얼마나 느끼고 있는가? 조국 땅에 가서 살 수도 없는 상태의 주변인(Marginal)이라고 불리는 재일 코리언들은 일본 사회에서 동화를 강요당하면서 지금까지 살아왔다.

일본에 재류하는 외국인의 역사적 경위를 갖는 재일 코리언의 비율이 해마다 낮아지고 있다. 차별과 배외성은 아무런 변화가 없고 공생의 테마가 아닌 관리의 테마로, 주민과 시민의 관점이 아닌 값싼 일회용 노동력의 관점으로 일본 정부는 재일 외국인을 보고 있을 뿐이다.

일본에서 다문화·다민족의 공생사회를 제안하는 가장 기본적인 이치는 재일 외국인을 일본 사회가 어떻게 받아들이며, 어떠한 권리 보장을 해 왔는가를 통하여 개방성과 성숙도를 확인하는 명확한 시금석이 된다.

우리는 전쟁을 막고 평화에의 희망을 실현시키는 것으로 평화와 안전에 관해 주목하지 않으면 안 된다. 이 경우 역사적, 정치적, 사회적, 경제적인 소수자로서의 상징인 재일 코리언의 존재를 어떻게 둘 것인가가 중요한 시점이 되리라고 본다. 기류민의 인권을 비롯해 인격권, 생활권 보장의 테마는 기류민을 받아들이는 사회의 과제일 뿐만 아니라 그것을 둘러싼 지역 전체의 시금석도 된다.

2002년 9월 17일 조일정상회담에서 밝혀진 납치문제는 확실히 일본 사회를 크게 뒤흔든 것이었다. 납치문제 보도는 당초 북일회담의 테마였던 아시아 평화에의 공헌 문제를 거론하지 않았을 뿐만 아니라 일본의 과거 침략에 대한 반성, 사죄와 배상에 대한 일편의 자기 심문도 없는 사실은 놀라움의 경지를 넘어 부끄러움을 느낀다. 해명과 해결을 요구하는 감각이 있다면 그와 같은 감성과 정의감을 가지고, 자신들이 저지른 침략의 역사를 반성하며, 사죄와 국가에 의한 피해자 배상의 중요함을 뼈저리게 느껴야 했을 것이다.

그리고 전혀 당치 않은 일이지만 재일 조선인학교의 어린이들이 9월 17일 이후, 악질적이고 저질스런 놀림과 폭력을 당하고 있는 것을 볼 때에 일본 사회에 만연되어 있는 배외주의가 드러난 듯한 생각이 든다.

이러한 자기 중심적이며 전체주의적, 폭력적인 배외주의는 전시 중에 그 침략 전쟁을 가능케 한 본질이며, 또한 멘탈리티라 할 수 있다. 그리고 재일 코리언으로 그 아픔과 고뇌를 또다시 받게 하니 일본 사회의 변함없는 배타적 체질을 역력하게 드러내고 있다. 납치소동과 연쇄하여 재일 코리언의 어린이들에게 가해지는 협박과 박해 행위는 파트너로 이해하는 점에 있어서는 동떨어진 사회인 것을 드러냈다.

2. 재일대한기독교회의 특징

첫 번째로 초교파성, 즉 에큐메니칼적이다. 장로교회, 감리교회, 성결교회의 합동(Uniting)을 이룬 교회로서 형성되어 왔다. 일제의 식민지 통치하에 장·감·성 연합의 교회로 전도활동을 전개해 왔다. 그동안 타교파와의 선교 협력과 협약을 체결하는 일로 여러 가지 신앙 스타일이 교회 안에서 초교파성을 지니면서 하나가 되어 왔다.

이어 두 번째로 소수성(minority)을 들 수 있다. 재일로서의 존재와 피차별의 체험으로부터 오는 인권·인간 존엄에의 대처이다. 이것이 아픔을 안고 교회를 방문하는 사람들의 아픔을 공유할 수 있는 기반이 되어 온 것이다.

그리고 세 번째로 다양성(diversity)이다. 교회의 구성원은 제2차 세계대전 시에 강제로 일본에 징병과 징용으로 끌려온 1세와, 그 후손인 재일 2세부터 5세까지 있는 재일의 세대와, 최근에 도일한 소위 신 1세, 그리고 일본 국적을 지닌 자와 재일 코리언 국적을 지닌 부모 사이에서 태어난 더블, 한국에서 건너와 일본인과 국제 결혼하여 사는 분, 한국인이나 한국에 흥미를 가진 순수한 일본인 등 다양한 구성원이 교회에 출석하고 있다. 그에 따른 사용 언어의 이중성, 아이덴티티의 문제 등이 있지만 오히려 그 풍부한 다양성을 일본선교의 원동력으로 전환시킬 수 있다고 본다.

3. 새 노래로 주를 찬양하는 청년들

재일대한기독교회는 현재 출석 세례교인수 7천 명의 회원으로 구성된 100년의 역사를 지닌 소수자(Minority) 공동체의 교단이다. 1910년부터 일본의 식민지 통치 역사와 제2차 세계대전 당시에는 일본 국적의 일본군으로 전쟁터에 끌려가 피흘려 죽어 간 선배들의 역사가 서려 있다. 1945년 8월에 히로시마와 나가사키에 원자폭탄의 투하로 인해 무조건 항복을 하였던 일본은 1947년에 일본국 헌법이 시행되기 전날 최후의 천황 칙령으로 외국인등록령을 공포했다. 1952년에는 외국인등록법과 출입국 관리령에 의해서 재일 코리언을 감시와 관리의 대상으로 취급하기 시작했다. 식민지시대에는 일본인으로 취급하고 이름도 언어도 빼앗던 일본이 차별과 편견의 외국인등록증 상시 휴대와 지문의 압날을 강요해 왔다.

이에 재일대한기독교회에서는 1980년대부터 지문압날 철폐운동을 양심 있는 교회와 세계 교회와 연대하여 전개해 왔다. 그러한 운동의 결과 일본에서 지문압날 제도가 폐지되었던 2000년 4월 1일에 뜻을 같이했던 형제자매들은 주를 향해 찬양의 새 노래를 불렀다.

일본에 있는 재일 코리언들은 성서를 읽을 때에 처해진 상황에서 특히 마음속 깊은 곳에서 울려 퍼지는 성경의 구절들이 많이 있다. 그중에 특히 출애굽기 12장 이하에 나타난 유월절의 장면과 출애굽기 14장의 홍해 바다를 건너면서 출애굽의 이스라엘 백성들이 부른 찬양의 소리를 연상해 본다. 이어 한 여인의 고통을 그린 사무엘상 1장에 나타난 한나의 설움과 아픔 속에서 드린 간절한 기도 소리를 들으신 하나님의 응답으로 사무엘의 탄생과 그 기쁨의 찬미 소리가 이 땅에서도 들리는 듯하기도 하다.

최근에는 많은 기독교단체와 협력하여 외국인주민기본법 제정을 위한 운동을 전개하면서 이 법이 일본 땅에서 제정됨으로 외국인이 살기 좋은 일본은 일본인도 살기 좋은 나라가 된다는 희망을 안고 있다. 희망을 가지고 언젠가 외국인주민 기본법이 제정되는 그때에 우리는 또다른 새 노래로 주께 영광을 돌리며 찬양하리라 믿는다.

최근에 도쿄 교회를 중심으로 재일대한기독교회에 소속된 유학생들과 일본에서 태어난 2세, 3세의 청년들이 마하나임이란 찬양팀을 조직하여 찬양하는 모습을 보았다. 습관 및 언어 문화가 다른 배경에서 자란 젊은이들이 함께 모여 찬양하며 좋은 교제를 나누며 청년 전도대회 및 찬양집회를 개최하였다. 여기에서 재일대한기독교회의 새로운 비전을 볼 수 있었다.

4. 차세대의 신앙과 삶의 과제

재일대한기독교회는 2008년이면 일본 땅에서의 선교 100주년을 맞이하게 된다. 재일대한기독교회의 교육은 단지 성서의 지식을 교육하는 것만이 아니라 신앙공동체 안에서 함께 생활하는 관계의 교육신학을 제안하는 교육을 모색하고 있다. 교회는 어떻게 지역 주민들과 연대할 것인가 하는 과제와 함께 공생의 텍스트를 구상하지 않으면 안 된다. 그러한 역사와 이미지를 공유한다는 것은 서로 나아감에 있어서 중요한 일이다.

1) 참된 지혜를 지닐 수 있는 교육

학생들이 즐기는 만화나 게임 센터의 장난감들 내용이 마음에 걸린다. 격투기로 서로가 상대를 공격하여 부상을 입히거나 죽이는 장면들이 너무나 많다. 부모로서 어린아이들이 생명의 귀중함을 잘 아는 사람이 되기를 바라는 마음에서이다.

공원에서 홈레스로 지내는 노숙자 4명이 소년들에게 습격을 받아 중경상을 입은 사건 등 비슷한 사건이 최근 수차례 있었다. 소년들은 홈레스인 노숙자와의 사이에 말싸움이 있어서 습격했다는 진술을 하였다. 공원 내의 휴게소에서 자고 있던 남성 4명을 쇠파이프로 때려 노숙자인 남성(59세)의 갈비뼈가 부러지는 등 전치 1개월의 중상을, 그리고 다른 3명에게도 머리나 팔에 부상을 입힌 혐의이다.

나는 이 사건과 동시에 게임룸 장난감의 버튼을 리셋하면 몇 번이고 등장인물이 다시 살아나는 것이 가능한 게임기 안에 있는 허구의 생명에 익숙해진 아이들을 연상하게 되었다. 이런 아이들에게 생명의 귀중함과 다시 회복할 수 없는 인생의 길을 어떻게 하면 실감나게 전할 수 있을까? 먼저 생명이 있는 것과의 만남이다. 토끼 등의 애완동물을 기르는 일이나 식물을 재배하는 일 혹은 자연 속에서의 활동에 참가하는 일을 통해서 직접 여러 가지 생명체와의 접촉을 통하여 체온의 따뜻함을 느끼는 일도 중요하다고 본다.

때로는 지금까지 경험해 보지 않은 엄숙한 장례식 자리에 입회하는 일이다. 하나밖에 없는 생명이 그 어느 것과도 바꿀 수 없는 것이라는 실감을 하는 기회가 된다. 또 보육원이나 양로원의 자원봉사에 참가함을 통해 성장과 삶의 중요성을 체험할 수 있다. 생명에 대하여 더욱 깊이, 그리고 좀더 다른 관점에서 생각할 기회를 어린아이에게 지닐 수 있게 하는 것이 중요하다고 본다.

최근 많은 학자들은 오늘날을 '정보화시대'라고 부르고 있다. 그리고 '정보와 지식의 무지혜화'와 지식이 악의 단순한 도구로 전락한 문제점을 지적할 수 있다. 증가하는 정보지식과 감소하는 지혜의 문제이다. 지식이란 총체적으로 조직하고 객관적인 타당성을 요구하여 얻는 판단의 체계이다. 지혜라고 하는 것은 사물의 이치를 깨닫고 적절한 처리를 하는 능력이다.

지혜에 관한 구약의 유명한 인물 중에 솔로몬 왕이 "누가 주의 이 많은 백성을 재판할 수 있사오리이까 지혜로운 마음을 종에게 주사 주의 백성을 재판하여 선악을 분별하게 하옵소서"라고 구한 기도는 구약성서 열왕기상 3 : 9에 나온다. 이 분별력을 지혜라 말할 수 있다.

지금은 세계가 하나의 지구촌이 되어 동시에 편리함을 만끽하지만 공백 상태 속에서 방향 감각을 상실할 위험도 도사리고 있음을 직시해야 한다. 여기 교육에 있어서 '모범'이 되는 운동의 확산이 오늘날 이 세상을 올바른 방향, 즉 하나님을 향해 방향을 바꾸는 전환을 가능케 하는 것이라고 본다.

또 하나님이 우리에게 주신 미래의 비전으로서의 교육은 '신 중심의 세계관 교육'이다(사 45 : 5-7). 과학적인, 경제적인, 정치적인 역사적인 사고에 있어서 번져 가는 영향을 생각하며 지금이야말로 신 중심(Godcentric)의 세계관을 확장시키는 교육을 해 나갈 때이다. 이는 바로 '먼저 하나님의 나라'의 비전을 안겨 주는(마 6 : 33) 교육이다.

2) 전자시대의 어린아이들

최근에 충격적인 초등학생의 살인 사건이 일본에서 일어났다. 아직 11살인 6학년 여자 아이가 동급생인 여학생을 커터 칼로 목을 베어 사망케 하였다. 초등학생이 학교의 교실에서 일으킨 비참한 사건으로 사회 전체가 충격에 빠진 사건이었다. 친구들과 같이 지내고 있던 여학생의 생명이 하루아침에 이슬처럼 사라져, 함께 공부하던 동급생들이 받은 충격은 헤아릴 수가 없다. 점심 급식의 준비가 갖추어져 담임선생은 두 명의 학생이 자리에 없어 찾고 있던 차에 잠시 후 여학생 1명만 피투성이로 돌아왔다고 한다.

이 사건은 급식 시간에 교실과는 다른 학습 룸에서 일어났다. 가해자는 피해자인 동급생을 의자에 앉게 한 후, 뒤에서 한 손으로 눈을 가리면서 커터 칼로 목을 베었다고 한다. 칼날은 사용법을 잘못하면 상처 입혀 생명과 관계된다는 것을 아이들에게 재차 가르칠 필요가 있다. 상대를 상처 입히면 그 결과 어떻게 되는지를 제대로 알게 하지 않으면 안 된다고 통감한다.

동급생인 둘 사이는 컴퓨터의 채팅으로 친한 관계였는데, 사소한 악평의 메일이 살인사건의 발단이었다. 지금까지의 감정을 폭발시키는 방법이 없었던 것일까? 이번 사건의 원인을 알아보니 4월경부터 피해자 등 3명의 초등학생이 인터넷의 게시판으로 메일 교환인 채팅을 시작했다고 한다. 그런데 5월 중순이 지날 무렵부터 메일 교환의 채팅에서 자기에 대한 악담을 읽고 나서 불쾌하게 생각했던 적이 있었다고 한다. 불쾌한 감정을 누군가에게 상담하지 않고 혼자서 고민하다가 상대방을 죽이겠다는 의도를 가지고 살해했다는 것이다. 가해자인 여학생은 14세 미만이기에 형사법의 죄로 추궁당하지 않는다.

이번 사건은 현대 사회에 컴퓨터가 가져온 문제를 다시 한번 생각하게 해 준 사건이었다. 컴퓨터상의 채팅에는 얼굴과 얼굴을 대면한 대화나 목소리를 듣는 전화와는 다른 기능이 있다. 면담이나 전화로 말하기 어려운 내용을 편지로 전하는 문화가 점차 퇴색되는 사회변동의 문제가 있다. 편지로 인한 무언의 커뮤니케이션은 육성이 가지는 힘이나 난폭함을 완화시켜 주는 면을 볼 수 있다. 상대방에게 도달할 때까지 걸리는 시간에도 감정을 가라앉히는 효과도 있다.

반면 컴퓨터에 의한 채팅이라는 대화는 소위 즉석 배달하는 편지의 연속이다. 대담한 내용도 문자로라면 쓸 수 있다고 하는 편지의 특성이 배달의 시간이 사라지는 상태로 노출된다. 면담이나 전화 이상의 힘이 숨겨져 있음을 인식하며, 그 대책을 세워야만 할 것이다.

그리고 텔레비전이나 컴퓨터 게임이라고 하는 하나의 미디어에만 빠져 있는 것을 막으려면 여러 가지 즐거움을 체험하도록 어린이 문화의 형성으로 아이들을 위한 연극회나 부모와 아이들이 함께 즐기는 놀이나 야외에서 자연을 즐기는 게임 등 폭넓은 활동을 실시하는 것이다. 이러한 것들은 가족 공통의 체험으로서 마음속에 남게 되어 각각의 가정에서 오래도록 화제가 될 수 있다.

5. 차세대들에게 알리고 싶은 삶의 이야기

"너는 이방 나그네를 압제하지 말며 그들을 학대하지 말라 너희도 애굽 땅에서 나그네이었음이니라"(출 22 : 21).

1) 이방 땅의 나그네들

수년 전에 미국의 로스앤젤레스에 있는 일본인 교회에서 시무하시는 '미야가와' 목사님의 초대를 받아 가족과 함께 뉴라이프 교회를 방문하게 되었다. 오사카에서 태어난 아내와 딸과 아들, 우리 4명의 가족은 함께 그곳을 방문하여 좋은 경험의 시간을 가질 수 있었다. 미국에서 이민생활을 하는 일본인 교회도 고령화 사회가 되어 2세나 3세의 젊은이들은 모두 영어부 예배에 참석을 하는 형편이었다. 일어부 예배는 고작 20여 명인데, 영어부 예배는 200여 명의 인원이 모여 같은 시간에 예배를 나누어 옆에 있는 다른 넓은 채플실에서 드리고 있었다. 옆에서 드럼 키타의 찬양 소리가 울려 퍼지는 가운데 일본어예배에 임하게 되었다.

처음의 인상으로 그들은 우리가 코리언이기는 하나 일본에서 왔으니 따뜻하게 환영을 해 주는가 보다 생각했었다. 그러나 잠시 인사를 나누고 대화를 하는 가운데 이분들이 참으로 반갑게 우리들을 맞이하여 주고 있구나 하는 것을 느낄 수가 있었다. 마치 오랜만에 일본에서 온 자신들의 친척을 대해 주듯이 우리를 맞이하여 준 것이다. 사실 언어적인 면에서는 일본 출생인 아내와 아이들의 쓰는 일본어는 100% 일본인과 다를 바가 없는 완벽한 일본어라는 점을 생각하기도 했었다. 그런데 그들이 우리 가족을 환영해 준 다른 면이 있었는데, 그것은 그들도 이방 땅의 나그네 삶 속에 같은 아픔을 겪어 왔다는 점이었다. 그분들 중에도 제2차 세계 대전 당시에는 일본인이라는 이유만으로 수용소 생활을 했었고, 심한 차별을 받아 왔다는 것을 대화 속에서 알게 되었던 것이다. 어떤 할아버지는 어릴 적에 부모가 배려해 주어서 일본으로 귀국하였지만 일본에서 중학교 시절 당했던 이지메(왕따)의 경험도 말해 주었다. 미국에서 초등학교를 졸업하고, 그래도 부모는 모국이라고 일본에 보내 주었건만 학교 학생들이 미국인 티가 난다고 매우 놀려 대는 등 심한 차별을 받았다는 것이다.

이 말을 들으면서 나는 그들의 체험담은 재일 코리언의 모습과 흡사한 데가 많다고 느꼈다. 그분들도 일본에 사는 재일 코리언은 자신들과 같은 처지라고 하면서 같은 동포를 만난 양 따뜻한 마음을 나누어 주었다. 잠시 동안 대화를 나누는 가운데 코리언·일본인이라는 감각을 잊은 채 외국의 이방 땅에 사는 나그네로서의 공감대가 형성되어 하나님의 인도하심과 은혜를 나누는 간증의 시간은 식사 시간에도 이어졌다. 한국이나 일본에서는 결코 하나로 클로즈업 될 수 없는 듯해 보이는 두 개의 국적이 미국 땅의 이방 나그네로서 만나게 될 때 국적의 벽이 없어지고 하나가 되는 경험을 한 것이다.

이야기 가운데 두 분의 노인이 같은 일본인임에도 불구하고 태평양 전쟁 시에 서로 적으로 싸웠다는 말을 해 주었다. 한 분은 일본군으로 한 분은 미국 군인으로 전투했던 사이였다는 것이었다. 그런데 지금은 한 교회에서 주님을 믿으면서 즐거운 신앙생활을 나누는 친구라는 사실도 인상 깊은 일이었다.

구약성서의 창세기에 있는 바벨탑 이야기 가운데 여호와께서 언어를 혼잡케 하심으로 사람들이 온 지면에 흩어지게 되었다는 말이 생각났다. 언어 소통이 안 되는 인간이 신약성서의 사도행전에 나타나는 성령의 역사로 그 말이 다르고 국적이 다른 것을 초월하여 하나가 되는 모습이 나타났다. 다양화되면서 제각기 흩어지고 마는 코리언들로 보이지만 이를 하나로 묶어 주는 열쇠는 역시 성서 가운데 숨겨 있다고 본다.

2) 야생 원숭이의 마음을 누가 알랴

일본의 아사히라는 신문에 나온 기사 중에 "사람이 주는 먹이로 낚을 수 없는 원숭이의 마음"이란 글을 읽으면서 몇 해 전에 오사카에 있는 공원에 유학생들과 야외예배를 갔을 때의 일이 생각났다.

교토에 있는 입명관대학에 유학 온 학생 부부의 어린아이가 과자봉지를 들고 공원에서 놀다가 갑자기 달려온 야생 원숭이에게 과자봉지를 빼앗겨 급기야는 울음을 터트리며 우는 모습을 보게 되었다.

원래 원숭이는 나무 열매를 채취하여 먹고 사는 동물인데 일본에서는 사람들이 던져 주는 먹이를 받아먹고 살다 보니 나무 열매를 채취해 먹는 노동보다는 던져 주는 먹이에 익숙해지고 만 것이다. 즉, 일할 필요가 없게 된 것이다. 그러한 원숭이가 새끼를 낳고, 또 자라서 그 다음의 새끼를 낳다 보면 손자원숭이 대에서는 일하여 나무 열매를 따먹는 것보다 자기보다 연약하게 생각되는 여자아이의 먹을 것을 요구하고 심지어는 먹이를 빼앗는 강도원숭이가 되고 만다는 것이다.

사람들에게 먹이를 던져 달라고 보채고 요구하는 거지원숭이로 전락해서 일생 그렇게 살아가게 되는 것이다. 이런 거지원숭이나 강도원숭이에게 있어서는 먹이를 주지 않는 인간이 나쁘다고 보기에 훔치거나 빼앗는 행동을 하게 된다. 지금 일본의 산은 야생동물들이 서식하기에 좋은 환경이 점점 파괴되어 가고 있다. 사람들에게 길들여진 개나 고양이와는 달리 야생동물들은 눈앞에 보이는 먹이를 먹어도 좋은지 나쁜지를 분별하지 못해 여기저기에 널려 있는 음식물 찌꺼기나 먹이를 먹게 됨으로 점점 더 먹이를 구하는 본능이 약화되고 있는 것이다. 야생동물에게는 먹이를 공급하지 않고 자생적으로 살아갈 수 있는 환경을 조성하는 것이 더 중요하다. 이러한 야생동물의 생태를 보면서 우리는 우리의 모습을 되돌아보지 않을 수 없다.

경제회복의 대명제를 등에 업고서 예외 없는 규제완화를 통한 시장원리의 관철이라는 일련의 조류는 오늘날 사회, 경제의 모든 것을 휘감아 크나큰 소용돌이를 일으키며 진행되고 있다. 교육과 관련된 문제도 예외 없이 이 소용돌이 속에서 위급한 사태 가운데 이르게 되었다. 이러한 정황 가운데 교회는 교육의 문제를 어떻게 다루어 나가야 할 것인가에 대해 진지하게 검토할 필요가 있다고 본다.

기독교나 불교의 근본적인 가르침은 사랑이요, 자비의 마음이다. 친구를 위하여 자기의 목숨을 버리면 이보다 더 큰 사랑이 없다는 것이 주님의 가르침인데, 오늘날의 상황은 사람들로부터 종교의 근본적인 가르침을 소멸시켜 나가고 있다. 그 대신 탈취해도 된다는 정신구조가 일반화된 사회현상을 볼 수 있다.

이것은 취할 수 있으면 무엇이든지 내 것으로 만들어 버려도 된다는 마음을 은연중에 심어 놓은 사회구조로 인하여 이런 어른들의 심적 상태를 보고 자란 어린아이들도 이윽고 어른이 되면 같은 맥락에서 자기 아이들에게 의식적이든 무의식적이든 간에 교육시키고 있다. 이렇게 전반적인 사회 분위기가 요구하는 것이 마치 당연한 것처럼 사람들의 마음이 완전히 상실된 상황으로 변질되어 감을 우려한다.

나는 성탄절과 아울러 연말을 맞이할 때, 그리고 장례식장에서 역사의 종말, 인생의 종말을 연상하곤 한다. 그런데 종말을 생각하게 되면 우리 개개인의 문제에 비춰 볼 때 불안과 두려움도 엄습해 오곤 한다. 그것은 죽음과 동시에 지금까지 살아온 과정 속에서 저질렀던 일들이 하나님 앞에서 분명히 드러날 때가 있다는 것을 알기 때문이다.

마태복음 20 : 1~16에 나타난 천국의 비유인 "포도원의 노동자" 비유 말씀은 종말의 때에 하나님은 어떻게 우리를 다루어 주시는가를 잘 나타내 주고 있다. 포도를 수확하는 계절을 맞이하여 포도원의 주인은 품군을 얻기 위하여 이른 아침에 일찍 집을 나섰다. 질 좋은 포도주를 만들기 위하여는 포도송이가 충분히 익어야 하나 동시에 너무 익기 전에 따야만 한다. 포도 수확은 일각의 유예도 있어선 안 된다. 그러기에 많은 품군이 필요한 것이다. 포도원 주인은 몇 번이고 장터에 가서 품군을 고용한다. 여기서 예수의 시대에도 실업자가 있었고, 노동자는 생활을 위해서 임금을 받았다는 것을 알 수 있다.

저녁이 다 되어 해가 기울어지는 오후 5시에 나가 보니 사람들이 섰는지라 "너희는 어찌하여 종일토록 놀고 섰느뇨?"라고 물었다. 그들은 "우리를 품군으로 쓰는 이가 없음이니이다."라고 대답했다. 그 대답을 한 이들이 노인이었는지, 병들어 있는 자들이었는지, 아니면 보기에 품군으로 쓰기에 별로 도움이 안 되는 듯한 사람들이었던 것 같다. 그러나 주인은 "너희도 포도원에 들어가라."고 말해 주었다. 여기서 예수는 이 비유를 통해서 노동의 생산성보다 인간의 가치를 중시하셨음을 보여준다.

그런데 해가 저물매 품군을 불러 품삯을 마지막에 들어온 자부터 나누어 주기 시작하였다. 그때 노동을 했던 모두의 눈이 주인의 손에 집중되었다. 아니! 마지막에 들어와 겨우 한 시간만 일한 품군에게 하루치의 임금인 한 데나리온의 품삯을 주는 것이 아닌가! 주변의 품군들 사이에 흥분된 분위기가 나돌았다. 아침 일찍부터 포도원에 들어와 땀 흘려 고생하며 일한 품군들의 마음속에 당연히 자기들은 몇 배 더 많은 품삯을 받을 수가 있겠구나 생각한 것이다.

그러나 주인이 나누어 준 것은 오직 한 데나리온뿐이었다. 그들은 흥분하여 심히 노하며 주인에게 원망과 불평을 터뜨렸다. "마지막에 들어온 자들은 한 시간밖에 일하지 않았소이다. 뜨거운 태양 빛 아래서 땀 흘려 고생하며 일을 하루 종일 한 우리에게 저들과 같은 대우를 한단 말이오? 그것은 열심히 일한 자를 희생시키는 일이요. 게으른 자들을 우대하는 주인의 변덕스런 마음이 아니고 무엇이란 말이요?"라고 말했다.

그러나 주인은 말한다. "친구여 내가 네게 잘못한 것이 없노라. 네가 나와 한 데나리온의 약속을 하지 않았느냐? 네 것이나 가지고 가라. 내가 다른 연약한 자에게 후하게 줌으로 네가 질투하느냐?" 여기서 우리는 능률화, 조직화, 합리화, 효율화라고 하는 목표 지향의 현대

산업 구조 속에서 잃어버린 인간성을 회복하는 사명이 주어진 것을 읽을 수 있다.

포도원 집 주인이 되는 하나님이 약속한 하루의 품삯인 데나리온이라는 것은 하나님의 은혜요, 하나님의 공의, 즉 예수님 그 자신이었다. 아무런 일도 못한 무익한 자라고 여겨지는 자에게 한 데나리온을 주는 것은 아무런 공로도 없이 무익한 종과 같이 생각되는 자를 죄인인 우리를 그리스도의 속죄, 십자가의 구속으로 인하여 받아들여 주시는 하나님의 자비요, 후한 처사이다. 이 비유를 통해서 주님은 우리 하나님 아버지의 본질을 계시해 주셨다. 역사의 종말에 나타나는 그것은 '하나님의 후한 처사' 이다.

3. The Heart of the Second Generation
• Being Cross—Cultural

Robin Yang | Pastor at Aberfoyle Uniting Church in Australia

INTRODUCTION

This paper is an attempt to write down a moment of clarity that occurred in mid 2007 regarding second generation ministry within the Uniting Church in Australia. Since that moment, I have sensed God continuing to speak and the concept has quickly snowballed in my mind into what I believe is a paradigm shift that the church needs to make in order to effectively minister to second generation young people.

In order to write about this paradigm shift, I feel that I need to ground it within my experience by sharing my story. Afterwards, I will attempt to name this paradigm shift that I have called "The Heart of the Second Generation – Being Cross–Cultural".

MY STORY "Follow the Leader" - My childhood

Everyone who has played the childhood game "Follow the leader" will remember this game involves imitating a leader. If the leader taps their head or touches their toe then everyone follows. I remember many times playing this game as a young child and the laughter often associated with it. Whilst many of my friends enjoyed being the leader, I was most comfortable following the leader.

I liken my childhood experience to a game of "follow the leader". I followed the leaders in all arenas of my life and learnt to navigate between the Korean and Australian cultures. I learnt the rules of both cultures and how to transition between cultures. In essence I had two identities that were worlds apart. At home my parents were the leader and I followed them imitating the customs and rituals of Korean culture at home. At school I followed my friends and teachers, imitating the Australian culture and at my Korean church, I followed the traditions and practices of the ministers, elders, teachers and friends. I took to heart Ephesians 6:1 "Children obey your parents in the Lord, for this is right." NIV or translated in the Message as "Children, do what your parents tell you."

My Christian faith at this time was a very structured and ordered ritual that I came to accept as part of my life. Sunday school was an adapted liturgy of the Korean church tradition which catered for mainly newly arrived immigrants. I have to be honest and say I didn't understand much of it and struggled to make sense of it.

I resigned myself to just following the leader.

"Breakin' All The Rules"-Teenage Years

My teenage years marked the beginning of a turbulent phase in my spiritual journey which can be best described as "breakin' all the rules". I found myself no longer content just following the leader but asking why I should follow. I questioned the cultural expectations that were placed upon me in all arenas of my life but particular in church. Why did we have to sing only hymns, why did we have to use only Korean, why did I have to wear my best clothes to church and not come dressed wearing a tee shirt and shorts to church, why did we pray so much, why did the minister wear those white robes? I quickly discovered that to not follow the leader and question the expectation was considered wrong and brought shame and guilt.

This was reinforced in church where most weeks I can remember, passages were read from the Old Testament. Every week we prayed prayers of confession and we were absolved of our sins & taught how to stop living lives that would displease God.

I thought that I needed to earn God's love and that God demanded obedience and sacrifice. So people tithed, went to dawn services, volunteered their time and energies to serve the church. Indeed I would go so far as to say I lived in constant fear of God. I was afraid that every time I did something wrong, whenever I lied or cheated or spoke unkind things or had inappropriate thoughts or didn't come to church on Sunday – God would punish me.

So I attended church every week, I tried my best to win God's approval by not sinning. I remember one time during a prayer of confession, the minister said confess the things you have done wrong – and I couldn't think of anything and I thought, man, I'm good. Most weeks however I remember just feeling guilty and ashamed.

My understanding of God changed when I was 13 years old. At a camp I attended I was introduced to the concept of grace and I realised my understanding of God was wrong. As the writer of Paul writes in the book of Titus, "God our saviour saved us, not because of the righteous things we had done but because of his mercy."(Titus 3 : 5). There was no way I could earn God's approval or love. I couldn't work my way into heaven. Indeed, through my efforts I had no way of ever reaching the mark that would gain me entrance into heaven. I was introduced to the amazing thing called grace that is far bigger than me, that covered all my past sins, all my present sins and that will cover all the sins I will ever commit – made possible through the blood of Jesus. God wasn't some mean guy ready to punish me with a stick but offered unconditional acceptance and forgiveness to me. My place was already set aside in heaven, the price had already been paid.

I encountered grace and it turned my world upside down.

My spiritual compass was recalibrated and I found myself trying to live out a faith that was rooted in grace. I made a paradigm shift in my theology from a Christology based around works to a Christology based around grace. I realized that the quality of my relationship with God was not dependent upon living out a performance based spirituality, one that fools us into believing that the more we do, the more we will be loved and blessed by God. Rather I found freedom in acknowledging Romans 3:22-23, "There is no difference, for all have sinned and fall short of the glory of God and are justified freely by his grace through the redemption that came by Christ Jesus."

During this period of my life, I sought to break the rules and explore what it meant to be Korean-Australian. I was not satisfied to just follow the leader but wanted to explore the uncharted waters of doing church and living faith differently. I longed for church to be meaningful and relevant.

"I Still Haven't Found What I'm Looking For"-Young Adult

Bono the lead singer in a band called U2 sings a song titled "I still haven't found what I'm looking for". Released in 1987, this song represents Bono's exploration of finding true meaning in his Christian faith[1]

---

1. From Wikipedia.

The lyrics of the song resonate very strongly with my experience during my late high school and 20 something years. In an essay I wrote called Kim-Chee-Pie Theology included in Faith in a Hyphen[2], I attempted to recount the frustration and struggles of these years. This theology was born out of the struggle to reinterpret Christ for a new generation that had their feet both in the Korean culture and Australian culture.

God placed within my heart a raging passion for the second generation. It came from an assurance that God did not somehow love the first generation or Korean oversees students more than the second generation. Rather God loved all people.

This passion kept me going when I sat in an English worship service with just three other people. It kept me in the church even when I saw the worst in people through congregational conflicts & splits. When many others either moved to another church or left their faith hurt and disillusioned, I hung on to the foundational hope in Christ.

This internal raging passion eventually propelled me into ministry and I now have the privilege to serve the wider church every waking moment.

THE HEART OF THE MATTER

Whilst every second generation person is unique, they all

---

2. Clive Pearson, "Faith in a Hyphen"(Openbook Publishers, 2004).

share one thing in common. At the centre of every second generation beats a heart whose identity is made up of two parts. One half is their home nation where they attend school, college, university, work and have their family. The other half is their Korean heritage or roots which one or both parents left in order to start a new life. As Clive Pearson calls it a hyphenated identity.

Within Korean congregations in the Uniting Church in Australia, the second generation are now getting married and having young families. The most commonly acknowledged experience has been living within two cultures and achieving a harmonic balance of moving freely between the two. However, upon further reflection, second generation young people not only live within two but many cultures throughout their lives. At schools, churches, work places, neighbourhoods and communities, sporting clubs, in cyberspace and other places where community can be found, second generation young people interact with people from a multitude of different cultural backgrounds and sub-cultures from across the globe. Their everyday experience is being cross cultural. Indeed, I believe it is fair to say that in Australia, young people generally from across all cultures have learnt and happily live cross culturally both globally and locally.

This marks a significant divergence in the way the two generations function and perceived the world. For the first generation, leaving Korea and coming to a new land, overcoming language and cultural barriers has meant that the church became an oasis where people develop community, find social status and network in addition to worship. It is an important place where the first generation can interact using their heart language – Korean.

For the second generation who grew up in Australia, their experience of community goes beyond just Korean people and feel comfortable being around Korean and non – Korean people. Church then becomes a place to find community. Their sense of acceptance and identity is grounded in the interplay with people cross culturally.

MINISTRY IMPLICATIONS

This divergence of generations has a significant impact upon the understanding and praxis of ministering to the second generation. If we acknowledge that this generation's daily experience is being cross culturally, then the how the vision of passing on faith and creating disciples to subsequent generations needs to be critiqued.

In my experience at present, the Korean church in Australia operates primarily out of a model that imports Korean personnel and resources directly into Korean churches. In essence, this creates a community that strongly emulates Korea and focused towards meeting the needs of the Korean first generation and oversees students but has negative implications for Korean second generation.

Every generation needs to undertake the task of contextual theology which intersects gospel and experience together so that every generation can hear anew the voice of God for their time. In many Korean churches across Australia, contextual theology has not taken place nor the space given to discover it. The gospel has not been reinterpreted and made relevant to the lives of people whose reality is being cross cultural. They are given no tools to merge their daily experience with the gospel. Rather the second generation sees a disparity between the gospel and life. Consequently, we are seeing many members of this generation either having left the church or left drifting on the margins.

The same phenomena have happened in the US which has been termed "The Silent Exodus" where the second generation has left the church. What a tragedy it would be if we in Australia could not learn from our brothers and sisters in the US.

If the church is to minister effectively with the second generation then a paradigm shift needs to take place. We need to move out of the old model where the Korean churches are primarily serving the Korean speaking first generation and overseas students. In its place the church needs to move into a model of ministry that recognizes the second generations cross cultural reality.

This new paradigm will be marked by a commitment to invest in the lives of the second generation, to recognize that we are moving into an unknown place and be willing and prepared to take some very uncomfortable steps that takes people out of their comfort zones.

We need to reach out seek to spend time with our young people, worship with them, pray with them and seek to understand their world.

The task before us is two fold. We need to reach the young professionals and families of generation 'X' and engage the children & youth of generation 'Y'. Because we are moving into uncharted waters, this will mean we must take hold of a white hot, God honouring vision that has a place for all generations. Our church councils and elders must be actively seeking new ways to engage this younger generation.

We must take seriously leadership development. To identify and mentor men and women on whose life God has placed a call to serve the church. We must take risks and be prepared to let go of tradition and do things differently. We must always remember that every mistake we make, for we will make many, is an opportunity to learn and grow.

But perhaps most importantly, we must always remember that this is God's ministry not ours. We must seek to faithfully discern the will of God, do our best to remove the hurdles that the devil would place in our path and let God change lives.

Matthew 18:10-14 reminds us that God has a heart for those who are far from Him. Every human being is important and God does not want to see a single soul spend eternity apart from him. God has appointed us to carry the incredible good news to the second generation. If we get caught up in other pursuits, if we get distracted and discouraged, if we neglect being loving and reaching out across this cultural divide with the good news of hope, grace and mercy, remember this… there is no plan B. God is not going to drop leaflets from heaven or send angels to share the good news with the second generation – he chose the church.

4. Missiological Issues of the 21st Century Diaspora Church

> Rev. Sung Jae Kim | Nagoya Church in Japan

I. Introduction

Following his Resurrection, Jesus gave his disciples the "Great Commission"(Mat. 28 : 16-20), and then just prior to his Ascension, he commissioned them to proclaim the gospel message unto the ends of the earth(Acts 1 : 1-8). It was the outworking of this commandment of our Lord in the lives of Koreans who had been forced to leave their homeland during the Japanese occupation of Korea in the first half of the 20th Century that resulted in the founding of the Korean Christian Church in Japan. Korea was absorbed into Japan as a colony in 1910, but the majority of landless people came to Japan during the 1920's. The history of the KCCJ, however, actually precedes this tortured history, as it began in 1908. Thus, the KCCJ has experienced through its own history the fact that the "Missio Dei" not only precedes the work of the Church but also proceeds out of the historical struggles of an oppressed people.

During the stormy times of Japanese militarism, the KCCJ(then referred to as the "Zainichi Chosen Kirisuto Kyokai" (using the older name of Korea)) was forced to join together with the United Church of Christ in Japan until the end of the war and liberation in August 1945. At that point, the scattered Korean Christians began making preparations for the reestablishment of the KCCJ. In hindsight, we can also see God's plans, which surpass all human understanding, working above and beyond, and yet within the context of Korean Christians who had lost their opportunity to return to their homeland.

God has purposed the reinstitution of the KCCJ not only for the Korean Christians who were not able to return to their liberated homeland, but also to send the KCCJ into Japanese society and to use it for the following purposes : 1) as an institution through which to nurture the young generation of Koreans in Japan; 2) since the 1980's as a home away from home for the newcomers coming to Japan, in which these people then became a major force in the restoration of the KCCJ; 3) as Japan enters the age of globalization and multi-culturalization in the 21st Century, the KCCJ stands with foreigners in Japan, while serving as a pioneer in leading Japanese society to become a society that lives in peace together with its foreign population; and 4) as a vehicle for God to work through to bring about peace and reconciliation in Northeast Asia.

The mission cooperation agreements that the KCCJ has established, both before the war and afterwards, are as follows :

The Presbyterian Church of Canada(PCC) from 1927

The Japan National Council of Churches(JNCC); membership from 1956

The World Association of Reformed Churches(WARC); membership from 1958

The World Council of Churches(WCC); associate membership from 1962

The Christian Council of Asia(CCA); membership from 1964

The Japan-North American Commission(JNAC); associate membership from 1973 and full membership from 1978

Seven Korean church organizations in Korea : The Presbyterian Church of Korea(Tong-hap)(1981), The General Assembly of Presbyterian Church of Korea(Hap-Dong)(1981), The General Assembly of Presbyterian Church of Korea(Dae-Shin)(1985), The Presbyterian Church in the Republic of Korea(1981), The Korean Methodist Church(1981), Korea Evangelical Holiness Church(1995), and The General Assembly of Presbyterian Church of Korea(Hap-Jung)(2003)

The United Church of Christ in Japan(1984), The Korean Presbyterian Church in America(1985) and the Korea Christian Federation(1989)

The United Church of Christ, USA(1995);

The Australia Uniting Church(1997); The Church of Christ

in Japan(1997);

North East Asia Area Council/World Alliance of Reformed Churches(1998)

These numerous relationships built up over the years represent both the historical character of the "diaspora" Korean Church as well as its future possibilities.

Following WWII, KCCJ's focus was naturally on the first generation Koreans living in Japan, but this inward looking stance came to a turning point at our 60th anniversary in 1968. This effort to change our stance is revealed in the new KCCJ motto we chose at that time, "Following Christ Into This World." This stance was further strengthened with the documents "Basic Mission Strategy"(1973) and "Mission Principles"(1988). Through this development of our basic stance, the basic characteristics of the KCCJ have come to the fore : 1) ecumenicity, 2) minority status, and 3) variety.

From the second half of the 20th Century into our present 21st Century, in addition to the globalization of capital and information, our world has also been experiencing an ever increasing "diasporization," 2 with a new kind of "nomadic" lifestyle.1 At present, between 25 and 30 million people are living in a foreign country for economic reasons, and an additional 18 million have been forced by circumstances to live outside of their own country. This means that close to 50 million people are living in countries other than their own, and the trend is towards an ever increasing number of such people.

Thus, the very fabric of nations based on their own citizens is being challenged from a variety of directions.

Next year, the KCCJ will celebrate its 100th anniversary, and we desire to step out in faith seeking a new mission path to walk. In this new age we are now entering, we look back on the torturous journey we have traveled, while looking forward to a bold, new mission strategy based on a theological and missiological understanding of our past. In order for us to open up the way for our mission involvement, it is important for us to understand this age we are entering in this land of Japan that we live in.

II. Two new trends that have developed since the 1980's

1. Our "compatriots in Japan": Diversification of nationalities and generations.

The concept of our community consciousness based on the understanding of our "compatriots in Japan" that we formerly held is no longer applicable, since the "Korean community" has become so diverse.

It is clear that since the reinstitution of the KCCJ in 1945, the supreme issue for us has been our mission outreach to our "compatriots in Japan." Nevertheless, with the continued diversification of our society, we are increasingly faced with how this term, "compatriots in Japan," is defined. The most basic standard we have been using has been based on citizenship in South and North Korea, and how individuals are registered within Japan. However, we must now acknowledge that it has become much more difficult to categorize ethnic identity based on citizenship affiliation. We are now in a time when we need to seek "new wine skins" of understanding to hold the "new wine" of our community diversity that no longer fits our former fixed categories.

When we consider the historical framework within which we understand diversity, we must first consider generational diversification. Those Koreans who are first generation and who were victimized by the Japanese colonial policies prior to and during WWII, represent much less than 10% of those now living in Japan. Now, there are not only 2nd and 3rd generations, but even 4th and 5th generation Koreans in Japan. Thus, we must now take into consideration the diversity of backgrounds particularly young Koreans in Japan come from.

2. The great increase in newcomers to Japan

Beginning in the 1980's, there has been a great increase in the number of Koreans who have come to Japan for extended periods for a variety of reasons(marriage, employment, business, study, etc.). Likewise, since the 1990's, there has also been a large increase in those seeking permanent residency.

These are basically those who came on regular or spouse visas and have switched over to the more stable, permanent resident status. This great increase in newcomers from Korea to Japan is also reflected in the fact that now almost half of the pastors serving in the approximately 100 KCCJ churches have come from Korea as missionaries.

3. The diversification of identity crises

Koreans who have come to Japan set up their households within a Japanese context. For women, the specifics depend on the background of their husbands, which we can categorize as follows : (a) a fellow newcomer from Korea,(b) a Japanese, or a 2nd, 3rd, or 4th generation, special permanent resident Korean(the type of permanent residency given to those who were forced to come to Japan and their descendants), and(c) a 2nd, 3rd, or 4th generation Korean who has taken up Japanese citizenship. The children born into these families face a variety of identity issues as they grow up in Japanese society, and these can similarly be categorized as follows : (a') new 2nd generation,(b') bicultural, bi-ethnic children, and(c') bicultural children. Likewise, in specific individuals, there can also be a mixture of these various issues. Thus, the various identity crises these children are likely to face may even be more challenging that those faced by the children and grandchildren of original first generation Koreans.

Within the KCCJ, as we theologize both about the loss of

Korean identity within the context of a society that practices ethnic discrimination and the new self-identity we have in Christ, it is important that we include research into the theological, sociological, psychological and cultural aspects of the new realities facing us in the present. Likewise, we need as a church to formulate our pastoral, educational and missiological strategies in light of these factors.

III. The Diversity and Unity within our image of the church in the KCCJ

d to the laity, but sometimes is also played out among pastors and evangelists along these same lines.

Thus, a critical issue that the KCCJ faces today is how to develop our church in such a way as to incorporate this diversity into one body of Christ, where we take the realities of the tensions between various groups based on their backgrounds and transform that into a blessing of diverse gifts and service.

Concerning how we handle the diversity issue with respect to the language used in the church, we present the following models.

1. Variety of styles in use of the two languages in worship

Under pressure from the Japanese Imperial Government,

the KCCJ was forcibly joined together with the Church of Christ in Japan in 1940, which was quickly followed by the forced joining of all protestants into the United Church of Christ in Japan in 1941. One of the discriminatory conditions we had to endure was the prohibition against the use of the Korean language. Naturally, after the liberation in 1945, we began using the Korean language again in our churches as we reinstituted the KCCJ as an organization. However, as the second generation children grew up in a Japanese environment, they could not understand Korean that well, and so first in church school and then later in adult worship, more and more Japanese began to be used. For churches made up mostly of newcomers from Korea, however, even though they can function entirely in the Korean language, they are also faced with the situation of a Japanese spouse attending with the native Korean spouse and children who can't speak Korean well, and so the use of Japanese again becomes important.

If we categorize the models in use for both Korean and Japanese in the worship services of the KCCJ, it comes out something like the following :

A. Single language churches(with simultaneous translation) : Churches in which headphones are provided for use by those needing translation of the service into their own language from the single language being used in that church.

B. Churches offering parallel programs in the two languages; Such churches offer separate Korean language and Japanese language services.

B-1 : Separate services at different times : As an example, the first service is in either one language or the other beginning at 10 am(with simultaneous translation possible), while the second service at 11 : 15 is in the other language.

B-2 : Separate services at the same time : This necessitates two meeting rooms in which services in the two languages go on at the same time.(This style is particularly prevalent in Japanese-American churches.)

C. Mixed language services : Services in which both languages are used, with some part in one and other parts in the other(usually requiring 90 minute(or more) services).

D. Alternating language services : Where Korean and Japanese languages become the main language on alternating Sundays.

These models of language use can serve as a way of categorizing our churches, but there is no unified opinion within the KCCJ concerning this issue, and at this point, there would appear not to be a need for such a unified position. For the time being, each church can decide for itself, based on its own situation, which model best suits their needs. However, it is important to realize that one's understanding of the church and its mission does affect how one views this issue.

2. The KCCJ as "The promised One Body of Christ with many branches"

We can think of this issue of diversity within the church in terms of Paul's understanding of the church as expressed in First Cor. 12(as well as in Romans 12). The church that Paul describes consisted of people from different backgrounds(Greeks and Jews, free and slave, etc.), but as they were awakened in Christ and led into the church, their diversity was not a meaningless one with no order, but one in which they lived out the Kingdom of God and his righteousness within the society of that time, becoming a community with many parts serving in many ways. Within the KCCJ, we have similar categories of members of varying backgrounds, including 1) those who have lived in Japan as Koreans from the pre and early postwar periods; 2) Koreans who have come from South Korea; 3) ethnic Koreans coming from China; 4) bicultural children born from mixed marriages of Koreans and Japanese(who have had Japanese citizenship from birth); 5) Koreans who now have Japanese citizenship; and 6) native Japanese.

The KCCJ is a place where these various "branches" can realize their connectedness, even thought they came by different "routes" and from different "roots." The tension between these different backgrounds and the realities one lives in result in a variety of identity crises, but the church serves as a place where one can search out the meaning of life in this process of assimilation. The term "zainichi" refers to the condition of "being in Japan", and so we can coin a hybrid term "zainichi-zation", which, in the context of the church, means to come to terms with this assimilation process by the leading of the Holy Spirit as we follow a new path in Christ. Not only Koreans who are called "zainichi," but also bicultural Japanese citizens born of one Korean and one Japanese parent, and native Japanese who have chosen to identify with a KCCJ church, are all in the process of searching out their own "zainichi" identity while living together in community as Christ desires for us to do. To this mix, then, we add those who came from Korea and now make their lives in Japan. They too are called to search out their identity in Christ as they consider the meaning of their lives in Japan.

Ⅳ. Missiological issues within the KCCJ

As we consider our mission in the 21st Century in light of these realities, we would like to propose two key concepts, "Contact Zone,"3 and "Joint Culture." Thinking theologically about these concepts, we Koreans in Japan have occupied that narrow space between Korea and Japan, experience the anxiety and emptiness of not having any geographical location where we were really accepted just as we are. Nevertheless, this "contact zone" can now be viewed not in the negative sense of one's being "zainichi," but in the positive sense of being on that boundary where one can rediscover one's roots.

The church, then, can serve as the vehicle through which others undergoing that same journey can encounter each other and join together in the Lord.

Within these 2 concepts of "contact zone" and "joint culture," we "zainichi" Koreans can discover our creativity and reason for existence. Likewise, using these key concepts as a base, the KCCJ can identify new societal issues to work together on, within the community of 2 million foreign residents of Japan as well as discriminated-against minorities. We can also strengthen our confirmation of being called to a ministry of the Lord Jesus Christ's reconciliation in Northeast Asia, particularly as that relates to the North-South division of the Korean Peninsula.

With these thoughts in mind, we want to lay out the missiological issues we see for the KCCJ :

1. The construction of a new identity in Christ for the Koreans in Japan, who have had a hidden existence within an environment of ethnic discrimination

Presently, there are about 450,000 people with special permanent residence status(including, as of the end of 2005, about 4000 who came from Taiwan). This includes both those registered with South Korea and North Korea, ranging from first generation all the way to fifth generation. This total number has in recent years been declining by about 10,000 each year, and ironically, the number of "zainichi" Koreans who apply for Japanese citizenship has also averaged about 10,000 per year since the 1990's. It is also estimated that some 85% of "zainichi" Koreans getting married are marrying Japanese citizens(with most of them being ethnic Japanese), and since the law was revised in 1985(to allow children with a Japanese mother and foreign father to take out Japanese citizenship, whereas previously, the father had to be Japanese), these children are automatically registered in the Japanese family registry of the Japanese parent. Such children are automatically granted citizenship if they have not renounced their Japanese citizenship by age 22.

We are now faced with the need to understand the meaning and significance of the ethnic identity of a minority in a discriminatory environment that is now based on the need to overcome the limitations of the former way of thinking of ethnicity in terms of the modern state and its citizenry. Instead, we need new standards for conceptualizing these entities. In other words, as "zainichi" Koreans and Koreans more recently coming to make their lives in Japan, we are being asked to develop am inclusive mission strategy that is incorporates our frontier-like situation in order to overcome the exclusivistic boundaries of the nation-state.

One of the important missiological issues of the KCCJ is how to forge ahead a new road to a new identity in Christ for Koreans in Japan. Whether one has South or North Korean citizenship, or Japanese citizenship, the reality is that Koreans in Japan have been made into a kind of hidden existence through the use of Japanese names in an attempt to avoid ethnic discrimination in daily life. The KCCJ stands on a faith statement that entails seeking out each member of the "Korean diaspora" scattered throughout Japan and bearing our cross in the form of life in Japan as Koreans who were left in Japan after the liberation on August 15, 1945. To use biblical examples, we are seeking out the lost sheep, and bringing the man with the withered hand who was hidden away in the corner of the synagogue into the center to stand before Jesus(Mark 3 : 1-6).

2. Koreans in Japan and the "Diaspora," A New Identity in Christ

We look at the present identity crisis being experienced by the younger generation of Koreans in Japan as a kind of mental and emotional scattering.

First of all, there was the loss of one's physical homeland that was experienced by the first generation. These first generation Koreans in Japan, who have a personal identification with their original homeland, are all now very old, and interestingly, it is the third and fourth generation young people who are experiencing identity crises more than the second generation. For young Koreans in Japan who experience this disconnect between their roots as Koreans and the realities of their daily lives, they often feel a strange sensation of anxiety and emptiness, wondering "Why on earth am I a Korean?" In a society that is not yet able to overcome its environment of ethnic discrimination, the path forward to a situation where Koreans in Japan can express their cultural anxiety and emptiness in order to overcome that is being blocked, or rather forced into repression in the subconscious.

Secondly, there is also a kind of "diaspora experience" from having a mixture of Korean and Japanese ethnicity with oneself. Many bicultural children born with one Japanese and one Korean parent have trouble figuring out their own ethnic identity. When one tries to understand one's identity in terms of traditional ideas concerning ethnicity, the frustration of not being able to truly understand one's own identity leads to a psychological condition in which there is great stress. When added to the realities of the historical strife between the Japanese and Koreans and the discriminatory attitudes the Japanese have had towards Koreans, this often results in an internal psychological split within oneself and a deepening spiritual darkness.

The third point is "diaspora experience" born out of an estrangement between nationality and ethnicity. It is estimated that over 250,000 Koreans in Japan have taken out Japanese citizenship, with a variety of motives in mind. Among those are some who do not try to hide their ethnic roots and openly identify themselves as Koreans by using their Korean names. However, most who have acquired Japanese citizenship, along with most who still have South or North Korean citizenship, use Japanese forms of their names. When it comes to their relationships within Japanese society, many of those now holding Japanese citizenship try to hide their Korean backgrounds. Nevertheless, this tension between trying to hide their ethnic background and their inability totally to be able to do that brings on much suffering. The net result is that many end up feeling a kind of alienation caused by the tension of always having to hide one's "secret" in order to fully participate in Japanese society, as well as therefore not being able to restore full relations with one's fellow Koreans.

These three types of "diaspora experience" interact with each other in complicated ways and express themselves in a variety of ways in different individuals. We must approach these realities, then, from the standpoint of the gospel of Christ's crucifixion and resurrection. There are 4 directions we are being led by the Spirit to deal with these realities :

1) We are being led by the gospel to experience the blessings of hearing the voice of the Christ of the Cross who is searching each of us out in the context of that emptiness born out of the gulf between oneself and one's roots.

2) The reality of the existential diaspora, which is the mental and spiritual gulf between oneself and one's roots, can be transformed by experiencing a sense of solidarity with others who have experienced pains different from oneself that is born out of a resonance with their experiences. It is the sufferings of Christ that open up the space in which this can take place.

3) We are being led to the creation of a new cultural synthesis

brought about by the reconciliation of Christ made real through his bearing the cross of the struggle within oneself between these two entities. We are being awakened to the blessings of acceptance and forgiveness.

4) From the standpoint of our identity as Christians with citizenship in Heaven, this means that our view of worldly citizenship is relativized. The pros and cons of taking on a particular citizenship should not be decided from the standpoint of the authority of the state, or from that of an assimilationist policy, but from that of exercising one's rights to political participation and one's right to choose.

3. The KCCJ's Nurturing of the New Generation in the 21st Century

One of the most serious problems faced by the KCCJ is how to help our children, who live in an environment of discrimination, to discover themselves and how to lead them into a broad experience of the world through their experience of church life. Up until the present, the KCCJ has not been able to do the necessary research and improvising to develop this "contact zone" in which to accomplish this goal.

We Koreans in Japan have experienced the loss of our voting rights, our rights to ethnic education, and our rights to a level economic playing field within Japanese society. Yet, we are being led to take on a vision that goes beyond just "trying to get ahead in life as Koreans in Japan" and "holding on to what we have so that it doesn't slip away." On the contrary, we are being led to make something that is lacking in society, to go out into the world looking for ways to serve, and to develop ways to foster peacemaking in Japan and Northeast Asia along with cultural exchange and symbiotic relationships. Likewise, the KCCJ is being called on to function as a place where young "zainichi" Koreans can awaken to their potential of being able to knit together a culture that is neither just Korean or just Japanese, but a unique "Korean-Japanese" "Joint Culture".

The activities we have focused on up until now, worship, Bible study and church school, need to incorporate insights, messages, information, visual symbols and media so as to awaken in our people ways of thinking and living that are open to the future as outlined above. In order to accomplish this, we need to plan and put into action projects that will help Koreans in Japan to step outside of their limitations to seek out meaningful relationships with other people and to covenant together with them to build a society in which respect for life and living together is diligently sought after.

4. The KCCJ as a Spiritual Refuge for Migrants

Recently, neo-nationalism has been rearing its ugly head in Japan, and also, Japanese society is undergoing fundamental change as it ages rapidly. The "old-comers" and their descendants, the "zainichi" Koreans, represent "migrants" who came to Japan as victims of the Japanese colonial policies of the first half of the 20th Century. The "new-comers" are those who came mostly from the 1980's as the result of capitalistic globalization that forced reorganization of Asian economies that led to a different kind of victimization, causing these people to leave their homelands in search of a better life.

Whatever the individual motivations for such people coming to Japan, they often experienced ethnic discrimination and a variety of monetary exploitation, resulting in alienation and loneliness. The KCCJ needs to help its people recognize that they are part of God's great plan and have been sent ahead, so to speak, to be a refuge to receive these brothers and sisters who have come after them and to offer them the kind of hospitality the Lord desires of us. We need to become a multicultural center that can offer such programs to the larger international community. Between and among these "old-comers" and "new-comers", differences in culture and values sometimes results in conflict, and so we must endeavor with great patience to work towards a reconciliation based on our faith in Christ and what he accomplished on the Cross. These "new-comers" are a new group of "sojourners" in Japan, but in time, those from Korea become more like the "zainichi" Koreans. Their children, of course, are even more prone to this effect. Within present-day Japan, the number of "new sojourners" coming from countries other than Korea, including China, Southeast Asian countries and South America, is greatly increasing. Within this multi-ethnic, multicultural context, the KCCJ needs to become a "well of peace that offers water so that we can live together in peace"(Genesis 26).

The Human Rights of Foreigners in Japan and Northeast Asia in this Age of Globalization

The KCCJ needs to address the issue of the human rights of foreigners living and working in Japan theologically and missiologically, by taking the lead in setting up a forum for multicultural symbiosis within Japanese society.

What we must first face up to is the typical Japanese sentiment concerning the necessity of foreigners to accept limitations to their human rights as being unavoidable within the nation state system. The Japanese government after the war was under American supervision, and Koreans in Japan had Japanese citizenship. However, this citizenship was unilaterally stripped away from us, and no reparations were given to us for the pain and suffering we had endured during the colonial occupation. Instead, we were given the option of "exile or assimilation." Thus, as people who have experienced such a torturous history, we cannot remain silent in the face of a discriminatory system, whether it is against Koreans in Japan or against someone else.

In this age of globalization, as well as what could be termed "nomadization" and "sojournerization," a critical task for us is working for the passage of the proposed law, "Basic

Law on Foreign Residents", which comes out of the ecumenical movement and is a compilation of the human rights movement within the "zainichi" Korean community.

"Do not mistreat an alien or oppress him, for you were aliens in Egypt."(Exodus 22 : 21, 23 : 9)

In light of this Scripture verse, we must awaken to our calling to be in mission to foreigners living in Japan to work for the realization of their human rights. As persons who have experienced a hundred years of ethnic discrimination, we need to actualize this mission of outreach to "the least of these" in love. The term "zainichi" has been applied to ethnic Koreans because of the special historical and societal circumstances of Koreans in Japan. However, from a biblical perspective, the land we live on, whether we are citizens of that specific country or are foreigners in the land, the real owner of that land is God himself, and he is the one who has given it to us as a gift. Thus, we are to realize that we all are sojourners on this land and work to live together in peace. God is asking us to move out of that narrow nation–state understanding of land and take on a new understanding that surpasses that, and he is directing us to stand against the exclusivist ideology of a nation–state identity.

As "sojourners of God", we are called to a mission of creating a community of peaceful coexistence, and to stand against the exclusionist nationalism that is gaining strength in Japan and to accomplish God's mission of peace and reconciliation in North-east Asia.

V. Summary

The history of the KCCJ began some 2 years prior to the formal colonization of Korea by Japan, through the prayers of Korean students in Japan for their homeland, and so we must commemorate this historic beginning initiated by that "diaspora" of Christian intellectuals. It was under the colonial rule from the 1920's until the liberation in 1945 that the Korean diaspora in Japan was formed. As the KCCJ, we have understood ourselves as a community of subcultures with a combined, inclusive identity, and so we are being led into a new understanding of our identity that will cause us think outside the box concerning our understanding of history.

The pre-modern Korean society consisted of regional agrarian societies in which people were held together by strong clan ties, but these were all violently destroyed during the colonial occupation. As a result, large numbers of Koreans were forcibly relocated to Japan, and we know them as our "first generation zainichi compatriots." It was in a state of discrimination and poverty that they encountered the body of Christ in the KCCJ. In one sense, these people, who would likely never have come together in the restrictive local societies in Korea, have been brought together in a symbiotic relationship within the KCCJ. Thus, the first generation church itself is a community that was formed from this amalgamation of various sub-cultures.

While not a result of colonial rule, the new wave of "nomad" Koreans landing on Japan's shores since the 1980's as a result of the globalization of the world market has resulted in an expansion of the Korean diaspora. Within this context, young Koreans in Japan continue to suffer a kind of psychological loss of homeland. We in the KCCJ are standing together with these people as we attempt to walk in Christ's footsteps along the way of the Cross in this land. We also aim at being a community that seeks to fulfill our calling to develop a Japanese society of peaceful coexistence with the more than 2 million foreigners living in Japan. This path we are on is one in which the stone that the builders rejected is being made into the headstone of the spiritual house of God and along which the KCCJ is being led by the Lord unto the ends of the earth.

5. Singing The Lord's Song
• In a Foreign Land

Rev. Glen Davis |
Director of Denominational Formation, Former Moderator of
Presbyterian Church of Canada

Ever since the day God called Abraham and Sarah to go to a strange land to become a blessing to all the nations of the earth, the people of God have been challenged to "sing the songs of Zion" in a foreign place, the place of God's calling.

When God's people were forced into exile in Babylon they were taunted and teased by their masters who wanted to be entertained by beautiful songs. But God's people could not do it. They wept bitter tears. They hung up their harps on the willow trees, and they cried out in their misery, "How could we sing the Lord's song in a foreign land?"

The Koreans who were carried into exile in this foreign land, after Japan occupied and annexed Korea, had the same experience. They longed and wept for home and family.(Story from the coal mines in Kyushu) They faced the challenge of trying to play a creative role in a society that despised them.

Some of them were Christians. How did they respond to that challenge? What role did they play in the Korean minority community? In Japanese society?(These questions will be addressed by Dr. Kim, Sung Jae in his address.)

What was the role of Canadian missionaries in that situation?

My wife, Joyce, and I were called to work to this foreign land as partners with the KCCJ in 1963. For the first time in our lives we learned what it was like to be foreigners. Everwhere we went we were called "gaijin" – literally "outside people". What we did here in Japan is much less important than what we learned from this faithful community of God's people.

Here I will refer to some of the struggles we encountered with language and culture, but, more important, some of the lessons the Korean Christians in Japan taught us about the fullness of the gospel message, a message that is not only good news for the life to come but also for this life here and now.

Overseas Korean churches have also been called by God to sing the Lord's song in a foreign land. What is your role in that strange land? What is God calling you to do in "western" countries where the Christian church is in decline? Jeremiah called God's people to seek the welfare of the city in which they were exiled. How can you contribute to the welfare of the cities and lands in which God has placed you? What are some of the unique challenges of ministering among the immigrant Korean community? How can you play a creative minority role in the majority culture? Are there some pastoral issues in the Korean diaspora community that are kept out of sight and are not addressed?

These are some of the questions that I hope to address at the conference, and I look forward with great anticipation to our discussions together.

(Please note that these are simply preliminary notes for an address to be delivered at the Tokyo Conference of the Council of Overseas Korean Churches, April 2–4, 2008.)

4부
해외 한인교회 교육과 목회대회

1. 한국 제주도대회
• 제1차

주제 : "해외 한인교회의 교육 현황과 과제" - 공동협력 모색을 위하여

일시 : 1998년 8월 20~22일

장소 : 이기풍선교기념센터(제주도 북제주군 조천읍 와흘리산 14 - 3)

준비위원 : 김선배 목사(회장)
　　　　　김춘자 목사, 최훈진 목사(미국장로교회)
　　　　　김봉익 목사, 최기준 목사(대한예수교장로회)
　　　　　성해용 목사, 박정진 목사(한국기독교장로회)
　　　　　홍길복 목사(호주연합교회), 우요한 목사(미주한인장로회)
　　　　　유복영 목사(캐나다장로교회), 김장환 목사(미국개혁교회)
　　　　　강영일 목사(재일대한기독교회)

참가교단 : 캐나다장로교회(Presbyterian Church of Canada)

미국장로교회(Presbyterian Church of USA)
호주연합교회(Uniting Church in Australia)
재일대한기독교회(Korean Christian Church in Japan)
미주한인장로회(Korean Presbyterian Church in America)
한국기독교장로회(Presbyterian Church in the Republic of Korea)
미국개혁교회(Reformed Church in America)
대한예수교장로회(Presbyterian Church of Korea)

대회일정 :

8월 20일(목)	18 : 30	제주영락교회 초청만찬
	20 : 00	개회예배(설교 : 민병억 목사, 환영 : 서정래 목사, 축사 : 김상학 목사)
	21 : 00	발제 - "해외한인교회 교육현황과 과제" (김선배 목사)
	22 : 00	소개 및 교제
8월 21일(금)	07 : 00	아침기도회(인도 : 김춘자 목사, 설교 : 유경재 목사)

	09 : 00	발제 - "해외 한인교회 교육 현황과 과제"
		  1. 김선배 목사/미국장로교회
		  2. 우요한 목사/미주한인장로교회
		  3. 유성자 권사/호주연합교회
		  4. 최낙규 목사/캐나다장로교회
		  5. 김성제 목사/재일대한기독교회
		  6. 나영애 전도사/미국개혁교회

	13 : 00	그룹토의 및 제안
		  1. 목회 - 사회 : 홍길복 목사
		  2. 2세 목회와 교육 - 사회 : 최훈진 목사
		  3. 교육목회 자료개발 - 사회 : 김춘자 목사

	15 : 30	발표 및 종합
	19 : 00	"모국교회 현황과 해외 한인교회와 동역을 위한 비전 계획"(인도 : 최기준 목사, 발제 : 김원배 목사, 강동수 목사)
	20 : 30	해외 한인교회 이야기
	21 : 30	저녁기도회(인도 : 나영애 전도사)
8월 22일(토)	07 : 30	아침기도회(인도 : 유성자 권사, 설교 : 정권모 목사)
	09 : 00	전체회의 - "해외 한인교회 목회와 교육협력을 위한 전략 모색"
	10 : 45	종합토의(사회 : 김선배 목사)
	11 : 30	폐회예배(인도 : 강영일 목사, 기도 : 유영복 목사, 설교 : 홍길복 목사)
	13 : 00	폐회

분과 토의 :

제1분과 : 목회(사회 : 홍길복 목사, 기록 : 최낙규 목사)

● 해외 한인교회의 문제점

1. 리더십의 어려움

이민자 삶의 상황 속에서 문화적인 차이와 사회적인 갈등 가운데 처한 이민자들을 위한 지도력을 효과적으로 발휘하기 어려운 상황, 목회자의 업무과중으로 인한 탈진이 되기 쉬운 현실

2. 계속교육의 어려움

언어의 어려움만이 아니라 교육의 기회가 많지 않음, 2세 교육자들의 목회훈련의 어려움, 2세들의 사고 차이로 인한 교육의 이질성, 신학

교의 신학교육의 한계성 : 학문적인 것과 목회자로써의 인격교육을 모두 행하기에 현실적으로 어려운 신학교육과 교육 커리큘럼의 부족함, 2세들과 1세들 가치관 차이에서 오는 목회 스타일의 차이, 서구화와 소명감 사이에서의 갈등

제2분과 : 교육(사회 : 최훈진 목사, 기록 : 김복기 목사)

- 교육을 위한 교회 구조가 합리적이고 타당한가?
- 교육의 내용은 무엇이어야 하는가? 이민사회에서 교회교육의 목표는?
- 2세 목회자 양성을 위해 필요한 일은 무엇인가?
- 1세 목회자와의 갈등구조를 어떻게 극복할 수 있으며, 어떻게 정체성을 확립할 수 있나?
- 교회교육이 이민사회의 환경에 적응할 수 있는 체제는 무엇인가?
- 교회를 떠나는 청소년들의 문제
- 1세 목회자와 2세 교인들 간 리더십 스타일의 차이를 극복할 수 있는 방안은 무엇인가?
- 문화를 수용할 수 있는 기독교 교육체계를 갖추는 과제

1. 대안 모색을 위한 토론

전제 : 해외한인교회와 모국교회가 협력할 수 있는 부분을 중점적으로 찾아 토론한다.

2. 문제의 요약

프로그램으로 제안할 수 있는 것, 기초적 이론이나 구조를 변경해야 할 것이다.

3. 대안 제시

청소년의 정체성 확립을 위한 교환 프로그램을 가질 수 있으나 현실적 제안이 많으므로, 우선 2세 목회자 양성을 위해 모국에서 목회 훈련을 받을 수 있는 방안을 협의하도록 한다. 해외 청소년이 한자리에 모여

서 정체성을 확인할 수 있는 대회를 갖는 방안을 추진한다. 본 협의회 성격과 향후 발전 방향에 대한 토론 : 교육목회를 위한 협의회를 계속 발전시켜 가도록 한다. 향후 참가하는 교단의 범위를 더 협의토록 한다.

제3분과 : 자료개발(사회 : 김춘자 목사, 기록 : 이강휘 목사)

● 토의 전제

지역(교단)과 세대(연령)에 따라서 현재 사용하고 있는 자료나 교재에 관하여 각 대표들의 발언을 들었으며, 그 문제점은 무엇이며, 또한 모국교회와의 협력관계를 어떻게 이루어 나갈 수 있을까에 대하여 토의하기로 한다.

1. 사용하는 자료와 상황
   - 장소는 교회건물 소유일 경우는 주일 및 주간(대형교회 경우는 다양), 타 교회 사용일 경우는 주일 혹은 주간 중에 1회 정도가 적당하다.
   - 시간은 매 모임 시 40분~1시간이 좋다.
   - 그 방법은 현재 강의식이 주종을 이루고 있으며, 몇몇 교회들이 대화식으로 가르치고 있다.

   * 자료의 내용에 주제설정을 위한 목적과 목표가 분명해야 하며, 성경 본문 연구에 따라 삶의 적용을 위한 내용이어야 한다.

2. 문제점의 결과
   - 강의식 : 참여도가 낮으며 역동적이지 못하다. 다이나믹이 일어나지 않는다.
   - 대화식 : 표현에 따른 두려움을 갖는다. 따라서 주저하게 되고 인도자에게 의존하려 한다.
   - 전통적 강의식(일방적)을 탈피하고 대화식 방법의 자료를 개발

하고 활용하도록 한다.
- 목사 자신이 인도하든지 인도자의 훈련이 있어야 한다.

3. 자료개발을 위한 제안
   - 다양한 교인에게 다양한 자료를 개발하여 보급할 필요가 있다.
   - 강의식 교재 탈피하고, 소그룹을 위한 대화식 방법의 교재를 적극 활용한다.
   - 연령별, 그리고 신앙의 정도에 따라 단계별 교재를 개발한다.
   - 학문적 내용보다는 복음적인 삶, 신앙생활을 위한 교재가 필요하다.

4. 협력을 위한 제언
   - 각 교단에서 사용되는 교재를 모아 서로 연구 검토한다.
   - 공동 사용할 수 있는 내용과 방안을 연구한다.
   - 공동 교재개발을 위해 각 교단이 동참하며 공동 집필하고, 공동으로 활용하는 방안을 적극 권장한다.
   - 다양한 목회와 교육에 관한 자료가 개발되어 활용되고 있는 모국교회와의 협력한다.
   - 자료개발을 위한 실무진들의 만남이 필요하다.

종합 토의 :

1. 협의회의 명칭
   해외 한인교회 목회와 교육 협력협의회

2. 평신도 훈련기회의 부족
   - 시간적인 여유가 없기 때문에 교육의 기회가 적다.
   - 각 교단에서 이민 온 사람들의 신앙 형태의 상이점이 크다.
   - 문화적 차이에서 오는 갈등을 해소하기 위한 기회가 적다.

− 이민교회 성도들을 위한 프로그램과 교재가 부족하다. 특히 이민교회 실정에 맞는 교재가 절실하다. 그러므로 이민교회의 환경에 알맞고 적용할 수 있는 프로그램과 교재개발이 시급히 요청된다. 공동집필, 편집 제작하여 공동으로 활용할 수 있도록 협의회에서 연구 시행하도록 제의한다.

3. 해결책과 대안

  1) 목회자의 지도력을 위하여
- 행정적인 뒷받침이 필요하다(안식년, 휴가, 사례비 등에 관한 규정 만들기 등).
- 계속교육 프로그램을 공동으로 만들어 간다.
- 협력을 위한 연합 협의회를 구성하는 일이 요청된다.
- 교환목회 프로그램을 개발하는 일이 필요하다.
- 2세 교육자들의 목회교육을 위해 고국에서 신학교육의 기회를 부여하고 교환 프로그램을 개발, 교육교재의 공동개발이 필요하다.

  2) 평신도 교육을 위해
- 제도적인 평신도 교육과 활동을 위한 기관과 프로그램을 개설한다.
- 정기적인 모임과 교육의 기회를 제공한다.
- 여성안수를 포함한 발전적인 제도를 만든다.
- 프로그램 및 교재개발 연구모임을 통하여 해결방안을 모색한다.

2. 호주 시드니 대회
• 제2차

주제 : "흩어진 한민족을 향한 하나님의 부르심"(God's Calling to Korean Diaspora)

일시 : 2000년 4월 8~12일

장소 : Collaroy Conference Centre, Collaroy Beach, Homestead Ave, Sydney, NSW, Australia

참가교단 : 대한예수교장로회, 한국기독교장로회, 재일대한기독교회, 캐나다연합교회, 캐나다장로교회, 미주한인장로회, 미국장로교회, 뉴질랜드장로교회, 호주연합교회

주관 : 호주연합교회 총회 다문화목회부

협력 : 호주연합교회 한인교회협의회

대회일정 :

4월 8일(토)	14 : 00	환영예배(사회 : 장기수 목사, 기도 : 이영순 권사, 설교 : Rev John Brown, 변조은 목사, 환영 : Rev. Gregor Henderson, 축도 : 홍관표 목사)
	18 : 00	오리엔테이션(인도 : 유성자 권사 /호주연합교회 다문화목회부 총무) 환영만찬
4월 9일(주일)	오 전	해외대표 각 한인교회 방문
	16 : 00	개회예배(인도 : 김선배 목사, 기도 : 김봉익 목사, 설교 : Rev. John Mavor, 격려사 : 김창경 목사, 설삼용 목사, 축도 : 김대순 목사)
	19 : 30	각 교단 보고(사회 : 유성자 권사, 기도 : 양명득 목사)
4월 10일(월)	07 : 00	경건회(캐나다장로교회, 캐나다연합교회)
	09 : 00	주제강연(사회 : 최훈진 목사, 강사 : 최창욱 목사) "21세기를 향한 한인교회의 교육과 목회"

	10 : 00	분과토의
		  1. 목회분과(사회 : 김원배 목사)
		  2. 교육분과(사회 : 최기준 목사)
		  3. 정보, 자료, 연구분과(사회 : 김경일 장로)

	11 : 30	전체토의(사회 : 최훈진 목사)

	14 : 00	워크숍
		  1. 이민교회 기독교교육(최훈진 목사)
		  2. 세계화 속의 한민족 교회(최기준 목사)

	16 : 00	협의회 총회(사회 : 김선배 목사)
	19 : 30	저녁예배(인도 : 최기준 목사, 기도 : 박노원 목사, 성경봉독 : 지태영 목사, Rev. Grace Kim, 설교 : 김대순 목사, 축도 : 김창경 목사)
4월 11일(화)	07 : 00	경건회(재일대한기독교회)

09 : 00	주제강연(최창욱 목사) "21세기를 향한 한인교회의 교육과 목회"
10 : 00	분과보고 　1. 목회분과 – 양명득 목사 　2. 교육분과 – 김건일 목사 　3. 정보, 자료, 연구보고 – 이흥수 목사
11 : 00	휴식
11 : 30	전체토의 　사회 : 최훈진 목사
12 : 45	점심식사
2 : 00	워크숍 　1. 소그룹 성경공부 : 김춘자 목사 　2. 영어목회 : 박형은 목사
3 : 30	휴식
4 : 00	임원회
6 : 00	저녁만찬
7 : 30	폐회예배/성찬식 　사회 : 김원배 목사　　기도 : 김건일 목사 　성경봉독 : 김명천 목사　설교 : 설삼용 목사 　성찬식 : 홍길복 목사　축도 : 허영진 목사

분과 토의 :

교육분과(사회 : 최기준 목사, 보고 : 양명득 목사)

1. 해외교회 세대교육
– 이민교회 초창기의 교회지도자들이 현재도 여전히 지도자들이다. 세대교체가 안 되고 있다. 당회의 평균 연령을 볼 때 전체 교회를 대표하지 못한다. 교회를 나누어서라도 젊은 지도자들에게 기회

와 공간을 주라.
- 기성세대와 젊은 세대는 관심이 다르다. 기성세대는 젊은이들과 함께 일할 자신이 없고, 젊은이들은 기성세대를 멀리한다.
- 가정에서 배우는 가치관과 학교에서 배우는 가치관이 전혀 다르다. 정체성에 혼란을 느끼는 2세들에게 교회는 무엇인가? 교회 구조는 가정에서의 가치관만 옹호하고 있다. 2세들의 고민이나 질문조차 다루지 못하고 있는 형편이다.
- 한국어 교육의 중요성 : 미국에서 살고 영어도 잘 하지만 얼굴까지 바뀌는 것은 아니다. 한국어를 배울 수 있도록 동기를 부여하는 것이 중요하다. 한국어를 배우며 부모외의 관계도 좋아지고 신앙도 바로 계승할 수 있다. 한국어 교육의 성공사례를 모아 책으로 내면 도움이 되겠다.

2. 문화교육

한국에서 갓 온 목회자와 캐나다에서 오래 산 교인은 세상을 보는 시각이 다르다. 또 다수 문화권과 소수 문화권에 있는 사람의 세상 보는 눈이 다르다. 누구의 입장에서 보는지 누가 정의를 하는지에 주목해야 한다.

3. 지도자 개발

급변하는 현실 속에 누가 참 지도자인가? 목회자는 청년지도자 개발에 힘써도 교회 안의 기성세대가 따라 주지 않는다.

4. 이민교회 교사
- 교사의 중요성 : 교사가 누구인가에 따라 어린이들의 신앙이 달라진다.
- 교사발굴과 교육의 어려움 : 호주에서는 교사가 한국에서 갓 온 사람이고, 학생은 호주에서 태어난 사람이다. 뉴질랜드는 이민역사

가 짧아 더 어렵다. 경험이 많은 나라의 지혜가 필요하다. 일본은 총회적인 차원에서 통일된 교육을 위해 강습회를 계속하고 있다.
- 자료가 문제가 아니라 사람이 문제이다. 영어가 자연스럽게 되는 1.5세와 2세 교사 인력이 먼저 토론되어야 한다.
- 교재가 이중언어로 만들어지면 어느 정도 효과는 있지만 지금까지는 영어만 사용하고 있다(미국).
- 학생의 언어는 미국·호주에 와 6개월 지나면 바뀐다. 그러나 문화는 오래 간다. 교사 강습은 단계적, 장기적으로 3년 이상 계획해야 한다. 부흥회식 교육으로 단번에 좋은 교사가 되지 못한다.
- 이민교회에 교사 인적자원이 있는가? 작은 교회들이 공개하고 싶지 않은 내용이다. 교사 선별과 교육은 한국의 1960년대 교회학교 교사훈련 정도의 수준이다.

5. 이민교회의 교육 교재
- 어떤 교재를 쓰고 있는가? 한국의 것, 미국의 것, 에큐메니칼 단체의 교재 혹은 자체의 교재인가?
- 이중언어로 된 교재나 교재의 선택보다 교사가 교재를 어떻게 선택하여 적용하고 생활화하느냐가 중요하다. 그러기에 교사의 이중언어 능력과 교육이 필요하다. 교재는 교사의 필요에 따라 이것저것 선택하여 할 것이 아니라 단계적으로 목적에 따라 하는 것이 중요하다.

6. 교육시설
- 대부분 이민교회에서 현대화된 시설을 아직 갖추지 못하였다.
- 이미 가지고 있는 시설을 어떻게 활용하느냐가 중요하다.
- 서양교회가 가지고 있는 시설들을 충분히 사용할 수 있는 방법들을 찾는다.

7. 지도자 개발

– 먼 비전을 가지고 지금부터 무엇을 시작하여야 할까? 지금의 고등학생을 잘 가르치면 3~4년 후 훌륭한 교사가 될 수 있다.

● 건의

1. 한국 교회 주관으로 "International Korean Youth Camp"를 개최한다.

2. 교사훈련 지도자가 일년에 한 번 순회하며 교사훈련 세미나나 교사강습회를 주관한다.

3. 이중언어 교재를 발간하여 시험적으로 시도해 본다.

목회분과(사회자 : 김원배 목사, 보고자 : 김건일 목사)

1. 패러다임 전환에 교회가 왜 민감하지 못한가?

목회자와 교회 지도자들이 먼저 변화에 대한 인식이 부족하거나 무감각하다. 지도자들의 정직한 표현 결여, 합리적 사고 부족, 감정적인 대처, 목회자들의 변화에 대한 두려움 등은 교회 대형화나 성장 추구에 방해가 되지 않을까 염려된다.

2. 교회 패러다임 전환의 범위는 어디서부터인가?

격변하는 현대사회 속에서 목회가 예전과는 달라야 한다는 것을 인식하여 변화 추구의 당위성을 인정하지만 복음의 변질을 요구하는 것은 아닌 것같이, 교육목회가 하나님 말씀 선포의 중요성마저 바꿀 수는 없다. 한국 교회가 말씀을 통한 메시지 전달의 중요성보다는 유행에 따라 예배 형태를 바꾸는 것을 패러다임 전환이라 생각하면 문제이다.

3. 정보사회의 허구성과 약점들

교회가 정보화시대의 변화에 대처하기 위해서는 무엇보다도 먼저 정보화시대의 영성 결여를 조심해야 하고, 영적 차원의 심화가 요구된다.

정보, 기술, 지식이 지배해 가는 현대 사회의 변화에 대처할 때 빠지기 쉬운 딜레마는 상관성의 위기나 주체성의 위기 모두에 있기 때문이다.

이런 관점을 고려하여 교회는 정보화시대의 변화에 대처하는 지혜가 필요하다. 물론 종교개혁자들이 인쇄 매체를 이용하여 개혁의 효과를 높일 수 있었던 것처럼, 교회도 정보화시대의 변화에 적응하여, 그것을 복음의 도구로 쓸 수 있는 능력을 갖추어야 한다.

4. 이민교회의 문제점

성장 위주의 목회로 교회가 개교회주의화되었고, 연합정신과 에큐메니칼 운동에 적지 않은 부정적인 영향을 미쳤다. 또한 이민자 교회 내의 신학적, 신앙적, 또는 정착 과정에 따른 시행착오로 내적인 긴장, 반목과 대립이 있었고, 이것으로 인해 많은 힘을 소진시켰다. 또한 목회자의 사회의식과 사회개혁에 대한 인식이 결여되었고, 방법론에 있어서도 미흡했다.

● 건의

1. 한인교회가 지역사회를 변화시키고 참여한 성공사례나 실패사례를 수집한다.
2. 목회자의 재교육 과정에서 사회변화 지도력을 개발시키는 내용 강화 및 경험 있는 목회자를 초청한다.
3. 경제의 세계화 과정에서 생긴 국가 간의 빈부의 차이를 검토, 한인들에게 미치는 영향과 극복의 과제를 선교의 과제로 다룬다.

정보자료연구분과(사회 : 김경일 장로, 보고 : 이흥수 목사)

격변하는 시대의 변화에 따라 교회가 대처하기 위하여 정보와 자료를 연구 관리하는 것은 대단히 중요하다. 사회와 문화의 변화에 교회가 능동적으로 대처하는 것이 교회가 시대적 복음사역을 잘 감당하는 길이다.

당당한 위치를 누리던 기업체라도 사회의 변화에 대처하지 못하면 생존할 수 없다. 1950년대 초반 미국기업의 왕으로 군림하던 Pan-Cantral(기차운송회사) 회사가 1950년대 말 망하고 말았다. 그 이유는 사회변화를 중요시하지 않고 자체 사업인 기차운송에만 투자해 다른 경쟁사업을 생각하지 못했기 때문이다. 현 시대에 새로운 상품을 개발하지 못하면 퇴보한다.

교회도 마찬가지이다. 스펄전 목사님이 시무하던 Metropolitan Tebernacle에 한때는 6천 명의 예배 참석교인이 있었으나 그가 죽은 지 75년 후인 1972년에는 단지 89명뿐이었다. 이유는 교회가 사회의 변화를 이끌지 못한 데 있었다. 복음은 그 사회의 문화 속에 포장되어 전달되어야 하기 때문에 정보수집이 필연적이다. 현 세대의 트랜드를 이해하고 연구하여 목회상황에 적응하는 것이 중요하다.

그러면 누가 이런 일을 해야 하는가? 교회지도자는 정확한 정보와 통계를 수집하여 사람들의 필요를 충족시킬 수 있어야 한다. 미국의 새들백 교회의 성공사례는 그들이 교회에 나오지 않는 사람들을 연구하고, 그들에게 집중적 관심과 목표를 세웠기 때문이라고 한다. 미지의 세계를 밝힐 수 있는 것은 정보이다. 정보는 마치 어두운 방의 촛불과도 같다.

해외의 한인교회들이 장래의 일을 준비하는 것은 흩어진 해외교회들의 상황과 발전을 서로 나누어 알고, 차세대 목회 등 필요한 자료를 만들어 나가는 것이다. 이런 일을 하기 위해서는 지도자들의 정신적 자세가 문제가 되며, 새 정보를 얻기 위한 열정에서부터 시작된다.

● 건의

협의회가 관장하는 정보센터 웹페이지를 만들어 운영하도록 한다. 해외 각 교단 기관에서 만든 자료를 모아 공유하며, 2세 교육, 협력목회, 그리고 교육용 교재 정보를 올린다. 나아가 각 교단별, 연령별 방을 두어 자유롭게 사용하도록 한다.

각 교단 대표 1인을 임명하여 정기적으로 업데이트하며 상호 협력할 수 있도록 모임을 주선한다.

교육과 홍보를 위한 자료를 공동으로 개발하며, 각 교단별로 필요한 것이 무엇인지 보고하고, 그에 따른 교재를 전문교육가들과 협의하여 이중언어로 개발 보급한다.

보급을 위한 지도자 세미나와 교사 세미나를 각 국가별, 교단별로 할 수 있도록 하고, 인도를 위해 경험 있는 팀을 구성한다.

2000-2002 임원회 :

회장 : 김선배 목사(PCUSA)
부회장 : 최기준 목사(PCK), 허영진 목사(KPCA)
총무 : 최훈진 목사(PCUSA)
공동총무 : 강영일 목사(KCCJ), 김원배 목사(PROK), 유성자 권사(UCA)
서기 : 김종환 목사(PCC)
회계 : 장기수 목사(UCA)

3. 미국 하와이 대회
● 제3차

주제 : "백년을 돌아보고, 백년을 내다보며"(Looking Back Toward the Past 100 Years and Looking Forward the Coming 100 Years)

일시 : 2002년 4월 2~4일

장소 : St Stephen Diocesan Center
6301 Pali Highway Kaneoho, Hawaii, 96744, USA

참가교단 : 대한예수교장로회, 미국개혁교회, 미국장로교, 미주한인장로회, 재일대한기독교회, 캐나다연합교회, 캐나다장로교회, 한국기독교장로회, 호주연합교회

대회준비위원회 : 위원장 : 장광원 목사
　　　　　　　　총　무 : 최훈진 목사

협동총무 : 천방욱 목사
위　　원 : 김강식 목사, 김경수 목사, 박동식 목사, 이디모데 목사, 이종옥 목사, 조일구 목사, 주용성 목사, 현경섭 목사, Mark Lee 목사

주관 : 미주한인장로회, 미국장로교

대회일정 :

4월 1일		임원회 및 등록
4월 2일	8 : 00	아침식사
	9 : 30	개회예배 - 사회 : 김선배 목사(PCUSA) 　　　　설교 : 박희민 목사(KPCA) 　　　　축도 : 노재상 목사(PCUSA)
	10 : 30	만남과 나눔 - 사회 : 최훈진 목사(PCUSA) 　　　　환영사 : 이승만 목사(PCUSA), 　　　　　　　　김인철 목사(KPCA)
		각 교단 대표 및 인사 소개
	12 : 00	점심식사
	2 : 00	주제강연(1) 　제목 : "흩어진 나그네, 택하신 족속"(벧전 2 : 9 - 10) 　강사 : 이상철 목사(캐나다연합장로교회 증경총회장)
	3 : 00	그룹 토의 　1. 나의 이민 여정과 여기에 나타난 하나님의 손길 나누기 　2. 우리들의 이민 이야기 속에서 공통점 찾기

	4:00	그룹 토의 보고
	5:00	기념사진 촬영
	6:00	저녁식사
	7:00	미주이민 100주년 기념강연 제목 : "100년을 돌아보고, 100년을 내다보며" 강사 : Honorable Ronald T. Y. Moon Chief Justice, Supreme Court, the State of Hawaii 통역 : 천방욱 목사
	8:00	기념잔치 : 한국기독교장로회 주관(사회 : 김원배 목사)
4월 3일	7:30	아침기도회(인도 : 재일대한기독교회)
	8:00	아침식사
	9:00	주제강연(2) 제목 : "해외 한인교회의 사명"(렘 29 : 5) 강사 : 이상현 박사(프린스턴 신학대학원 조직신학 교수)
	10:00	그룹 토의 1. "나는 왜 사역을 하고 있는가?"(나의 사역현장 이야기) 2. 나의 사역에서 진정으로 이루기를 원하는 것은 무엇인가?
	11:00	그룹 토의 보고
	11:30	점심식사
	1:00	이민의 발자취 순례 : 오하우섬 이민 유적지 (인솔자 : 장광원 목사, 해설자 : 최영호 박사)
	6:00	저녁식사 장소 : 호놀룰루 한인 기독교회 제공 : 준비위원회 소속교회

	7:00	지역교회 소개
	7:30	연합영성집회 장소 : 호놀룰루 한인 기독교회 인도자 : 허영진 목사(KPCA) 설교 : 홍길복 목사(UCA) 축도 : 이선영 목사(KPCA)
4월 4일	7:30	아침 기도회(인도 : 캐나다 연합교회)
	8:00	아침식사
	9:00	주제강연(3) 　제목 : "새 술은 새 부대에"(마 9 : 17) 　강사 : 호성기 목사
	10:00	그룹 토의 　1. 백년 후 나의 사역지 현황을 상상해 보자. 　2. 한인 디아스포라의 100년 후 모습을 생각해 보자. 　3. 공동의 비전 선언문을 작성해 보자.
	11:30	그룹 토의 보고
	12:00	점심식사
	1:30	분과 토의(교육분과, 목회분과, 정보통신 자료분과)
	3:00	분과 토의 보고
	4:00	정기총회
	6:00	저녁식사
	7:00	파송예배 및 성찬식 　인도자 : 최기준 목사(PROK) 　설교 : 이연길 목사(PCUSA) 　성찬식 : 캐나다장로교회 　축도 : 김봉익 목사(PCK)

그룹 토의 :

주제 1 :

- 나의 이민 여정과 여기에 나타난 하나님의 손길을 나누자.
- 우리들의 이민 이야기 속에서 공통점을 찾아보자.

여섯 개의 그룹(1개의 영어 사용 그룹 포함)으로 나뉘어 그룹별 토의를 갖고, 각 그룹의 대표가 전체 앞에 보고하다. 각 대표의 보고를 통한 공통점은 다음과 같다.

1. 이민의 삶을 통하여 하나님의 새로운 계획과 섭리를 발견하고 감사한다. 이민 혹은 유학 올 때는 자기의 계획과 의지를 갖고 나름대로 노력하였으나 뜻대로 되지 않았다. 어려움을 겪으면서 "나는 할 수 없습니다."라는 고백을 통하여 하나님을 찾고 의지하며 기다릴 때 지나온 모든 삶 속에 하나님의 손길이 늘 함께하셨음을 깨닫게 되었다.

2. 이민의 생활을 이스라엘 백성들의 광야생활을 비교하면서 우리의 후손에게 민족교육과 신앙교육의 중요성을 인식하게 잘 가르치고, 또한 이민 땅의 자녀들에게도 하나님의 말씀을 전할 사명을 깨닫게 된다.

3. 이민의 현장은 갈등의 현장이었다. 새롭게 주어진 주변 환경을 통하여 훈련을 받으며 자신이 변화되어 가는 모습을 발견할 수 있었다. 특별히 시간의 흐름을 통하여 이민의 땅이 내가 묻힐 땅이라는 것을 발견하고, 이민의 땅을 사랑하게 되고, 이 땅의 사람들과 함께 일하려고 노력하게 된다.

4. 하나님의 인도하심 가운데 늘 좋은 사람을 만나게 하시는 은혜를 주신다. 어려울 때, 외로울 때, 힘들 때 교회를 통하여 정신적 위로를 받고 마음의 평강을 찾을 수 있었다.

주제 2 :

- 나는 왜 이 사역을 하고 있는가?(나의 사역 현장 이야기)
- 나의 사역에서 진정으로 이루기 원하는 것은 무엇인가?

여섯 개의 그룹(1개의 영어 사용 그룹 포함)으로 나뉘어 그룹별 토의를 갖고, 각 그룹의 대표가 기록을 남겨 보고한 내용의 간추린 요약은 아래와 같다.

〈1조 보고〉

1) 전체적으로 현재 하고 있는 사역에 대하여 하나님이 주신 일이라는 사명의식이 있기 때문에 자신이 현재의 일을 감당하고 있다고 생각하고 있다.

2) 자신의 삶 속에서 언제나 도와주신 하나님의 이야기를 계속 반복하여 이야기하기를 원한다. 이것을 통하여 자신을 도와주신 하나님의 선하심을 증거하는 도구로 쓰임 받기를 원한다.

3) 하나님의 섭리와 역사 가운데 이민자로서 두 문화를 경험하고 두 언어를 사용하는 사람으로 이민 1세대(한국어 사용권)와 2세대(영어 사용권)의 교량 역할을 감당하기 원한다. 이것을 통하여 서로 이해하고 연합하여 하나님을 섬기는 신실한 자녀 되기를 원한다.

4) 하나님이 나를 광야와 같은 이민의 삶을 겪게 하신 것은 내 자신의 변화를 위함이었고, 하나님은 이것을 통하여 하나님의 일꾼으로 부르셨기 때문에 목회자로서 고통당하는 나그네와 이민자를 돌보며 복음 전도하기 원한다.

5) 하나님이 나를 이곳까지 보내신 것은 결코 사람의 일이 아니라 하나님의 섭리가 있었기 때문에 그의 부르신 일을 최선을 다하여 감당

하기 원한다. 하나님이 부르고 세우신 곳이 학교, 대학, 교회, 노회 혹은 교단 총회, 어느 곳이라 할지라도 맡겨진 일을 잘 감당하여 전체 교회뿐 아니라 우리가 살고 있는 사회에 유익을 주기 원한다.

──────── 〈2조 보고〉 ────────

1) 지역 사회와 함께하는 교회, 2세들을 섬기는 교회, 평신도 스스로 일하는 건강한 교회로 섬기기를 원한다.
2) 사모로서 목사 남편을 잘 내조하고 집안을 평안하도록 집안에서의 일을 감당하기 원한다.
3) 해외선교, 장학 선교, Homeless 사역 등 나눔의 사역을 감당하기 원한다.
4) 유학생 선교를 통하여 본국에 다시 들어가 선교의 사명을 감당하도록 훈련한다.

──────── 〈3조 보고〉 ────────

사회를 변화시켜 나가는 작은 교회로써의 공동체 형성과 네트워크를 만들어 나가기 원한다.

──────── 〈4조 보고〉 ────────

1) 집 없는 삶들을 사랑하며 솔선해서 돌보는 일을 하고 싶다.
2) 아이들 입양 혹은 위탁 양육을 통하여 아이들을 돌보고 싶다.
3) 한 사람을 위해서라도 정성을 다하여 헌신하며 부부 동반자로서 한 팀이 되어 생명을 다하는 날까지 함께 뛰기 원한다.

4) 청소년 전문 사역자 개발과 이민교회와 모국 교회 간에 교류하여 활성화되도록 노력하고 싶다.

5) 미국 내 한국어 자료를 만들어 잘 사용하도록 돕고 싶다.

6) 교인의 평균 연령이 65세인 고령화 시대와 800만 잡신의 문화 속에서 특별히 노인을 위한 목회와 사회복지 문제에 관심을 가지고 일본인들까지 사랑하며 섬기기 원한다.

7) 노인들의 권익을 보호하고 노인들을 위한 프로그램을 개발하며 구조적이고 정책적인 변화를 시도하고 싶다.

8) 어떻게 주류 사회에 동화되어 갈 수 있는지의 문제에 관심을 두고 연구하여 기여하고 싶다.

주제 3 :

● 100년 후 나의 사역지 현황을 상상해 보자.
● 한인 디아스포라의 100년 후 모습을 묘사해 보자.
● 공동의 "Vision Statement"를 작성해 보자.

여섯 개의 그룹(1개의 영어 사용 그룹 포함)으로 나뉘어 토의를 갖고, 각 그룹의 대표가 전체 앞에 발표한 것을 근거로 공동의 선언문(Vision Statement) 작성을 아래의 위원을 통해 만들어 본회에 보고하도록 하였다(작성위원 : 김종일 목사, 이홍수 목사, 임희영 목사, 박수길 목사, 양훈영 전도사).

해외 한인교회의 비전 21세기
Vision Statement

서문 :

북미 한인 이민 100주년을 기념하여 해외 한인교회 교육과 목회 협의회 주관으로 열린 하와이 대회(주제 : 백년을 돌아보고, 백년을 내다보며, 2002년 4월 2-4일, St. Stephen Diocesan Centre)를 통하여 세계 속에 흩어진 한인교회가 다음 100년을 바라보면서 다음과 같은 고백과 비전을 통해 서로 협력하여 하나 되기를 원한다.

우리의 고백 :
- 우리는 전 세계에 흩어진 한인과 해외 교회의 역사 속에 하나님의 섭리와 손길이 함께하심을 믿는다.
- 우리는 하나님이 변화하는 지구촌에 해외 한인교회를 세우시고 새로운 사명을 주심을 믿는다.
- 우리는 하나님이 세계 속의 해외 한인교회가 서로 협력하여 하나님의 나라를 실현하고 확장하게 하심을 믿는다.

우리의 비전 :
1. 이 땅에 이민자로 오신 구세주 예수 그리스도의 복음에 충실한 교회 되기 바란다.
2. 예수님 안에서 하나의 공동체를 이루어 가기 바란다.
3. 후손들에게 삶의 본을 통하여 한국인의 뿌리와 신앙의 유산을 전하기 바란다.
4. 지구촌의 모든 민족과 하나님의 사랑을 나누며 성령 안에서 함께 섬기는 교회 되기를 바란다.
5. 지구촌의 모든 생명과 더불어 살아가는 교회 공동체로서 생명의 존엄과 창조 질서 보존을 위해 세계 교회와 협력하기 바란다.
6. 통일된 모국의 평화스런 나라를 그려 보며 이제까지의 모든 갈등과 상처를 치유함으로 세계 평화에 기여함을 바란다.
7. 다음 세대가 세계 속에서 영적 지도력을 발휘하는 것을 바란다.
8. 격변하는 세계 속에서 변화를 창조적으로 수용하고 응전하기 바란다.
9. 세대 간의 교류교육과 협력을 통해 온전하고 건강한 공동체 되기를 바란다.
10. 우리가 살고 있는 이 땅에서 문화가 다른 이웃들과 더불어 평화와 평등, 사랑이 넘치는 세상을 바란다.

LOOKING BACK TOWARDS THE PAST 100 YEARS AND LOOKING FORWARD TO THE COMING 100 YEARS

VISION STATEMENT

PREAMBLE :

The Korean Immigrant Centennial Celebration Conference held in Honolulu, Hawaii during April 2-4th, 2002, sponsored by The Council of Overseas Korean Churches on Education and Ministry at the St. Stephen Diocesan Centre, wishes to cooperate and unite in one, with the following confessions and visions, looking towards the next 100 years :

OUR CONFESSION :
- We believe that God has been with us in the immigration and formation of diaspora around the world.
- We believe that God has led us to build Korean churches in the changing global village and has given us new missions.
- We believe that God has led the Korean churches to cooperate together and expand the Kingdom of God in this world.

OUR VISION :
1. We vision to become a truly obedient church based on the gospel of our Savior Jesus Christ who came to this world as an immigrant.
2. We vision to be one faith community in Christ.
3. We vision to pass on the Korean heritage, culture and faith to the following generations through our example of living.
4. We vision to be a spirit filled church and that shares Gods love with every race on this earth.
5. We vision to be a church community that respects and cares for the global environment and a church that strives to live in harmony with all of creation.
6. We vision to see the unified motherland, which would heal all

wounds and conflicts so that the world peace is promoted.
7. We vision to be a church that develops educational programs for leadership and growth of the following generations.
8. We vision to be a church that converts changes in the world into creativity for the Kingdom of God.
9. We vision to be a church that understands and cooperates between generations through educational exchanges.
10. We vision to be a church that promotes peace, equality and harmony amongst the multi-ethnic society.

2002-2004 임원회 명단 :

회장 : 박희민 목사(KPCA)
직전회장 : 김선배 목사(PCUSA)
부회장 : 최기준 목사(PCK), 홍길복 목사(UCA)
총무 : 최훈진 목사(PCUSA)
공동총무 : 박수길 목사(KCCJ), 김원배 목사(PROK), 김명삼 목사 (KPCA)
서기 : 이흥수 목사(PCC)
회계 : 유성자 장로(UCA)
교육분과 위원장 : 호성기 목사(KPCA)
목회분과 위원장 : 서재일 목사(PROK)
정보·통신 위원장 : 김경일 장로(PCUSA)
자료·출판 위원장 : 박노원 목사(PCK)

4. 캐나다 토론토 대회
- 제 4 차

주제 : 한인 디아스포라 교회의 협력과 나눔(Partnership & Sharing Among Korean Diaspora)

일시 : 2004년 5월 12~15일

장소 : 토론토 큰빛교회(312 Rexdale Blvd, Toronto, ONT, Canada)

대회조직 :

고문 : 이상철 목사, 박재훈 목사, 최사무엘 목사
대표 대회장 : 소창길 목사(캐나다장로교 한카 동부노회장)
공동 대회장 : 김인철 목사(미주한인장로회 증경 총회장)
공동 대회장 : 박심 목사(미주한인장로회 캐나다 동노회장)
공동 대회장 : 윤형복 목사(캐나다연합교회 한인교회 동부지역회장)
프로그램 진행 총무 : 박철순 목사(캐나다장로교회)
행사 진행 총무 : 이영준 목사(캐나다연합교회)
호텔 및 차량 담당 부총무 : 김희수 목사(미주한인장로회)

참가교단 : 대한예수교장로회, 한국기독교장로회, 호주연합교회, 해외한인장로교회, 재일대한기독교회, 미국장로교, 미주한인장로회, 미국개혁교회, 캐나다연합교회, 캐나다장로교회

대회일정 :

5월 12일(수)	5 : 30	개회만찬(큰빛교회)
	7 : 30	개회예배 　　인도 : 박희민 목사(KPCA) 　　기도 : 장기수 목사(UCA) 　　설교 : 김순권 목사(PCK) 　　축도 : 김인철 목사(PC USA) 　내빈인사 : Rev. Sandy McDonald(PCC), Rev. Peter Short(UCC), Rev. Anne Yee-Hibbs(APCE)
	8 : 45	주제강연⑴ "개혁신학의 관점에서 본 도전과 비전" 　　사회 : 김원배 목사(PROK) 　　강연 : 정승훈 교수
	9 : 45	토론
	10 : 30	폐회
5월 13일(목)	7 : 30	아침식사
	9 : 00	경건회(인도 : 최원희 목사, 원인섭 전도사)
	10 : 15	주제강연⑵ "이민 2세들의 목회와 정체성" (사회 : 안바울 목사, 강연 : 박형은 목사)
	11 : 15	토론
	12 : 15	점심식사
	2 : 00	참가교단 인사

	3 : 00	특별강좌(1) "캐나다 중국교회의 성장과 방향" 　(사회 : 박철순 목사, 강좌 : Rev. Dominic Tse)
	6 : 00	저녁식사(염광교회 만찬)
	7 : 00	협의회 총회
	9 : 00	폐회
5월 14일(금)	7 : 30	아침식사
	9 : 00	경건회 　(인도 : 장기수 목사, 기도 : 나영애 목사, 　설교 : 박수길 목사, 축도 : 홍길복 목사)
	10 : 15	심포지엄 　주제 : "한인기독교 공동체 안에 있는 세대적, 문화적, 신앙적, 언어적 다양성의 경험과 교훈" 　사회 : 최훈진 목사 　소발제 : 노삼열 교수, 최기준 목사, 케빈 이 목사
	12 : 30	점심식사
	2 : 00	특별강좌(2) "한인 2세 신앙의 사회·심리적 배경" 　(사회 : 최원희 목사, 강좌 : 노삼열 교수)
	4 : 00	각 교단 소개와 사례발표 및 토론
	5 : 00	폐회예배 　사회 : 소창길 목사 　기도 : 김경일 장로 　설교 : 김선배 목사 　성찬식 : 미주장로교회 캐나다동부노회 　선언서 낭독 : 양명득 목사 　축도 : 이상철 목사
	6 : 30	폐회

2004 토론토 선언문

1. 해외 한인교회 교육과 목회 협의회는 2004년 5월 12~15일까지 캐나다 토론토에서 "한인 디아스포라 교회의 협력과 나눔"이란 주제로 10개 교단들이 하나님의 은혜와 인도하심으로 모이게 됨을 주 안에서 기뻐한다.
1. 우리는 1998년 제주도에서 출발하여 2000년 시드니를 거쳐 2002년 하와이에서 열렸던 협의회 모임에서 발표한 선언문의 고백과 비전을 재확인하며 지속적인 이번 모임을 통해 해외 한인교회와 한국 교회에 교육과 목회를 위한 새로운 도전과 선교의 과제를 갖게 됨을 감사한다.
1. 우리는 개혁교회의 전통과 신앙 속에서 성령의 바른 이해를 통하여 공동체의 영성과 개인의 영성이 건강한 다양성의 조화를 이루고, 주류사회의 변두리에 살고 있는 개인과 공동체를 통하여 역동적으로 사회를 변화시키며 하나님의 나라를 이루어 가시는 성령의 역사하심에 동참한다.
1. 우리는 후세 목회와 차세대 지도자 개발에 대한 관심과 나눔이 본 협의회의 중요한 과제임을 다시 확인하며 특히 선교의 이해를 땅 끝까지라는 지역적 개념에서 우리 후손에로의 세대적 개념으로 이전되어야 할 필요성이 이민교회에 있음을 인지하고 후세 목회가 또 하나의 새로운 선교적 사명임을 고백한다.
1. 우리는 하나님이 우리 민족을 흩으시어 세계 곳곳에 당신의 교회를 세우고 계속하여 선교하게 하심에 감사하며 그것이 우리의 지속적 사명임을 재확인함과 동시에, 지역에 있는 타 민족 기독교인들과 협력하여 다문화, 다인종 신앙공동체를 이루어 지역사회와 세계의 정의와 평화를 이루어 갈 것임을 다짐한다.
1. 우리는 과거의 민족 유산과 한민족의 정체성을 중요시하지만 우리를 하나님의 나라로 이끄시는 약속의 말씀과 그리스도인으로서의 정체성을 더욱 귀하게 여긴다. 또한 서로를 위해 기도하는 기도제목 속에서 우리에게 다양한 방법으로 말씀하시는 새로운 사명과 책임을 깨달아 상호 협력하여 하나님의 나라를 확장해 간다.

2004년 5월 15일
10개 참가교단 대표 및 참석자 일동

2004 Toronto Statement

1. The Council on Overseas Korean Church for Education & Ministry Conference(COKCEMC) was held in Toronto, Canada, from May 12~15th, 2004. Delegates from ten denominations were in attendance.
1. The COKCEM Conference was previously held in Jeju-Island, Korea(Inaugural, 1998), Sydney, Australia(2000), Hawaii, USA(2002). The Vision Statement that was formulated during Hawaii Conference has been reaffirmed and has been instrumental in rasing new challenges and broading our mission for Korean Diaspora Churches.
1. We as the reformed and Korean Diaspora Churhes celebrate and long to learn from the rich diversity that is evident in our community. We believe God desires to uniquely use our diverse and marginalized communities and individuals to serve God's Kingdom.
1. We reaffirm the importance of developing, equipping and empowering the present and future leaders of our church. We are profoundly aware that the Great Commission of our Lord is not limited to geography but it must be carried inter-generationally as well.
1. We believe that God has God's unique plans for raising up the Korean Diaspora churches all over the world. We believe the mission responsibilities of the Korean Diaspora churches do not end with our Korean ethnic group, but that we must embrace the larger local community at large. We believe this is the path to increase peace and justice in our world.
1. We embrace and celebrate our rich spiritual heritage and identity. We also believe that our identity and our experience are an ongoing dynamic work of God that contantly need to be rediscovered, and uncovered. We believe that our sharing and partnership will enhance the people of God to be challenged and united to advance God's Kingdom.

May 15th 2004
From the Representatives and Participants of the Ten Deniminations

2004-2006 임원회 :

회장 : 박희민 목사(KPCA)
직전회장 : 김선배 목사(PCUSA)
부회장 : 최기준 목사(PCK), 홍길복 목사(UCA)
총무 : 최훈진 목사(PCUSA)
공동총무 : 박수길 목사(KCCJ), 김원배 목사(PROK), 김명삼 목사(KPCA), 소창길 목사(PCC), 양명득 목사(UCA)
서기 : 박승환 목사(UCC)
회계 : 박형은 목사(KPCA)
교육분과위원장 : 노승환 목사(KPCA)
목회분과위원장 : 서재일 목사(PROK)
정보통신분과 위원장 : 김경일 장로(PCUSA)
자료출판분과위원장 : 박노원 목사(PCK)

5. 미국 로스앤젤레스 대회
• 제5차

주제 : "세상 속으로 디아스포라의 믿음과 삶"(Into the World – Faith and Life of Diaspora)

일시 : 2006년 2월 14~16일

장소 : 수정교회 수양관(Rancho Capistrano)
29251 Camino Capistrano, San Juan Capistrano, CA 92675

대회 섬김이 :
대회장 : 박희민 목사(KPCA)
공동준비위원장 : 림형천 목사(KPCA), 장윤기 목사(PCUSA)
공동 총무 : 양 인 목사(PCUSA), 손병렬 목사(KPCA)
준비위원 : 장윤기 목사, 림형천 목사, 고태형 목사, 김인식 목사, 손병렬 목사, 박형은 목사, 노승환 목사, 양 인 목사, 노진걸 목사

서기 : 홍성학 목사
교육 : 노승환 목사
교통 : 황　식 목사, 김철홍 목사, 김종경 목사
찬양 : 강진웅 목사
후원 : 미주한인장로회, 미국장로교, 대한예수교장로회통합, 한국기독교장로회, 캐나다장로회, 호주연합교회, 재일대한기독교회, 박희민 목사, 나성영락교회, 나성영락EM교회, 새한교회, 남가주 동신교회, 플러튼 장로교회, 웨스트힐 장로교회, 다우니 제일교회, 오렌지카운티 영락교회

대회일정 :

2월 14일(화)	3 : 00	등록
	4 : 00	개회예배 　　인도 : 최훈진 목사,　기도 : 박승환 목사 　　설교 : 최종남 목사,　특송 : 미주장신중창단, 　　환영 : 박희민 목사,　축도 : 김대순 목사
	5 : 30	소개 및 친교
	6 : 00	만찬
	7 : 30	주제강연 1 "디아스포라의 믿음" 　　(사회 : 김철홍 목사, 발제 : 송민호 목사)
	8 : 30	질의 및 응답
	9 : 00	소그룹 토의
	10 : 30	취침
2월 15일(수)	7 : 30	조찬
	8 : 30	경건회(인도 : 황식 목사, 기도 : 손병렬 목사, 설교 : 정해진 목사)
	9 : 00	주제강연 2 "디아스포라의 삶" 　　(사회 : 김명삼 목사, 발제 : 정성욱 교수)

	10 : 00	질의 및 응답
	11 : 00	소그룹 토의
	12 : 00	오찬
	1 : 00	휴식
	2 : 30	워크숍 　1) 목회와 이민생활 : 박성민 교수 　2) 가정사역 : 엄예선 교수 　3) 지역사회와 이민목회 : 림형천 목사 　4) 인종 및 다문화 관계 : 양명득 교수
	6 : 00	만찬
	7 : 30	Celebration(공연 : 재미국악원, LA Chamber Choir 로뎀전인치유상담센터)
	9 : 00	각 회원 교단보고
2월 16일(목)	7 : 30	조찬
	8 : 30	경건회(인도 : 김해찬 목사, 기도 : 이춘복 목사, 설교 : 소창길 목사)
	9 : 00	패널 토의 　사회 : 김선배 목사 　목회자 : 장기수 목사 　평신도 : 김혜경 권사 　교육가 : 노승환 목사
	11 : 00	토론
	12 : 00	오찬
	1 : 00	소그룹 토론
	2 : 30	보고(사회 : 최훈진 목사)
	3 : 30	휴식
	4 : 00	총회(사회 : 박희민 목사) 폐회예배/성찬식 인도 : 림형천 목사, 기도 : 장기수 목사 설교 : 박희민 목사, 축도 : 허영진 목사

| 성찬식집례 : 김원배 목사, 최기준 목사
선언서낭독 : 양명득 목사
축도 : 소창길 목사

그룹 토의 :

1조 보고 :

1. 이 대회의 장점
   1) 해외의 각 한인교단 간의 이슈 공유, 네트워크 구축, 대화의 장 자체 의미가 크다.
   2) 현 미국 토렌스 장로교회의 어려움이 이민교회의 공통된 아픔이다. 그러나 이 경우를 통해 모두가 많은 교훈을 얻는다. 이번 대회에서 함께 기도할 수 있어 좋았다.
   3) 이민교회의 비슷한 고민과 갈등을 솔직히 나눔으로 많은 힘과 위로를 얻고 방향이 잡혀 가는 느낌이다.
   4) 개교회의 고민보다 이민교회의 큰 그림을 볼 수 있으며, 협력과 교류의 가능성에 대해 확신을 얻었다.

2. 방향 설정
   1) 한국목회에 비해 이민교회는 특수목회이다. 독자적 목회개발과 자료개발 설정에 노력해야 한다.
   2) 2, 3세로 이어지는 미래 이민교회에 대비한 구체적인 대응이 필요하고, 서로 협력해야 한다. 대회에서 얻은 많은 유익한 내용들을 자료로 남겨 다른 지도자들도 접할 수 있도록 하고, 다음 대회로 이어지도록 해야 한다.

2조 보고 :

1. 이 대회의 장점

1) 여러 교단의 큰 대회이지만 논의된 논제는 같이 공감하는바 관계성을 계속 유지하고, 정보가 지속적으로 교류되어지기를 희망한다.
2) 지역이나 신학의 차이를 넘어 함께 나누는 거시적 안목을 얻었다.
3) 미국 한인교회들의 경험과 모델의 발전에 큰 기대감을 가지고 있다. 앞으로 더 잘해 주기를 기도하며 세계에 나가 있는 한인 교회들이 보고 있음을 기억하라.
4) 이 모임에서 좋은 여러 지도자들을 만날 수 있어서 좋았다. 그러나 개인적인 만남의 시간은 부족하고 대회가 짧다는 느낌을 받았다.
5) 처음 이 대회에 참석했는데 서로 화합하고 연합하려는 노력이 보기 좋았다. 대회에서 다루는 내용이 너무 방대하다는 생각을 했고, 그때그때 특별한 주제를 깊이 다루면 좋겠다.

2. 방향 설정
1) 가입한 교단의 사람이 아니라도 참석할 수 있도록 개방하면 좋겠다.
2) 이민신학에 관한 토론이 더 깊어졌으면 한다. 신학에 관한 내용에 서로 도전하고 공감한다면 많은 행정적인 문제들은 이차적이 될 수 있다.
3) 우리가 사는 지역의 다른 소수 민족들과 교회와 선교를 함께 어떻게 이루어야 할지에 관한 주제가 구체적으로 다루어지기를 바란다.

3조 보고 :

1. 프로그램에 관한 제언
1) 이민교회 교육에 실제적으로 적용 가능한 프로그램을 했으면

한다. 예를 들어 삼위일체 영성을 구체적으로 교육과 목회에 어떻게 적용할까?
2) 이민 가정사역의 중요성이 점점 증대되는데 이 문제에 관한 필요성과 목회의 내용이 발전되었으면 좋겠다. 후세대와 함께 어떻게 꿈과 비전을 공유할까?
3) 한국의 농어촌 어린이들을 해외로 초청하여 이곳 어린이들과 신앙캠프를 하도록 하자. 또한 해외 목회자 자녀들을 위해 한국에서 신앙캠프를 하도록 하자.
4) 이민 신학자, 목회자, 교육자, 현장 사역자들이 함께 모여 이민교회에 관한 방향성을 토론하면 유익하겠다.

4조 보고 :

1. 대회의 유익한 점
   1) 전 세계 이민교회의 목회자 교류가 많지 않은데 이 대회에서의 친교와 교류가 좋았고, 특히 교육목회에 관한 토론이 유익했다.
   2) 이민목회가 백인들과 다른 소수민족들에게도 어떤 영향을 줄 수 있는지에 관해 생각할 수 있는 기회가 있어 좋았다.
   3) 디아스포라의 아픔을 서로 공유하고 느낄 수 있는 감동이 있었다.

2. 제안
   1) 이민 대형교회들의 어려움을 느꼈지만 작은 교회들의 아픔과 희망에 관한 내용들이 더 많이 있으면 좋겠다.
   2) 이민교회의 상황(context)에 관한 연구가 더 활발하였으면 한다. 우리의 다문화적인 삶의 현장에 관한 깊은 이해가 부족하다.
   3) 대회 기간 중 이민교회 현장 방문과 또 개교회에서의 설교와 나눔의 기회가 있으면 도움이 되겠다.
   4) 유럽과 남미 지역에서도 참석할 수 있도록 임원들이 노력하여 주기를 바란다.

2006 LA 선언서

1. 제5차 해외 한인교회 교육과 목회 협의회는 2006년 14~16일 수정교회 수양관인 Rancho Capistrano에서 "세상 속으로"란 주제로 10개 교단들이 모이게 됨을 하나님께 감사드린다.
1. 우리는 1998년 제주대회에서 출발하여 2000년 시드니, 2002년 하와이, 2004년 토론토 협의회를 거쳐 발표한 비전선언서의 고백과 결단을 오늘 다시 한번 확인하며, 현재 우리가 당면한 삶의 자리에서 하나님의 선교에 대한 확신과 선교의 비전을 갖게 됨을 하나님께 감사를 드린다.
1. 우리는 기독한인 2세 및 후세들이 신앙의 대잇기를 잘 하도록 차세대 지도자 개발에 대한 교육적 관심과 자라나고 있는 후세들을 그리스도께 인도하는 선교적 사명을 다할 것을 다짐한다.
1. 우리는 하나님이 우리 민족을 흩으시어 세계 곳곳에 주님의 교회를 세우고 계속하여 선교하게 하심에 감사하며, 이것이 우리의 계속적인 사명임을 오늘 다시 한번 재확인함과 동시에 각 지역에 있는 타민족 기독교인과 협력하며 다문화, 다인종 그리스도 신앙공동체를 이루어 지역사회에 하나님의 정의와 평화를 이루어 갈 것임을 다짐한다.
1. 우리는 삼위일체 하나님의 사귐의 원리에 입각한 삼위일체 하나님의 영성에 동참하여 서로 사귀며, 서로 도우며, 서로 이해하며, 서로 영향을 주며, 서로 수용하는 일에 동참한다.
1. 우리는 이민교회가 가지고 있는 복합적이고 다양한 모습을 인지하며 특히 이민교회가 가지고 있는 긴장과 분쟁적 요소를 함께 아파한다. 그러므로 본 협의회는 다양성 속에서 화해와 평화의 사도적 역할이 중차대함을 재확인하며 형제자매 교회를 위해 흩어져 있을 때에 서로 기도하며, 평화의 사도적 삶을 살 것을 고백한다.
1. 우리는 2008년 일본 동경에서 재일대한기독교회 100주년을 함께 축하하며 제6차 협의회 모임을 가질 것을 서로 협력하여 기쁨으로 다시 만날 것을 기대한다.

2006년 2월 16일
〈10개 참가교단 대표 및 참석자 일동〉
대한예수교장로회(통합), 한국기독교장로회, 호주연합교회, 재일대한기독교회,
미국장로교회, 미주한인장로교회, 미국개혁교회, 캐나다연합교회, 캐나다장로교회,
해외한인장로교회

2006 LA Declaration

1. The fifth Council on Overseas Korean Church for Education and Ministry thank God that the ten denominations could gather at the Crystal Church Retreat Center, Rancho Capistrano, under the theme of "Into the World – Faith and Life of Diaspora."
1. We reconfirm today the confession and vision statement that we announced through 1998 Cheju, 2000 Sydney, 2002 Hawaii, and 2004 Toronto meetings as we thank God for the conviction of God's mission and for attaining the vision for mission in the context of our lives.
1. We pledge to show educational interest in developing the next generation leaders who will ensure the passing of faith to Christian Korean 2nd and future generations and to the missional commission that will lead our future generation to Christ.
1. We pledge to attain the justice and peace of God in local communities by forming the multi-cultural and multi-ethnic faith communities of Christ in cooperation with other ethnic Christians. And at the same time thanking God for scattering our people to plant the Lord's churches worldwide for on-going missions.
1. We participate in the Trinitarian spirituality according to the principle of God's Trinitarian relationship as we participate in associating, helping, understanding, influencing, and accepting each other.
1. We recognize the multiple and diverse features that the immigrant churches possess, and we sympathize with the tension and discordant elements of the immigrant churches. Therefore, we confess that we will pray for each church and live as apostles of peace, as we reconfirm the significance of the apostolic role of peace and reconciliation in the midst of diversity.
1. We anticipate the joyful reunion in 2008 in Tokyo, Japan for the 6th association meeting as we celebrate the 100th anniversary of Korean Japanese Church Association.

February 16, 2006

6. 일본 동경대회
  • 제6차

주제 : "하나님이 보내신 땅에서"(In the Land God has sent to)
       - 재일대한기독교회 100주년을 함께 감사하며

일시 : 2008년 4월 2~4일

장소 : 일본 동경교회(www.tokyochurch.com)

대회 조직 :
대회장 : 홍성완 목사
대회총무 : 박수길 목사
준비위원회 총무 : 김병호 목사
준비위원회 : 이재륭 목사, 한성현 목사, 배한숙 목사, 황정순 목사,
           오대식 목사, 김건 목사
주제강사 : 김성제 목사(KCCJ), Rev. Glen Davis(PCC)

2006-2008 임원 명단 :

자문위원 : 김선배 목사(PCUSA), 박희민 목사(KPCA), 최기준 목사
　　　　　(PCK)
회장 : 소창길 목사(PCC)
부회장 : 김치성 목사(PCK), 김원배 목사(PROK), 최훈진 목사
　　　　(PCUSA)
총무 : 박수길 목사(KCCJ)
공동총무 : 양명득 목사(UCA), 김종무 목사(PROK), 이유신 목사
　　　　　(PCUSA), 장세일 목사(KPCA), 이영준 목사(PCC), 권오
　　　　　달 목사(RCA), 박형은 목사(English Ministry)
서기 : 장기수 목사(UCA)
회계 : 김병호 목사(KCCJ)
목회분과 위원장 : 림형천 목사(KPCA), 서기 : 송민호 목사(KPAC)
교육분과 위원장 : 고태영 목사(PCUSA)
출판자료분과 위원장 : 박노원 목사(PCK),
　　　　　　　　　　서기 : 박승환 목사(PCUSA)
정보통신분과 위원장 : 박철순 목사(PCC),
　　　　　　　　　　서기 : 손병렬 목사(KPCA)